普通医药院校创新型系列教材

妇产科护理学

廖月霞　丁玉琴　主编

科学出版社

北京

内 容 简 介

为适应新一轮继续教育实用性护理人才的培养需求，本教材坚持"本科水平、成教特色、重在实用、便于自学"为总体编写原则，突出"以人为中心"的宗旨，引导读者在临床护理中运用护理程序，科学护理患者。

全书共二十二章，根据妇产科护理的基本知识、基础理论和技能要求，结合临床护理实践，按妇产科基础知识与理论，正常妊娠期、分娩期及产褥期妇女的护理，异常妊娠期、分娩期及产褥期妇女的护理，妇科疾病患者护理，计划生育妇女护理，妇产科常用护理技术及妇产科诊疗手术患者护理的顺序编排。在编写体例上从病因及发病机制、临床表现、处理原则、护理评估、常见的护理诊断/问题、预期目标、护理措施、健康教育、结果评价，结合知识拓展、案例分析等内容对妇产科病症护理进行了系统的介绍，本教材适当引入现代多媒体教学手段，在部分章节以二维码形式插入相关图片、视频等资料，以拓宽读者的学习范围。

本教材可供普通医药院校护理学专业本、专科学生，在职临床护理人员，继续教育学员，以及从事各层次护理专业教学、管理工作者参考、学习使用。

图书在版编目(CIP)数据

妇产科护理学 / 廖月霞,丁玉琴主编. —北京：
科学出版社，2018.3
普通医药院校创新型系列教材
ISBN 978-7-03-056563-1

Ⅰ. ①妇… Ⅱ. ①廖… ②丁… Ⅲ. ①妇产科学－护理学－医学院校－教材 Ⅳ. ①R473.71

中国版本图书馆 CIP 数据核字(2018)第 027473 号

责任编辑：闵 捷
责任印制：谭宏宇 / 封面设计：殷 靓

科学出版社 出版
北京东黄城根北街 16 号
邮政编码：100717
http://www.sciencep.com

南京展望文化发展有限公司排版
广东虎彩云印刷有限公司印刷
科学出版社发行 各地新华书店经销

*

2018 年 3 月第 一 版　开本：889×1194　1/16
2025 年 8 月第九次印刷　印张：12 1/4
字数：329 000

定价：39.00 元

(如有印装质量问题，我社负责调换)

普通医药院校创新型系列教材

《妇产科护理学》
编委会

主 编
廖月霞　丁玉琴

副主编
李　霖　蔡秋香　韩雪梅

编 委
（按姓氏笔画排序）

丁玉琴　王方方　朱春云　李　霖　张小丽
张　颖　孟　芳　彭晓燕　韩雪梅　蔡秋香
廖月霞

前 言

随着继续教育体制改革的深入和教育思想的更新，出现了职前与职后教育并举、学历教育与非学历教育相互配合的局面，继续教育、终身教育日益成为护理人才培养的常规模式。为了更好地促进护理学科的发展，培养出高级实用型护理人才，使之更好地适应新时代医学模式和护理模式的转变，由扬州大学护理学院组织编写了新一轮普通医药院校创新型系列教材之一《妇产科护理学》。本教材编者是来自妇产科护理临床一线、富有多年临床护理实践经验和多年教学经验的护理骨干，了解本专业护理发展的前沿和趋势，具有较高的学术造诣。

根据新一轮继续教育高级实用型人才培养需求，全面提升护理人员的临床实践能力，本教材坚持"本科水平、成教特色、重在实用、便于自学"的总体编写原则，构建符合临床护理工作要求，科学合理的知识体系，使读者的知识结构达到"基础性知识内化、进展性知识强化、拓展性知识网络化"的水平。对专科起点升本护理专业学生、护理教师及临床护理人员的学习和工作有着一定借鉴意义。

全书共二十二章，根据妇产科护理的基本知识、基础理论和技能要求，结合临床护理实践，按妇产科基础知识与理论，正常妊娠及分娩妇女的护理，异常妊娠及分娩妇女的护理，妇科疾病患者护理，计划生育妇女护理，妇产科常用护理技术及妇产科诊疗手术患者护理的顺序编排。在编写体例上从病因及发病机制、临床表现、处理原则、护理评估、常见的护理诊断/问题、预期目标、护理措施、健康教育、结果评价，结合知识拓展、案例分析等内容对妇产科病症护理进行了系统的介绍，本教材适当引入现代多媒体教学手段，在部分章节以二维码形式插入相关图片、视频等资料，以拓宽读者的学习范围。该教材本着突出"以人的健康为中心"的宗旨，引导读者在临床护理中运用护理程序，科学护理患者，促进整体护理工作的开展，为生命各阶段不同健康状态的妇女提供全方位的优质护理服务。

在教材编写过程中，全体参编人员付出了辛勤的劳动，由于时间紧迫与编写水平受限，肯定存在不少不足之处，恳切希望得到护理同道们及有关专家同仁的批评指正，使之在使用过程中不断修改充实并日臻完善。

主编

2017 年 10 月

目 录

前言

第一章 绪论 *001*

第一节 妇产科护理学发展简史 *001*
第二节 当代妇产科护理发展趋势 *002*
第三节 妇产科护理学的内容、学习方法和目的 *003*

第二章 女性生殖系统解剖及生理 *005*

第一节 女性生殖系统解剖 *005*
 一、骨盆 *005*
 二、外生殖器 *006*
 三、内生殖器 *006*
 四、骨盆底 *007*
 五、血管、淋巴及神经 *007*
 六、邻近器官 *007*
第二节 女性生殖系统生理 *008*
 一、女性一生各阶段的生理特点 *008*
 二、月经及其临床表现 *008*
 三、卵巢功能及其周期性变化 *009*
 四、子宫内膜及其他生殖器的周期性变化 *009*
 五、月经周期的调节 *010*

第三章 妇产科护理病历 *012*

第一节 护理评估 *012*
 一、健康史采集 *012*
 二、身心状况评估 *013*
 三、实验室检查与其他辅助检查 *015*
第二节 护理记录 *015*

第四章 妇女保健 *017*

第一节 概述 *017*
第二节 妇女各期保健 *018*
 一、青春期保健 *018*
 二、围婚期保健 *018*
 三、生育期保健 *018*
 四、围生期保健 *018*

五、围绝经期保健 019　　　　　　六、老年期保健 020

第五章　妊娠期妇女的护理 022

第一节　妊娠生理 022
　　一、受精与着床 022
　　二、胎儿附属物的形成与功能 022
　　三、胚胎及胎儿发育特点 023
第二节　妊娠期母体变化 023
　　一、生理变化 023
　　二、心理-社会调适 026
第三节　妊娠诊断 026
　　一、早期妊娠诊断 026
　　二、中晚期妊娠诊断 026
　　三、胎产式、胎先露、胎方位 027
第四节　妊娠期妇女的护理 027
　　一、护理评估 027
　　二、常见护理诊断/问题 027
　　三、预期目标 027
　　四、护理措施 027
　　五、健康指导 028
　　六、结果评价 029
第五节　分娩的准备 029
　　一、先兆临产 029
　　二、分娩的物品准备 029
　　三、产前运动 029
　　四、减轻分娩不适的方法 029

第六章　分娩期妇女的护理 031

第一节　影响分娩的因素 031
　　一、产力 031
　　二、产道 031
　　三、胎儿 032
　　四、精神心理因素 033
第二节　正常分娩期妇女的护理 033
　　一、概述 033
　　二、第一产程产妇的护理 033
　　三、第二产程产妇的护理 033
　　四、第三产程产妇的护理 034
第三节　分娩期焦虑及疼痛的护理 035
　　一、护理评估 035
　　二、常见护理诊断/问题 036
　　三、预期目标 036
　　四、护理措施 036
　　五、结果评价 036

第七章　正常产褥期管理 038

第一节　正常产褥 038
第二节　产褥期妇女的护理 038
　　一、护理评估 038
　　二、常见护理诊断/问题 039
　　三、预期目标 039
　　四、护理措施 039
　　五、健康指导 041
　　六、结果评价 041
第三节　正常新生儿的护理 041
　　一、概述 041
　　二、临床表现 042
　　三、处理原则 042
　　四、护理评估 042
　　五、常见护理诊断/问题 042
　　六、预期目标 042
　　七、护理措施 042
　　八、结果评价 043

第八章　高危妊娠管理　　045

第一节　高危妊娠妇女的监护管理　045	四、预期目标　047
一、概述　045	五、护理措施　047
二、监护措施　045	六、健康指导　048
第二节　高危妊娠的处理原则及护理　046	七、结果评价　048
一、处理原则　046	第三节　胎儿窘迫及新生儿窒息的护理　048
二、护理评估　046	一、胎儿窘迫　048
三、常见护理诊断/问题　047	二、新生儿窒息　049

第九章　妊娠期并发症妇女的护理　　052

第一节　妊娠剧吐　052	九、护理评价　056
一、概述　052	第四节　异位妊娠　056
二、临床表现　052	一、概述　056
三、处理原则　052	二、临床表现　056
四、护理评估　052	三、处理原则　057
五、常见护理诊断/问题　053	四、护理评估　057
六、预期目标　053	五、常见护理诊断/问题　057
七、护理措施　053	六、预期目标　058
八、结果评价　053	七、护理措施　058
第二节　流产　053	八、健康指导　058
一、概述　053	九、结果评价　058
二、临床表现　053	第五节　妊娠期高血压疾病　058
三、处理原则　054	一、概述　058
四、护理评估　054	二、临床表现　058
五、常见护理诊断/问题　054	三、处理原则　059
六、预期目标　054	四、护理评估　059
七、护理措施　054	五、常见护理诊断/问题　060
八、健康指导　055	六、预期目标　060
九、结果评价　055	七、护理措施　060
第三节　早产　055	八、健康指导　061
一、概述　055	九、结果评价　061
二、临床表现　055	（附）HELLP综合征　061
三、处理原则　055	第六节　前置胎盘　063
四、护理评估　055	一、概述　063
五、常见护理诊断/问题　056	二、临床表现　063
六、预期目标　056	三、处理原则　064
七、护理措施　056	四、护理评估　064
八、健康指导　056	五、常见护理诊断/问题　064

六、预期目标	064	五、常见护理诊断/问题	070
七、护理措施	064	六、预期目标	070
八、健康指导	065	七、护理措施	070
九、结果评价	065	八、健康指导	070

第七节 胎盘早期剥离 065
  一、概述 065
  二、临床表现 066
  三、处理原则 066
  四、护理评估 066
  五、常见护理诊断/问题 066
  六、预期目标 066
  七、护理措施 066
  八、健康指导 067
  九、结果评价 067

第八节 羊水量异常 067
  一、羊水过多 067
  二、羊水过少 068

第九节 胎膜早破 069
  一、概述 069
  二、临床表现 069
  三、处理原则 070
  四、护理评估 070

  九、结果评价 070

第十节 多胎妊娠 071
  一、概述 071
  二、临床表现 071
  三、处理原则 071
  四、护理评估 071
  五、常见护理诊断/问题 071
  六、预期目标 071
  七、护理措施 072
  八、健康指导 072
  九、结果评价 072

第十一节 过期妊娠 073
  一、处理原则 073
  二、护理评估 073
  三、常见护理诊断/问题 073
  四、预期目标 073
  五、护理措施 073
  六、结果评价 074

第十章　妊娠合并症妇女的护理　　075

第一节 妊娠合并心脏病 075
  一、概述 075
  二、心功能分级 075
  三、并发症临床表现 076
  四、处理原则 076
  五、护理评估 076
  六、常见护理诊断/问题 077
  七、预期目标 077
  八、护理措施 077
  九、结果评价 077

第二节 妊娠合并糖尿病 077
  一、诊断 077
  二、对母儿的影响 078
  三、处理原则 078
  四、护理评估 078
  五、常见护理诊断/问题 078

  六、护理目标 078
  七、护理措施 078
  八、结果评价 079

第三节 妊娠合并急性病毒性肝炎 080
  一、概述 080
  二、临床表现 080
  三、处理原则 080
  四、护理评估 080
  五、常见护理诊断/问题 081
  六、预期目标 081
  七、护理措施 081
  八、健康指导 081
  九、结果评价 081

第四节 妊娠期肝内胆汁淤积症 082
  一、临床表现 082
  二、诊断及治疗要点 082

	三、护理措施	082	四、护理评估 083
第五节	妊娠合并缺铁性贫血	083	五、常见护理诊断/问题 083
	一、概述	083	六、预期目标 083
	二、临床表现	083	七、护理措施 083
	三、处理原则	083	八、结果评价 084

第十一章　异常分娩妇女的护理　　086

第一节	第一产程异常护理	086	三、常见护理诊断/问题 088
	一、概述	086	四、预期目标 088
	二、护理评估	086	五、护理措施 088
	三、常见护理诊断/问题	087	六、结果评价 089
	四、预期目标	087	第三节　第三产程异常护理 089
	五、护理措施	087	第四节　产程中其他异常分娩护理 089
	六、健康指导	087	一、持续性枕后位 089
	七、结果评价	087	二、肩难产 090
第二节	第二产程异常护理	088	三、脐带脱垂 090
	一、概述	088	四、臀先露 091
	二、护理评估	088	五、瘢痕子宫的阴道分娩 091

第十二章　分娩并发症妇女的护理　　093

第一节	产后出血	093	四、常见护理诊断/问题 095
	一、概述	093	五、预期目标 095
	二、临床表现	093	六、护理措施 096
	三、护理评估	093	七、结果评价 096
	四、常见护理诊断/问题	094	第三节　羊水栓塞 096
	五、预期目标	094	一、概述 096
	六、护理措施	094	二、临床表现 096
	七、结果评价	094	三、护理评估 097
第二节	子宫破裂	094	四、常见护理诊断/问题 097
	一、概述	094	五、预期目标 097
	二、临床表现	094	六、护理措施 097
	三、护理评估	095	七、结果评价 098

第十三章　产褥期并发症妇女的护理　　100

第一节	产褥感染	100	四、护理评估 101
	一、概述	100	五、常见护理诊断/问题 101
	二、临床表现	100	六、预期目标 101
	三、处理原则	101	七、护理措施 101

	八、健康指导	101		四、护理评估	103
	九、结果评价	102		五、常见护理诊断/问题	104
第二节	泌尿系统感染	102		六、预期目标	104
	一、概述	102		七、护理措施	104
	二、临床表现	102		八、结果评价	104
	三、处理原则	102	第四节	产后抑郁症	104
	四、护理评估	102		一、概述	104
	五、常见护理诊断/问题	102		二、临床表现	104
	六、预期目标	102		三、处理原则	104
	七、护理措施	102		四、护理评估	104
	八、健康指导	103		五、常见护理诊断/问题	105
	九、结果评价	103		六、预期目标	105
第三节	晚期产后出血	103		七、护理措施	105
	一、概述	103		八、健康指导	105
	二、临床表现	103		九、结果评价	105
	三、处理原则	103			

第十四章　女性生殖系统炎症患者的护理　　108

第一节	概述	108		四、护理要点	111
第二节	外阴炎症	108	第五节	盆腔炎性疾病	111
	一、非特异性外阴炎	108		一、概述	111
	二、前庭大腺炎	109		二、临床表现	111
第三节	阴道炎症	109		三、处理原则	112
	一、滴虫性阴道炎	109		四、护理要点	112
	二、外阴阴道假丝酵母菌病	110		五、健康指导	112
	三、萎缩性阴道炎	110	第六节	性传播疾病	112
第四节	子宫颈炎症	111		一、淋病	112
	一、概述	111		二、尖锐湿疣	113
	二、临床表现	111		三、梅毒	113
	三、处理原则	111			

第十五章　生殖内分泌疾病患者的护理　　116

第一节	功能失调性子宫出血	116		七、护理措施	117
	一、概述	116		八、健康指导	117
	二、临床表现	116		九、结果评价	118
	三、处理原则	116	第二节	闭经	118
	四、护理评估	117		一、概述	118
	五、常见护理诊断/问题	117		二、处理原则	119
	六、预期目标	117		三、护理评估	119

四、常见护理诊断/问题	119	
五、预期目标	119	
六、护理措施	119	
七、结果评价	119	

第三节 痛经 …………………………………… 119
　　一、概述 ……………………………………… 119
　　二、临床表现 ………………………………… 120
　　三、处理原则 ………………………………… 120
　　四、护理评估 ………………………………… 120
　　五、常见护理诊断/问题 ……………………… 120
　　六、预期目标 ………………………………… 120
　　七、护理措施 ………………………………… 120
　　八、健康指导 ………………………………… 120
　　九、结果评价 ………………………………… 120
第四节 经前期综合征 …………………………… 121
　　一、概述 ……………………………………… 121
　　二、临床表现 ………………………………… 121
　　三、处理原则 ………………………………… 121
　　四、护理评估 ………………………………… 121
　　五、常见护理诊断/问题 ……………………… 121
　　六、预期目标 ………………………………… 121
　　七、护理措施 ………………………………… 121
　　八、健康指导 ………………………………… 121
　　九、结果评价 ………………………………… 122
第五节 绝经综合征 ……………………………… 122
　　一、概述 ……………………………………… 122
　　二、临床表现 ………………………………… 122
　　三、处理原则 ………………………………… 122
　　四、护理评估 ………………………………… 123
　　五、常见护理诊断/问题 ……………………… 123
　　六、预期目标 ………………………………… 123
　　七、护理措施 ………………………………… 123
　　八、健康指导 ………………………………… 123
　　九、结果评价 ………………………………… 123

第十六章　妊娠滋养细胞疾病患者的护理　　　　125

第一节 葡萄胎 …………………………………… 125
　　一、概述 ……………………………………… 125
　　二、临床表现 ………………………………… 125
　　三、处理原则 ………………………………… 126
　　四、护理评估 ………………………………… 126
　　五、常见护理诊断/问题 ……………………… 126
　　六、预期目标 ………………………………… 126
　　七、护理措施 ………………………………… 126
　　八、健康指导 ………………………………… 126
　　九、结果评价 ………………………………… 126
第二节 妊娠滋养细胞肿瘤 ……………………… 127
　　一、概述 ……………………………………… 127
　　二、临床表现 ………………………………… 127
　　三、处理原则 ………………………………… 127
　　四、护理评估 ………………………………… 128
　　五、常见护理诊断/问题 ……………………… 128
　　六、预期目标 ………………………………… 128
　　七、护理措施 ………………………………… 128
　　八、健康指导 ………………………………… 128
　　九、结果评价 ………………………………… 129
第三节 化疗患者的护理 ………………………… 129
　　一、概述 ……………………………………… 129
　　二、化疗药物种类、化疗方案、给药
　　　　方法及常见药物不良反应 ……………… 130
　　三、护理评估 ………………………………… 130
　　四、常见护理诊断/问题 ……………………… 130
　　五、预期目标 ………………………………… 130
　　六、护理措施 ………………………………… 130
　　七、结果评价 ………………………………… 131

第十七章　腹部手术患者的护理　　　　132

第一节 腹部手术患者的一般护理 ……………… 132
　　一、手术前准备 ……………………………… 132
　　二、术后常见并发症及护理 ………………… 133
　　三、出院准备 ………………………………… 133
第二节 子宫颈癌 ………………………………… 133
　　一、概述 ……………………………………… 133

二、临床表现	134	
三、处理原则	134	
四、护理评估	134	
五、常见护理诊断/问题	135	
六、预期目标	135	
七、护理措施	135	
八、结果评价	135	

第三节 子宫肌瘤　136
  一、概述　136
  二、临床表现　137
  三、处理原则　137
  四、护理评估　137
  五、常见护理诊断/问题　137
  六、预期目标　138
  七、护理措施　138
  八、结果评价　138

第四节 子宫内膜癌　138
  一、概述　138

  二、临床表现　139
  三、处理原则　139
  四、护理评估　139
  五、常见护理诊断/问题　139
  六、预期目标　139
  七、护理措施　139
  八、结果评价　140

第五节 卵巢肿瘤　140
  一、概述　140
  二、临床表现　141
  三、并发症　141
  四、处理原则　141
  五、护理评估　141
  六、常见护理诊断/问题　141
  七、预期目标　142
  八、护理措施　142
  九、健康指导　142
  十、结果评价　142

第十八章　会阴部手术患者的护理　144

第一节 会阴部手术患者的一般护理　144
  一、术前准备　144
  二、术后护理　144

第二节 外阴、阴道创伤　145
  一、病因　145
  二、临床表现　145
  三、处理原则　145
  四、护理评估　145
  五、常见护理诊断/问题　145
  六、预期目标　146
  七、护理措施　146
  八、结果评价　146

第三节 外阴癌　146
  一、概述　146
  二、临床表现　146
  三、处理原则　147
  四、护理评估　147
  五、常见护理诊断/问题　147
  六、预期目标　147
  七、护理措施　147

  八、结果评价　148

第四节 处女膜闭锁　148
  一、概述　148
  二、临床表现　148
  三、处理原则　148
  四、护理评估　148
  五、常见护理诊断/问题　149
  六、预期目标　149
  七、护理措施　149
  八、结果评价　149

第五节 先天性无阴道　149
  一、概述　149
  二、临床表现　149
  三、处理原则　149
  四、护理评估　150
  五、常见护理诊断/问题　150
  六、预期目标　150
  七、护理措施　150
  八、结果评价　150

第六节 尿瘘　150

一、概述	150	第七节 子宫脱垂	152
二、病因	150	一、概述	152
三、临床表现	151	二、临床表现	152
四、处理原则	151	三、处理原则	152
五、护理评估	151	四、护理评估	152
六、常见护理诊断/问题	151	五、常见护理诊断/问题	153
七、预期目标	151	六、预期目标	153
八、护理措施	151	七、护理措施	153
九、结果评价	152	八、结果评价	153

第十九章　不孕症妇女的护理　　155

第一节 不孕症	155	第二节 辅助生殖技术及护理	156
一、概述	155	一、概述	156
二、临床表现	155	二、常见并发症	157
三、处理原则	155	三、护理评估	157
四、护理评估	155	四、常见护理诊断/问题	157
五、常见护理诊断/问题	156	五、预期目标	157
六、预期目标	156	六、护理措施	157
七、护理措施	156	七、健康指导	158
八、健康指导	156	八、结果评价	158
九、结果评价	156		

第二十章　计划生育妇女的护理　　160

第一节 计划生育妇女的一般护理	160	一、工具避孕	161
一、概述	160	二、药物避孕	162
二、护理评估	160	三、其他避孕方法	163
三、常见护理诊断/问题	160	第三节 女性绝育方法及护理	163
四、预期目标	160	一、经腹输卵管结扎术	163
五、护理措施	161	二、经腹腔镜输卵管绝育术	164
六、健康指导	161	第四节 避孕失败补救措施及护理	164
七、结果评价	161	一、早期终止妊娠方法	164
第二节 常用避孕方法及护理	161	二、中期终止妊娠方法	164

第二十一章　妇产科常用护理技术　　167

第一节 会阴擦洗/冲洗	167	第四节 阴道或宫颈上药	169
第二节 阴道灌洗/冲洗	168	第五节 坐浴	170
第三节 会阴热湿敷	169		

第二十二章　妇产科诊疗及手术患者的护理　　　　　　　171

节	标题	页码
第一节	生殖道细胞学检查护理要点	171
第二节	子宫颈活体组织检查	171
	一、局部活组织检查护理要点	171
	二、诊断性子宫颈锥切术护理要点	171
第三节	常用穿刺检查护理要点	172
	一、经腹壁腹腔穿刺护理要点	172
	二、经阴道后穹窿穿刺护理要点	172
	三、经腹壁羊膜腔内穿刺护理要点	172
第四节	会阴切开术护理要点	172
第五节	胎头吸引术护理要点	173
第六节	产钳术护理要点	173
第七节	剖宫产术护理要点	173
第八节	人工剥离胎盘术护理要点	174
第九节	诊断性刮宫术护理要点	174
第十节	妇产科内镜检查护理要点	174
	一、阴道镜检查护理要点	174
	二、宫腔镜检查护理要点	174
	三、腹腔镜检查护理要点	175
第十一节	输卵管通畅检查护理要点	175

推荐补充阅读书目及网站　　　　　　　177

主要参考文献　　　　　　　178

第一章

绪 论

学习要点

- **掌握**：以家庭为中心的产科护理工作模式。
- **熟悉**：① 妇产科护理学学习的内容；② 建立以家庭为中心产科护理的必要性。
- **了解**：妇产科护理学发展简史。

第一节 妇产科护理学发展简史

妇产科护理学最早源于产科护理，自有人类以来，就有专人参与照顾妇女的生育过程。中医学发展历史悠久，在临床各科的护理方面尤其重视妇产科的护理。早在公元前1300～前1200年，中医妇产科尚处于萌芽时期，甲骨文中所记载的21种疾病中就有"疾育"（妇产科病）。

在战国时期，医学巨著《黄帝内经》一书中《素问》篇里有对女子生长、发育、月经疾患、妊娠的诊断及相关疾病治疗的认识和解释。汉代张仲景所著的《金匮要略》设有妇人三篇，其中妊娠病篇阐述了妊娠各类病症的诊断、鉴别诊断及辨证论治；产后病篇论述了新产妇人"三病"；杂病篇记载了除胎产疾患以外的妇科病症，其中突出的一点就是创立了外阴冲洗和阴道纳药的方法，开创了妇科外治法的先河。晋代王叔和所著《脉经》第九卷记载了妇女"经、带、胎、产"诸病，提出特殊的月经表现和"离经脉"等观点。南齐褚澄在《褚氏遗书》中反对早婚早育，提倡节欲；北齐徐之才《逐月养胎法》叙述了胎儿逐月发育情况和孕妇各月饮食起居应当注意的问题和针灸禁忌。隋朝巢元方所著《诸病源候论》中有八卷专论"损伤胞宫、冲任"是妇产科疾病的主要病机。在《妊娠欲去胎候》中有堕胎法等内容。唐代孙思邈著有《备急千金要方》，其中有三卷专论《妇人方》，上卷论妊娠和胎产，中卷论杂病，下卷论调经。其中《备急千金要方·妇人方上》指出"产妇临产时应保持产房安静，只需二三人一旁守护即可，切忌人多嘴杂而使产妇精神紧张，情志不安，容易因精力分散而造成难产。另在情志上，守护人员应及时给产妇作好调护，使其情志安定，无须着急害怕，不然亦会造成难产"。并著有《千金翼方》，他对"种子、恶阻、养胎、妊娠"等疾病的治疗，临产注意事项，产后护理及崩漏诸症皆有较详尽的分析和论述。书中还记有葱管导尿法，是当时护理操作技术的一大突破。唐朝昝殷所著《经效产宝》是我国现存最早的一部中医妇产科专著，产科与内科分立可以说从此时开始。《经效产宝》就孕妇在妊娠期间的情志、房事、劳逸、胎教等问题，一一作了论述。并告诫助产人员接生时需细心谨慎护理，若马马虎虎轻率地将胞衣取出，随便地断损脐带，致使胞衣残留在胞宫内而引起出血不止，将会造成有伤性命的严重后果。宋朝嘉祐五年（公元1060年），产科已正式确立为独立学科，为当时规定的九科之一。随着中医学的发展，出现了大量妇产科专著。其中尤以宋代陈子

笔记栏

明的《妇人大全良方》著名。《妇人大全良方》指出妊娠前5个月胎儿吸收母体营养不多,孕妇膳食与常人无大差异;后5月因胎儿发育加快,故孕妇的膳食宜调五味,食甘美,以刺激食欲,增加食量,但仍需有节,勿大饱,以免体重过增,使胎儿发育过快,而致难产。清代乾隆御纂的《医宗金鉴·妇科心法要诀》内容系统详尽,反映了当时我国中医妇产科学的飞跃发展。《医宗金鉴·妇科心法要诀》特写了一首诗提醒人们注意:"产室寒温要适时,严寒酷热总非宜,夏要清凉冬要暖,病者医人俱要知。"

西方医学史中被公认最早记述有医学、妇产科学及妇产科护理学发展的史书是古埃及 Ebers 古书。约在公元前1500年(距今约3500年前),古埃及 Ebers 古书中就有关于妇产科学的专论,它追述了公元前2200年古埃及民间对缓解产科阵痛的处理、胎儿性别的判断及妊娠诊断方法,也有关于分娩、流产、月经及一些妇科疾病的处理方法的描述。至公元前460年,著名的"医学之父"希波克拉底创立了著名的"希氏医学",在他的医学巨著中描述了古希腊的妇产科学及他反对堕胎的誓言,同时记录了他关于阴道检查和妇科疾病的治疗经验。公元500年,印度外科学家 Susruta 首次报告了产褥感染,分析了感染原因,并强调助产人员在接生前必须修剪指甲、洗净双手。1576年,P.Franco 创立了三叶产前助产。1728~1813年,C.White 首先提出产科无菌手术的概念和产褥感染的理论。至19世纪,J.Simpson(1811~1870年)通过自身实验,创立了麻醉学,使外科及妇产科学发展达到新的阶段。在1600~1900年的300年间,妇产科及其护理学的发展与医学总体发展密不可分。

至近代,妇女所选择的分娩场所也由家庭转为医院。随着分娩场所的变迁,参与产科护理的人员结构和性质也在发生根本性变化。最初只有女性才能参与妇女生育过程的照顾,这些人往往拥有较多的子女,有着丰富的生育经历,所具有的接生技术通常以学徒的学习方式从他人处获得。当分娩场所由家庭转到医院时,即需要一批受过专业训练、具有特殊技能的护理人员参与产科的护理工作,由此,助产工作开始规范化。第二次世界大战以前,妇产科照顾的重点仅限于急症、重症状态的护理,以及预防妇产科传染病方面的工作。当时,护士的角色有很大的局限性。世界卫生组织于1978年正式提出"2000年人人享有卫生保健"的战略目标,使护士角色功能进一步扩充。为适应社区发展过程中人们对生育及医疗照顾需求的改变,妇产科护理也经历着"以疾病为中心的护理"向"以患者为中心的护理"的变革。

第二节　当代妇产科护理发展趋势

为适应医学模式转变和社会发展过程人们对生育、健康及医疗保健需求的变化,妇产科护理模式势必随现代护理学发展趋势做出相应调整。妇产科护理概念已从单纯的"护理疾病"发展为"保障人类健康"的护理;护士的工作场所逐渐由医院扩大到家庭、地区和社会;工作内容也从传统地、机械地、被动地执行医嘱,完成分工的常规技术操作和对患者的躯体护理,扩大到提供整体化护理。可以说,开展"以家庭为中心的产科护理"(family-centered maternity care)是当代护理学中最具典型意义的整体化护理,代表了妇产科护理的发展趋势。

"以家庭为中心的产科护理"被定义为:确定并针对个案、家庭、新生儿在生理、心理、社会等方面的需要和调适,向他们提供具有安全性和高质量的健康照顾,尤其强调提供促进家庭成员间的凝聚力和维护身体安全的母婴照顾。

开展"以家庭为中心的产科护理",必要性如下。

(1) 对孕妇家庭而言,有利于建立养育和亲密的家庭关系;易于完成扮演称职父母的角色;有助于产生积极的生育经验和满足感;在产后最初几个月内父母及新生儿之间容易建立积极的相互依附关系(亲子关系);有助于父母建立自信心。

笔记栏

(2) 对医护人员而言,不仅能为护理对象提供连续性的健康照顾,还可及时获得个案及家庭的反馈信息,真正落实"以患者为中心"的服务宗旨;同时,能促进在职人员的继续教育活动,并有效地发挥工作人员的在职教育作用;便于促进工作人员间建立良好的协调关系;减少并发症;充分发挥护士独立性角色功能,提高护理人员的工作成就感。

当前,欧美一些国家及国内一些城市提供了"以家庭为中心的产科护理"护理工作模式。

(1) 积极参与:鼓励家庭成员,如孕妇的公婆、父母、配偶,甚至亲友积极参与孕妇的生育过程,包括自然分娩甚至剖宫产的全过程。

(2) 设立新颖的分娩环境:为加强家庭成员对分娩过程的直接参与,降低产妇与家庭成员的焦虑和恐惧,减轻成员间的"分离性焦虑",建立了类似家庭环境的待产、分娩单位,设有单房间产科系统(single-room maternity system)、非固定式的分娩中心(freestanding birth center)等。

(3) 改变分娩医疗技术:分娩时的一些医疗活动也日趋体现"以家庭为中心的产科护理"方式,依据具体情况做出弹性调整。例如,结合具体情况对既往待产期间活动限制、分娩时的固定体位、分娩室的环境布置及待产时例行的种种措施等均可按需求进行调整,予以满足。同时,强调产时父母及新生儿的早期接触和产后"母婴同室"(rooming-in)的护理方式。

(4) 提倡早期出院的计划:为减少产妇住院可能造成的家庭成员间"分离性焦虑",在产妇及新生儿无异常的情况时,充分做好出院前指导,鼓励产妇尽早出院。当然,产妇早期出院前,护士应通过提供高质量的产科照顾和有效的健康教育,使产妇及其家庭具备以下条件:① 父母及责任护士间具有良好的相互信赖关系;② 产妇无异常情况;③ 父母对护理新生儿具有自信心;④ 家庭中具有良好的相互信赖关系。

目前,国内现代产科护理发展迅速,正逐渐符合世界产科护理的发展趋势,从国情出发已经着手于多种形式的改革和尝试。例如,开展"爱婴医院"、"温馨待产"、导乐陪伴及开展纯母乳喂养活动中的"母婴同室"等形式,均属提供类似家庭环境的待产和分娩机构,是贯彻执行"以家庭为中心的产科护理"的具体表现。

妇科护理和产科护理具有共同的基础。犹如生育一样,妇科护理也存在对家庭成员、治疗环境进行护理干预和出院等相似的问题。因此,在回顾产科护理发展和展望未来的同时,也孕育着妇科护理学的发展和未来。

第三节　妇产科护理学的内容、学习方法和目的

妇产科护理学是一门研究诊断并处理女性对现存和潜在健康问题的反应的学科,是为妇女健康提供服务的科学,也是现代护理学的重要组成部分。

妇产科护理学的内容和妇产科护理的任务密不可分。妇产科护理学的研究对象包括生命各阶段不同健康状况的女性,以及相关的家庭成员和社会成员。学习妇产科护理学的目的在于学好理论和掌握技术,为护理对象提供缓解痛苦、促进康复的护理活动,帮助护理对象尽快获得生活自理能力;为健康女性提供自我保健知识,预防疾病并维持健康状态。因此,妇产科护理学内容包括孕产妇的护理、妇科疾病患者的护理、计划生育指导及妇女保健等内容。

学习妇产科护理学应遵循理论与实践相结合的原则,只有学好理论知识,再在护理临床实践中结合病例多观察、多比较、多思考,并通过临床实证,生动形象展示所学理论知识,才能印证、领悟疾病发生、发展的过程。学习妇产科护理学不仅要学习和掌握本学科相关知识与技能,还必须树立良好的职业素质,方能达到帮助患者解决健康问题的目的,为生命各阶段不同健康状况的患者提供全方位的优质护理服务。

笔记栏

小　结

"以家庭为中心的产科护理"工作模式 $\begin{cases} \text{鼓励家庭成员积极参与} \\ \text{设立新颖的分娩环境} \\ \text{改变分娩医疗技术} \\ \text{提倡早期出院的计划} \end{cases}$

【思考题】

(1) 请结合我国国情,推测我国产科护理的发展前景。

(2) 请结合自身岗位情况谈一谈,为体现"以患者为中心的护理"变革,可为产妇提供哪些人文关怀措施?

（廖月霞）

第二章

女性生殖系统解剖及生理

学习要点

- **掌握**：① 骨盆的组成与分界；② 子宫内膜周期性变化特点。
- **熟悉**：① 女性内外生殖器官的解剖特点；② 月经周期主要调节激素的变化。
- **了解**：① 月经的临床表现；② 女性生殖系统的邻近器官及其临床意义。

第一节 女性生殖系统解剖

一、骨盆

骨盆是介于躯干和下肢之间的骨性连接，除了支持躯干重量外，女性骨盆更具有独特的支持和保护盆腔内脏器的功能，并形成胎儿阴道分娩必经的骨性通道。其大小和形状与分娩有密切关系。

1. **骨盆的组成** 骨盆由4块骨骼相连构成：骶骨、尾骨位于后方，两块髋骨位于左右两侧。每块髋骨又由髂骨、坐骨及耻骨融合而成；骶骨由5~6块骶椎合成；尾骨由4~5块尾椎合成。骨与骨之间有耻骨联合、骶髂关节和骶尾关节。以上关节和耻骨联合周围均有韧带附着，以骶骨、尾骨与坐骨结节之间的骶结节韧带和骶骨、尾骨与坐骨棘之间的骶棘韧带较为重要。妊娠期受激素影响，韧带松弛，各关节活动度略增加，有利于胎儿娩出(图2-1)。

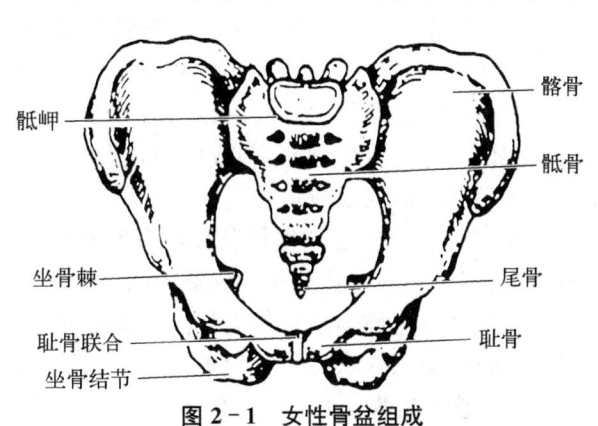

图2-1 女性骨盆组成

2. **骨盆的分界** 以耻骨联合上缘、髂耻缘及骶岬上缘的连线为界，将骨盆分为上下两部分。上方为假骨盆又称大骨盆，下方为真骨盆又称小骨盆或骨产道。测量假骨盆某些径线可间接了解真骨盆的大小。真骨盆的标记有：① 骶骨岬。第1骶椎向前凸出形成骶岬，为骨盆内测量的重要依据点。② 坐骨棘。坐骨后缘中点突出的部分，可经肛诊或阴道内诊触及，是分娩过程中衡量胎先露部下降程度的重要标志。③ 耻骨弓。耻骨两降支的前部相连构成耻骨弓，之间夹角正常为90°~100°。

3. **骨盆的平面** 一般人为地将骨盆分为三个与分娩有关的假象平面：① 骨盆入口平面为真假平面的交界面，呈横椭圆形，前方为耻骨联合上缘，两侧为髂耻线，后方为骶岬；② 中骨盆平面最狭窄，呈前后径长的纵椭圆形，其前为耻骨联合下缘，两侧为坐骨棘，后为骶骨下端；③ 出口平面由

笔记栏

两个不在同一平面的三角形组成,前三角形的顶端是耻骨联合下缘,两侧为耻骨联合降支,后三角的顶端是骶尾关节,两侧为骶结节韧带,坐骨结节间径为两个三角形的共同底边。

4. 骨盆的类型　　通常按 Callwell 与 Moloy 骨盆分类法,分为 4 种类型：① 女性型；② 扁平型；③ 类人猿型；④ 男性型。其中女性型骨盆宽,骨盆腔浅,结构薄且平滑,有利于胎儿的娩出,为女性正常骨盆形态,我国妇女中此型骨盆最常见。

二、外生殖器

女性外生殖器又称外阴,指女性生殖器官的外露部分,包括耻骨联合至会阴及两股内侧之间的组织(图 2-2)。

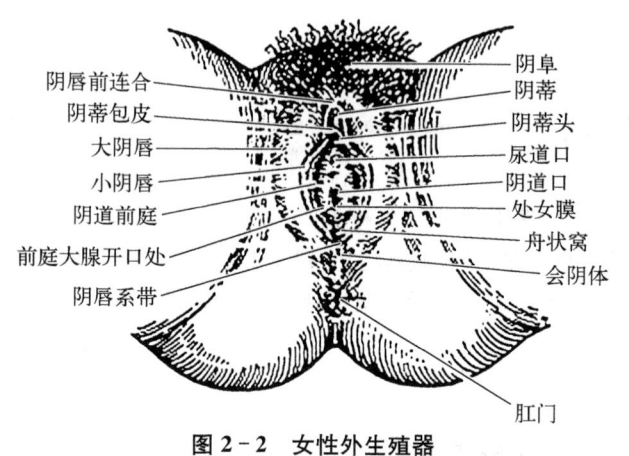

图 2-2　女性外生殖器

1. 阴阜　　为耻骨联合前面隆起的脂肪垫。青春期该部皮肤开始生长阴毛,呈倒三角形分布。

2. 大阴唇　　为邻近两股内侧一对隆起的皮肤皱襞。起自阴阜,止于会阴,局部受伤后易形成血肿。

3. 小阴唇　　为位于大阴唇内侧的一对薄皱襞。

4. 阴蒂　　位于两侧小阴唇顶端的联合处,类似男性的阴茎海绵组织,有勃起性。分为三部分,前为阴蒂头,中为阴蒂体,后为两阴蒂脚。仅阴蒂头显露于外阴,富含神经末梢,为性反应器官。

5. 阴道前庭　　为两侧小阴唇之间所形成的菱形区。在此区域内有以下组织：前庭球、前庭大腺、尿道口、阴道口及处女膜。

三、内生殖器

女性内生殖器包括阴道、子宫、输卵管及卵巢,后两者合称子宫附件。

1. 阴道　　阴道为性交器官、月经血排出及胎儿娩出的通道。环绕子宫颈周围的阴道部分称为阴道穹窿,按其位置分为前、后、左、右 4 部分,其中后穹窿最深,与直肠子宫陷凹相邻,后者是腹腔的最低部位,临床上可经此穿刺或引流,辅助诊断某些疾病或实施手术。阴道壁富有静脉丛,故局部受损伤后易出血或形成血肿。

2. 子宫　　子宫是产生月经和孕育胎儿的空腔器官,位于盆腔中央。前为膀胱,后为直肠,下接阴道,两侧连接输卵管。在膀胱空虚状态下,正常成人子宫一般呈轻度前倾前屈位。

子宫上部较宽称为子宫体,其上端隆突部分称为子宫底,宫底两侧为子宫角,与输卵管相通。子宫下部较窄呈圆柱状部分称为子宫颈。宫体与宫颈的比例随年龄发生变化,婴儿期为 1:2,生育期为 2:1,老年期为 1:1。宫体与子宫颈之间形成最狭窄的部分称为子宫峡部,非妊娠期长约 1 cm,其上端因解剖上较狭窄,称为解剖学内口；其下端因黏膜组织在此处由子宫腔内膜转变为子宫颈黏膜,称为组织学内口。

子宫颈主要由结缔组织构成,亦含少量平滑肌纤维和弹力纤维。子宫颈内腔呈梭形,称为子宫颈管,其下端称为子宫颈外口。未经阴道分娩的妇女子宫颈外口多呈圆形；经阴道分娩的妇女子宫颈外口呈一字形横裂。子宫颈管黏膜层内有许多腺体,分泌的碱性黏液受性激素影响发生周期性变化,可形成黏液栓阻塞子宫颈管,防止病原体的入侵。子宫颈外口柱状上皮与鳞状上皮交界处是子宫颈癌的好发部位。

子宫壁从内向外由 3 层组织构成,依次为子宫内膜、肌层和浆膜层。子宫内膜分为功能层和基底层两部分,基底层与子宫肌层紧贴,功能层从青春期开始受卵巢激素影响发生周期性变化。

子宫肌层为子宫壁最厚的一层,由平滑肌束和弹力纤维组成,其内有血管穿行。子宫收缩时可以压迫贯穿肌纤维间质血管起到止血作用。子宫浆膜层最薄,覆盖于子宫底及子宫的前后面,与肌层紧贴。

子宫借助于4对韧带(即圆韧带、阔韧带、主韧带、宫骶韧带)和骨盆底肌、筋膜共同支托承载,以维持子宫的正常位置。

3. 输卵管　　输卵管为一对细长而弯曲的肌性管道,内侧与子宫角相连,外端游离,与卵巢相近,全长8～14 cm,是精子与卵子结合受精的部位。根据输卵管形态由内向外可分为4部分:① 间质部:指与子宫角相连的部分,长约1 cm,管腔狭窄。② 峡部:在间质部外侧,长2～3 cm,直而细,管腔较窄。③ 壶腹部:在峡部外侧,长5～8 cm,管腔较宽大,为精子和卵子结合的主要场所。④ 伞部:为输卵管的末端,长度不一,长1～1.5 cm,为游离端呈漏斗状,开口于腹腔,有许多指状突起,有"拾卵"作用。

输卵管壁由黏膜层、肌层和浆膜层3层结构组成。

4. 卵巢　　卵巢是女性体内产生与排出卵细胞、分泌性激素的性腺器官。其大小因个体及月经周期阶段的不同而不同,左右两侧卵巢的重量也不相同。

四、骨盆底

骨盆底由多层肌肉和筋膜组成,封闭骨盆出口。骨盆底由外向内有3层组织。

1. 外层　　骨盆底外层即浅层筋膜与肌肉。
2. 中层　　骨盆底中层即泌尿生殖膈。由上、下两层坚韧筋膜及一层薄肌肉组成。
3. 内层　　骨盆底内层即盆膈。为骨盆底最内层,由肛提肌及其筋膜组成,亦为尿道、阴道及直肠所贯通。

会阴是指阴道口与肛门之间的软组织,包括皮肤、肌肉及筋膜,也是骨盆底的一部分,由外向内逐渐变窄呈楔状,表面为皮肤及皮下脂肪,内层为会阴中心腱,又称会阴体。妊娠期会阴组织变软有利于分娩,分娩时要保护此区,可预防会阴裂伤。

五、血管、淋巴及神经

1. 血管　　女性内、外生殖器官的血液主要由卵巢动脉、子宫动脉、阴道动脉及阴部内动脉供应。各部分的静脉均与同名动脉伴行,但在数量上较动脉多,并在相应器官及其周围形成静脉丛,互相吻合,因此盆腔静脉感染容易蔓延。

2. 淋巴　　女性生殖器官具有丰富的淋巴系统,均伴随相应的血管而行。女性生殖器官淋巴主要分为外生殖器淋巴与内生殖器淋巴两大组。当内、外生殖器官发生感染或肿瘤时,常沿其各自回流的淋巴管传播,导致相应淋巴结肿大。

3. 神经　　支配外阴部的神经主要为阴部神经,由Ⅱ、Ⅲ、Ⅳ骶神经分支组成,包括感觉神经和运动神经。内生殖器主要受交感神经与副交感神经所支配。但子宫平滑肌有自律活动,完全切除其神经后仍能产生有节律的收缩,并能完成分娩活动。临床上可见下半身截瘫的产妇仍能自然分娩。

六、邻近器官

女性生殖器官与盆腔其他器官不仅在解剖位置上相邻,而且与血管、淋巴及神经也有密切联系。当某一器官有病变时,常累及其邻近器官。

1. 尿道　　女性尿道长约4 cm,短而直,又接近阴道,易发生泌尿系统感染。
2. 膀胱　　膀胱位于耻骨联合与子宫之间,为一囊状肌性器官,其大小、形状可因充盈状态及邻近器官的情况而变化。膀胱充盈时可凸向骨盆腔甚至腹腔,会妨碍妇科检查,或手术易误伤,故妇科检查及手术前须排空膀胱。

笔记栏

3. 输尿管　　输尿管为一对细长的肌性圆索状管道,长约30 cm,粗细不一。在子宫切除结扎子宫动脉时,有损伤输尿管的危险。

4. 直肠　　直肠位于盆腔后部,上接乙状结肠,下续肛管,前为子宫及阴道,后为骶骨,全长15～20 cm。妇科手术及分娩处理时均应注意避免损伤肛管及直肠。

5. 阑尾　　阑尾上接盲肠,远端游离,长7～9 cm,通常位于右髂窝内,其位置、长短、粗细变化颇大,有的下端可达右侧输卵管及卵巢部位。妊娠期阑尾位置可随妊娠月份增加而逐渐向上外方移位。因此,患阑尾炎的妇女可能会累及子宫附件。

第二节　女性生殖系统生理

一、女性一生各阶段的生理特点

根据女性生理特点及年龄,可将其一生划分为胎儿期、新生儿期、儿童期、青春期、性成熟期、绝经过渡期、绝经后期。下丘脑-垂体-卵巢轴功能发育、成熟和衰退的过程,代表了女性一生生理过程的变化。

1. 胎儿期　　受精卵是由父系和母系来源的23对染色体组成,其中一对染色体决定性别,称为性染色体。XX纯合子发育为女性。胚胎6周后原始性腺开始发育,8～10周性腺组织出现卵巢结构。卵巢形成后,因无雄激素,两条副肾管发育成女性生殖道。

2. 新生儿期　　新生儿期指出生后4周内的时期。女性胎儿在子宫内受到母体性腺和胎盘产生的性激素影响,子宫内膜和乳房均有一定程度的发育。出生后数日内,新生儿血中女性激素水平迅速下降,阴道可有少量血性分泌物排出,即假月经;乳房可稍肿大,甚至分泌少量乳汁。这些都是正常现象,短期内会自行消失。

3. 儿童期　　儿童期指从出生4周至12岁左右的时期。此期儿童体格生长发育很快,但生殖器官仍处于幼稚状态。

4. 青春期　　青春期指从月经初潮至生殖器官发育成熟的时期。世界卫生组织规定为10～19岁。这一时期身体生长发育迅速,随着激素的释放,女性的第一性征进一步发育并出现第二性征。

5. 性成熟期　　性成熟期指卵巢功能成熟、发生周期性排卵和性激素周期性分泌的时期,一般自18岁左右开始,历时约30年,此期妇女生殖功能旺盛,又称生育期。

6. 绝经过渡期　　绝经过渡期指从开始出现绝经趋势直至最后一次月经的时期。可始于40岁,历时短至1～2年,长至10～20年。此阶段卵巢功能逐渐衰退,月经不规则,直至绝经,生殖器官开始逐渐萎缩,丧失生育功能。

7. 绝经后期　　绝经后期指绝经后的生命时期。此期卵巢功能已完全衰竭,雌激素水平低落,不能维持女性第二性征,生殖器官进一步萎缩退化。骨代谢异常引起骨质疏松,易发生骨折。

二、月经及其临床表现

月经是指在内分泌周期性调节下,子宫内膜周期性脱落及出血,是生殖功能成熟的一项重要标志。每次月经的总失血量为经量,正常为30～50 mL,一般认为每月失血量超过80 mL,即为月经过多。

月经血开始呈暗红色,此后逐渐变为鲜红色,终末期呈棕色。其主要特点是不凝固,但出血量多时可出现凝血块。月经期一般无特殊症状。但由于经期盆腔充血,有些妇女可表现为腰骶部酸胀等不适,并出现腹泻等胃肠功能紊乱症状。

笔记栏

三、卵巢功能及其周期性变化

1. 卵巢功能　　卵巢是女性体内的一对性腺,有两种主要功能:一为生殖功能,可周期性产生卵子并排卵;另一为内分泌功能,可合成并分泌女性激素。

2. 卵巢的周期性变化　　从青春期开始到绝经前,卵巢在形态和功能上发生周期性变化。在新生儿出生时的卵巢内约有200万个卵泡,经历儿童期直至青春期,卵泡数下降只剩下30万~50万个;在女性一生中仅400~500个卵泡发育成熟并排卵,其余的卵泡发育到一定程度通过细胞凋亡机制自行退化,这个过程称为卵泡闭锁。

临近青春期,原始卵泡开始发育,形成生长卵泡。在许多生长卵泡中,每一个月经周期一般只有一个卵泡达到成熟程度,称成熟卵泡。随着卵泡的发育成熟,其逐渐向卵巢表面移行并向外突出,当接近卵巢表面时,该处表面细胞变薄,最后破裂,出现排卵。排卵多发生在两次月经中间,一般在下次月经来潮之前14日左右,卵子可由两侧卵巢轮流排出,也可由一侧卵巢连续排出。

3. 卵巢分泌的激素　　卵巢分泌的性激素主要为雌激素、孕激素和少量雄激素。

(1) 雌激素:主要生理功能有促进卵泡及子宫发育,使子宫内膜增生,增强子宫对催产素的敏感性;增加输卵管上皮细胞的活动;促进阴道上皮的增生、角化,使细胞内糖原增加;促进乳腺管增生;并促进体内水钠潴留及骨中钙质沉着等。

(2) 孕激素:黄体酮是卵巢分泌的具有生物活性的主要孕激素。

黄体酮的主要生理功能有:使子宫肌松弛,降低妊娠子宫对催产素的敏感性,有利于受精卵在子宫腔内生长发育;使增生期子宫内膜转化为分泌期内膜,抑制输卵管节律性收缩;促进阴道上皮细胞脱落;在已有雌激素影响的基础上,促进乳腺腺泡发育;孕激素通过中枢神经系统有升高体温作用,正常妇女在排卵后基础体温可升高0.3~0.5℃,此特点可作为排卵的重要指标。此外,还促进体内水与钠的排泄等。

(3) 雄激素:卵巢可分泌少量雄激素——睾酮。此外,卵巢合成雌激素的中间产物雄烯二酮,在外周组织中也能被转化为睾酮。近年发现,雄激素不仅是合成雌激素的前体,也是维持女性正常生殖功能的重要激素。

> **知识拓展**
>
> **不良环境因素对卵巢功能早衰的影响***
>
> 卵巢功能早衰是指妇女在40岁以前出现月经停止症状。由于卵巢功能早衰可导致患者雌激素水平低下、闭经,造成患者生育能力严重下降、更年期症状提前等"未老先衰"的症状,进而导致患者生活质量严重下降。目前,对卵巢功能早衰的病因尚未阐明,可能与染色体突变、自身免疫缺陷、病毒感染及不良环境因素暴露等相关。不良环境因素包括:① 环境内分泌干扰物,又称环境雌激素或化学因素,常见的有铅、铬、砷、汞、苯及甲醛等;② 电磁辐射,日常生活中多源于微波炉、电磁炉、手机及电脑等;③ 烟酒。
>
> 因此,女性特别是年轻女性,应尽量减少使用化妆品、染发剂,并远离烟酒。此外,装修的新房应通风半年以上方可入住,并尽量减少微波炉、电磁炉、手机及电脑的使用时间,以预防卵巢功能早衰的发生。
>
> *引自:杨萍,张丹,陈丽.不良环境因素对卵巢功能早衰的影响.中华妇幼临床医学杂志,2015,11(2):43-45.

四、子宫内膜及其他生殖器的周期性变化

1. 子宫内膜的变化　　卵巢的周期性变化使生殖器官发生相应变化,其中以子宫内膜的周期

性变化最显著。以一个正常月经周期28 d为例,其组织形态呈3期改变。

(1) 增殖期:月经周期的第5~14天,对应卵巢周期的卵泡发育、成熟阶段。在雌激素作用下,子宫内膜基底层细胞开始增生并修复脱落的功能层,内膜增厚,腺体增多,间质表现不同程度的水肿。

(2) 分泌期:月经周期的第15~28天,与卵巢黄体期对应。排卵后,黄体形成,在黄体产生的孕激素和雌激素作用下,子宫内膜在增殖期的基础上进一步增厚,腺体增大且弯曲明显,分泌糖原进入宫腔,间质更加水肿、疏松、螺旋小动脉增生、卷曲。此时,有利于受精卵着床。

(3) 月经期:月经周期第1~4天。如卵子未受精,黄体退化,雌、孕激素撤退,螺旋小动脉持续痉挛,子宫内膜组织缺血坏死、剥脱,月经来潮。

2. 阴道黏膜的变化　　排卵前,阴道黏膜上皮在雌激素的影响下,黏膜增厚,表层细胞角化,其程度在排卵前最明显。角化细胞内富含糖原,寄生在阴道内的乳酸杆菌可将糖原分解成乳酸,保持阴道内的酸性环境,可防止致病菌的繁殖,又称为阴道自净作用。排卵后,在孕激素的作用下,表层细胞脱落。临床上借助阴道脱落细胞的变化间接了解卵巢的功能。

3. 子宫颈的变化　　子宫颈内膜腺细胞的分泌活动在卵巢激素的影响下有明显的周期性改变。卵巢周期中随着卵泡的发育、成熟,雌激素水平逐渐升高,子宫颈黏液分泌量也不断增加、稀薄、透明,有利于精子通行,至排卵期拉丝度可达10 cm以上。取黏液涂片,干燥后可见羊齿植物叶状结晶,这种结晶于排卵前最为典型。排卵后,受孕激素影响,黏液分泌量逐渐减少,黏稠,拉丝易断,不利于精子通行,涂片干后可见排列成行的椭圆体。

4. 输卵管的变化　　受性激素调控,输卵管的形态和功能也有周期性的变化,与子宫内膜的变化相似,但不如子宫内膜明显。

五、月经周期的调节

月经周期的调节是一个极其复杂的过程,主要涉及下丘脑、垂体和卵巢,此三者互相依存、互相制约构成了女性的性腺轴,调节着正常的月经周期。

1. 下丘脑　　下丘脑的神经分泌细胞以脉冲分泌方式分泌促性腺激素释放激素(GnRH),通过下丘脑与垂体之间的门静脉系统进入腺垂体,其功能为调节垂体促性腺激素的合成和释放。GnRH的分泌受垂体和卵巢激素的反馈调节(包括起促进作用的正反馈和起抑制作用的负反馈),也受神经递质的调节。

2. 垂体　　在下丘脑GnRH的调控下,腺垂体分泌促性腺激素包括促卵泡激素(FSH)和黄体生成素(LH)及催乳素(PRL)。FSH、LH作用于卵巢,调控卵巢产生性激素;催乳素具有促进乳汁合成的功能。

3. 卵巢　　在FSH和LH的调控下合成并分泌雌激素、孕激素及少量雄激素,作用于其他生殖器官。

4. 月经周期的调节机制　　卵巢在促性腺激素的调控下发生周期性排卵和周期性激素分泌的变化;卵巢产生的性激素又具有反馈调节,使FSH和LH呈周期性变化。

(1) 卵泡期:随着卵泡的发育,雌激素分泌量逐渐增加,子宫内膜发生增生期变化,雌激素分泌的增加对下丘脑产生负反馈作用,使垂体分泌的FSH下降;排卵前,雌激素分泌达高峰,对下丘脑产生正反馈作用,促使垂体产生大量LH,形成LH的分泌高峰,FSH形成一个较低峰值。LH与FSH协同促进成熟卵泡破裂排卵。

(2) 黄体期:排卵后,FSH与LH急剧下降。在少量FSH与LH作用下,黄体形成并发育成熟,分泌大量的孕激素和雌激素,使子宫内膜在增生期基础上进一步发生分泌期改变;黄体萎缩时,雌激素、孕激素水平降低,对下丘脑、垂体的抑制作用解除,FSH回升,继而又有新的卵泡发育,开始了一个新的周期。

小 结

1. 骨盆
   - 骨骼
     - 左右两块髋骨 → 髋骨由髂骨、坐骨及耻骨组成
     - 一块骶骨 → 骶骨由5~6块骶椎合成
     - 一块尾骨 → 尾骨由4~5块尾椎组成
   - 关节 → 骨与骨之间有耻骨联合、骶髂关节和骶尾关节
   - 韧带 → 骶结节韧带、骶棘韧带

2. 骨盆的分界 —— 以耻骨联合上缘、髂耻缘、骶岬上缘的连线为界
   - 分界线以上部分为假骨盆,又称大骨盆
   - 分界线以下部分为真骨盆,又称小骨盆

3. 子宫内膜的周期性变化
   - 增殖期:月经周期的第5~14天,雌激素作用
   - 分泌期:月经周期的第15~28天,雌、孕激素分泌水平上升
   - 月经期:月经周期的第1~4天,雌激素水平下降,孕激素已不存在

4. 女性生殖系统的自然防御功能
   - 两侧大阴唇自然合拢
   - 盆底肌的作用使阴道口闭合
   - 阴道自净作用
   - 输卵管的蠕动作用
   - 宫颈黏液栓的作用

【思考题】
(1) 描述骨盆的组成及分界。
(2) 阐述女性内生殖器官的构成及解剖特点。
(3) 简述雌激素、孕激素的生理功能。
(4) 子宫内膜周期性变化有哪些?
(5) 描述月经的临床表现。

(廖月霞)

第三章

妇产科护理病历

学习要点

- **掌握**：①妇产科护理对象健康史采集内容；②护理记录书写要求。
- **熟悉**：盆腔检查内容及方法。
- **了解**：妇产科护理对象心理社会评估内容。

第一节 护理评估

护理评估是护理程序的基础，是指通过观察、交谈、对患者进行身体检查及心理状况测试等方式，以获得患者生理、心理、社会和文化等方面的资料，并加以整理、综合、判断的过程。妇产科护理评估包括健康史采集、身心状况评估、实验室检查与其他辅助检查。

一、健康史采集

1. 健康史采集方法　护理评估的首要步骤是采集健康史。女性生殖系统疾病，多与月经、性、生殖有关，因此，进行护理评估时要多关心体贴女性患者，态度和蔼，语言亲切，举止端庄，取得患者信任，患者才会如实详尽地反映病情。进行体格检查要耐心细致，并承诺保守秘密，使采集的病史完整、准确、真实可信；最后应注意尽量避免第三者在场，但男医生检查应有女性第三者在场。

2. 健康史内容

（1）一般项目：包括患者的姓名、年龄、婚姻、职业、民族、宗教信仰等，记录入院时间、入院方式。

（2）主诉：患者就诊的主要症状或体征及其持续时间。主诉通常不超过20字，一般采用症状学名称，避免使用病名，如"阴道流血×日""停经×日"。

（3）现病史：指从发病到就诊时的病情演变过程、就医经过及采取的护理措施和效果。现病史是病史的重要组成部分，其应以主诉为中心，按时间先后顺序依次进行询问。还需了解有无伴随症状及其出现的时间、特点和演变过程，特别是与主要症状的关系。此外，还需询问患者相应的心理反应，询问食欲、大小便、体重变化、活动能力、睡眠等。如妇科月经不调：要了解以往月经情况，本次发病的具体时间，发病后月经变化情况，量多或少，已采取何种治疗等。产科临产患者：要了解腹痛开始时间，破水时间，羊水性状、量，是否见红等。

（4）月经史：包括初潮年龄，周期和经期时间，经量（每日更换卫生巾次数），有无血块，经前有无不适，有无经痛，末次月经（LMP）的日期。绝经年龄，绝经后有无阴道流血、异常白带或其他不适。记录格式为：初潮年龄（经期/月经周期），如13岁初潮，周期为28～30 d，经期持续4～5 d，

笔记栏

48岁绝经,可简写成 $13\frac{4\sim5}{28\sim30}48$ 岁。

(5) 婚育史:婚次及每次结婚年龄,是否近亲结婚,丈夫年龄及健康状况,性生活情况。初孕或初产年龄、足月产、早产、流产次数和现存子女数,可简写为足-早-流-存或孕 x 产 x、G_xP_x。如足月产 1 次,无早产,流产 2 次,现存子女 1 人,可简写成 1-0-2-1,或仅用孕 3 产 1(G_3P_1)表示。分娩方式,新生儿出生情况,有无难产、产后大出血或感染史。末次分娩或流产日期,采用何种避孕措施及其效果。

(6) 既往史:以往健康情况及患病史,着重了解与妇科及现病史有关的既往史与手术史,还应询问过敏史,注明对何种药物过敏。

(7) 个人史:生活和居住情况、出生地和曾居住地区,有无烟、酒等特殊嗜好。

(8) 家族史:父母、兄弟姐妹及子女的健康状况,家庭成员中有无传染病(如结核、病毒性肝炎)、遗传性疾病(如血友病、白化病)及可能与遗传有关的疾病(如糖尿病、高血压、癌症等)。

二、身心状况评估

(一) 身体评估

1. 全身检查　　测量体温、脉搏、呼吸、血压,必要时测量身高和体重,观察其神志、精神状态、发育、营养、体态、面容、第二性征、毛发分布情况;检查皮肤、淋巴结(尤其是左锁骨上和腹股沟淋巴结)、头部器官、甲状腺、乳房、心、肺、脊柱及四肢。

2. 腹部检查　　为妇产科体格检查的重要组成部分,应在盆腔检查前进行。观察腹部形态,有无隆起、瘢痕、静脉曲张、妊娠纹等。触诊腹壁厚度,肝、脾、肾有无增大及压痛;有无肌紧张、压痛、反跳痛;有无包块,有包块时应注意其部位、大小、形态、质地、活动度,表面是否光滑、有无压痛等。叩诊时注意有无移动性浊音。听诊肠鸣音有无亢进或减弱。如为孕妇,应进行四步触诊和胎心率听诊检查。

3. 骨盆测量　　骨盆大小及其形状对分娩有直接影响,是决定胎儿能否顺利经阴道分娩的重要因素。产前检查时必须做骨盆测量。骨盆测量分内测量和外测量两种。

4. 肛门指诊检查　　可以了解胎先露部、骶骨前面弯曲度、坐骨棘间径、坐骨切迹宽度及骶尾关节活动度,并测量矢状径。

5. 盆腔检查　　为妇科特有的检查,又称为妇科检查。

(1) 用物准备:消毒窥阴器、无菌手套、无菌长镊、无菌持物钳、宫颈钳、宫颈刮板、玻片、长棉签、生理盐水、润滑油、臀垫、污物桶、照明灯等。

(2) 注意事项

1) 关心体贴患者,态度和蔼、语言亲切,做好宣传解释工作,以解除顾虑,取得合作。

2) 除尿失禁患者外,检查前嘱患者先排尿,必要时导尿,大便充盈者应在排便或灌肠后检查。

3) 除尿瘘患者有时需取膝胸位外,一般均取膀胱截石位。嘱患者脱去一侧裤腿,仰卧于检查台上,双髋膝关节屈曲分开,头略抬高,两手平放于身旁,使腹肌松弛。检查时应有良好光线,冬季要注意保暖。

4) 协助年老体弱患者上下床,避免摔伤。遇危重患者,应配合医生积极抢救,密切观察病情变化。

5) 每检查一人,应更换一块患者臀下的垫单,无菌手套和检查器械一人一换,以防交叉感染。

6) 月经期一般不做阴道检查。但若为异常出血时则必须检查。检查前应先消毒外阴,并使用无菌手套及器械,以防感染。

7) 无性生活史患者禁做阴道窥器检查和双合诊检查,一般仅做外阴视诊和肛腹诊检查。如必须行阴道检查,应先征得本人及家属同意后,方可用食指缓慢放入阴道扪诊,或使用小号窥阴器检查。

8) 男性护理人员做盆腔检查时,应有一名女性医护人员在场,以减轻受检者紧张心理和避免发生误会。

9)腹壁肥厚、高度紧张不合作或未婚患者,若盆腔检查不满意时,可行B超检查,必要时可在麻醉下行盆腔检查。

(3)检查方法

1)外阴部检查:观察外阴发育,阴毛多少、分布情况,有无畸形、水肿、炎症、溃疡、赘生物或肿块、皮肤黏膜色泽或质地变化等。然后用右手拇指和食指分开小阴唇,暴露阴道前庭、尿道口和阴道,观察有无炎症、赘生物、前庭大腺是否肿大,处女膜口的形态及有无闭锁。检查时还可让患者用力向下屏气,观察有无阴道前后壁膨出、子宫脱垂或尿失禁等。

2)阴道窥器检查:用左手分开两侧小阴唇,右手持阴道窥器,合拢上下2叶,涂肥皂液或其他润滑剂(取阴道分泌物行涂片检查时,不应用润滑剂,以免影响涂片质量),沿阴道侧后壁缓慢插入,逐渐转成正位,张开2叶,暴露宫颈、阴道壁及阴道穹隆。

(a)检查子宫颈:注意子宫颈位置、大小、色泽、外口形状,有无裂伤、糜烂、息肉、肿物和接触性出血,宫颈管分泌物的量和性状。必要时可行宫颈刮片或取分泌物涂片检查。

(b)检查阴道:放松窥阴器侧部螺丝,旋转窥器,观察阴道前后壁和侧壁黏膜色泽、皱襞有无充血、溃疡、赘生物及畸形,分泌物的量、性状,有无臭味等。需做白带涂片或悬滴检查者,应在此时取材。检查完毕,合拢窥器上下2叶后取出。

3)双合诊:指阴道和腹壁的联合检查,是妇科最常用的检查方法。目的是扪清阴道、子宫颈、子宫、输卵管、卵巢、宫旁结缔组织和子宫韧带,以及盆腔内其他组织和器官的情况。

检查方法:检查者一手戴无菌手套,食、中两指涂润滑剂后,沿阴道后壁轻轻插入阴道,检查阴道通畅度和深度,有无畸形、瘢痕、肿块及阴道穹隆情况。触诊子宫颈的大小、形状、软硬度及子宫颈外口情况,有无接触性出血和举痛;然后将两手指置于子宫颈后方,向上向前抬举子宫颈,另一手指向下向后按压腹部,使子宫位于腹部与阴道的两手之间,以内、外手指的感觉来了解子宫的位置、大小、形状、质地、活动度,以及有无压痛;扪清子宫后,将阴道内两指移向一侧阴道穹部,另一手在腹部相应部位下压腹壁,以了解附件和宫旁组织情况,正常输卵管不能触及,正常卵巢偶可触及。如发现子宫附件有肿块,应查清其位置、大小、形状、软硬度、活动度、有无压痛及与子宫的关系等。

4)三合诊:指阴道、直肠与腹壁的联合检查。方法:检查者将一手的食指伸入阴道,中指伸入直肠,另一手在腹部配合。三合诊可弥补双合诊的不足,扪清后倾或后屈子宫的大小,发现子宫后壁、直肠子宫陷凹、宫骶韧带及双侧盆腔后部的病变,也可了解直肠阴道膈、骶骨前方或直肠内有无病变。

5)直肠-腹部诊:指直肠、腹壁的联合检查。检查者一手食指伸入直肠,另一手在腹部配合检查。适用于无性生活史、阴道闭锁或其他原因不宜行双合诊者。

(4)记录:盆腔检查后,应将结果按解剖部位顺序记录。

1)外阴:发育情况及婚产类型,有异常者应详加描述。

2)阴道:是否通畅,黏膜情况,分泌物量、色、性状及有无臭味。

3)子宫颈:色泽、大小、硬度、有无糜烂、息肉、腺囊肿,有无接触性出血、举痛等。

4)子宫体:位置、大小、形状、质地、活动度,有无压痛等。

5)附件:有无肿块物、增厚或压痛。如扪及肿块,应记录其位置、大小、质地、表面光滑与否、活动度,有无压痛及其与子宫和盆腔的关系。左右两侧分别记录。

(二)心理-社会评估

1. 患者对健康问题及医院环境的感知　　了解患者对健康问题的感受、对自己所患疾病的认识和态度、对患者角色的接受情况,从而帮助患者接受现实,及时就医。

2. 患者对疾病的反应　　针对患者的主要心理问题,选择相关的评估量表辅助判断患者患病前后的应激方式,从而有针对性地进行相应的护理,以消除心理因素对生理健康的影响。

3. 患者的精神心理状态　　发病后患者的定向力、意识水平、注意力、仪表、举止、情绪、沟通交流能力、思维、记忆和判断能力有无改变。患病后有无焦虑、恐惧、否认、绝望、自责、愤怒、悲哀等情绪变化。妇科一些检查部位的暴露常使患者感到不安,同时一些妇科疾病常影响到患者的家庭和

笔记栏

婚姻等,所以要注意患者的情绪变化,及时纠正其不良情绪,以利于疾病的预后。

三、实验室检查与其他辅助检查

包括血、尿、粪三大常规检查,相关的实验室检查项目及相应的物理学诊断,如超声检查、X线检查、内镜检查等。

第二节 护理记录

护理记录是指护士遵照医嘱和病情对患者住院期间护理过程的客观记录。

护理记录应当根据相应专科的护理特点、病情和护理工作的实际需要,确保护理记录客观、及时、完整,并与医疗记录互为补充,突出描述生命体征、出入量、体位、管道护理、病情变化及护理措施等内容。

> **知识拓展**
>
> **产科护理记录***
>
> 产科护理记录内容包括:生命体征、SpO_2、胎心、胎动、宫缩、宫底、伤口、恶露、排尿方式、肠功能、泌乳、氧疗、病情及护理。
>
> **电子病历系统护理文书书写质量监控***
>
> 电子病历是指医务人员在医疗活动过程中,使用医疗机构信息系统生成的文字、符号、图表、数据、影像等数字化信息,并能实现存储、管理、传输和重现的医疗记录,是病历的一种记录形式。
>
> 电子病历系统护理文书书写质量监控包括:① 护理文书内涵质量。对于一般护理文书内涵质量的管理,主要是通过事先建立的各种护理文书的模板,将预先建立知识库的内容提供给护士,以节点选择方式录入,避免了复制与粘贴。而对于危重患者护理记录,则借助重症监护系统,实现体温单、特别护理记录单等护理文书的自动生成。② 护理文书时限监控。按要求设置完成时限,如果没完成,监控系统将予以对话框、短信等形式及时提醒。
>
> 电子病历基本要求:① 电子病历录入应当遵循客观、真实、准确、及时、完整、规范的原则;② 电子病历录入应当使用中文和医学术语,要求表达准确,语句通顺,标点正确;③ 电子病历内容应使用原卫生部和江苏省卫生厅统一制定的项目名称、格式和内容,不得擅自变更。
>
> *引自:季国忠,杨莉. 江苏省医政管理之一病历书写规范. 2版. 南京:东南大学出版社,2015.

待产记录

手术清点记录

护理记录单

新生儿护理记录单

小 结

健康史采集内容
- 一般项目
- 主诉
- 现病史
- 月经史
- 婚育史
- 既往史
- 个人史
- 家族史

笔记栏

【思考题】

（1）简述盆腔检查时护理人员工作注意事项。

（2）简述护理记录单的书写要求。

（孟　方）

第四章

妇女保健

学习要点

- **熟悉**：① 妇女生育期保健；② 促进母乳喂养的十项措施。
- **了解**：妇女保健工作的范围。

第一节 概 述

妇女保健工作范围包括：妇女各期保健；计划生育技术指导；妇科病及恶性肿瘤的普查普治；妇女劳动保护；女性心理保健。

1. **妇女各期保健** 内容参见本章第二节"妇女各期保健"。

2. **计划生育技术指导** 开展计划生育技术咨询及健康教育，使育龄妇女了解各种节育方法的安全性和有效性，指导夫妇双方选择安全有效的节育方法，降低非意愿性妊娠。减少因节育措施而产生的不良心理影响，降低人工流产手术率及妊娠中期引产率，预防性传播疾病。严格掌握节育手术的适应证和禁忌证，减少和防止手术并发症的发生，提高节育手术质量，确保手术者的安全与健康。

3. **妇科病及恶性肿瘤的普查普治** 定期对育龄妇女进行妇女常见病及良恶性肿瘤的普查普治工作。35 岁以上妇女，每 1～2 年普查一次，中老年妇女以防癌为重点，做到早期发现、早期诊断及早期治疗，提高妇女生命质量。针对普查结果，制订预防措施，降低发病率，提高治愈率，维护妇女健康。

4. **妇女劳动保护** 在职业性有害因素的作用下，妇女的生殖器官和生殖功能可能受到影响，并且可以通过妊娠、哺乳等影响胎、婴儿的健康。因此，我国政府制定了一系列相应的法律法规，以确保妇女在劳动中的安全与健康。《女职工劳动保护规定》《女职工禁忌劳动范围规定》《中华人民共和国妇女权益保障法》《中华人民共和国母婴保健法》等多部法律的制定，标志着我国妇女劳动保护工作进入了法治阶段。

5. **女性心理保健** 女性除了承担生育的任务外，还需要负担更多的家庭责任，往往事业与家庭难两全，加之受传统家庭观念的各种影响，女性更容易产生心理上的压力和出现心理问题。从生物—心理—社会医学模式来建立心理健康的保健策略，建立科学的女性心理保健体系，以社区为外延、以家庭为单位的医疗保健转化，是保障女性心理健康发展的关键。

笔记栏

第二节 妇女各期保健

一、青春期保健

青春期保健分为三级。一级预防：培养良好的个人生活习惯，合理营养，参与适当的体育锻炼和体育劳动。重点给予月经期卫生保健指导，乳房保健指导，进行青春期心理卫生、性知识教育和性道德培养。二级预防：通过学校保健，开展青春期生殖保健知识讲座，培养责任心和自我约束能力，帮助自己顺利健康地度过青春期。同时，通过学校定期体格检查，早期发现各种疾病和行为异常，减少或避免诱发因素。三级预防：指青春期女性疾病的治疗和康复。青春期保健以一级预防为重点。

二、围婚期保健

围婚期保健是指围绕结婚前后，为保障婚配双方及其后代健康所进行的一系列保健服务措施，包括婚前医学检查、围婚期健康教育及婚前卫生咨询。

婚前医学检查：对准备结婚的男女双方可能患影响结婚和生育的疾病进行医学检查。围婚期健康教育：对准备结婚的男女双方和已婚未育的夫妇进行结婚及生育有关的保健知识教育。婚前卫生咨询：针对医学检查结果发现的异常情况及服务对象提出的具体问题进行解答、提供信息，帮助受检对象在知情的基础上做出适宜决定。从而确保个人和家庭的幸福，为优生优育打下良好的基础，为计划生育提供有力的保证。

三、生育期保健

生殖是妇女健康的核心，应得到良好的有关避孕、节育的技术服务及与生殖有关的医疗保健服务，以维护正常的生殖功能。通过加强孕产期保健，及时诊治高危孕产妇，降低孕产妇死亡率和围生儿死亡概率；给予计划生育指导，避免妇女在生育期内因孕育或节育引发各种疾病；根据妇女的生理、心理及社会特征，加强疾病普查及卫生宣传，以便早期发现疾病、早期治疗，确保妇女身心健康。

四、围生期保健

围生期保健是指从妊娠前开始历经妊娠期、分娩期、产褥期、哺乳期、新生儿期，持续为孕产妇和胎婴儿提供高质量、全方位的健康保护措施，使孕产妇得到系统管理，对胎儿的生长发育与高危孕妇进行有效监护，防治妊娠合并症；推行科学接产，防止分娩期并发症；提高新生儿窒息的抢救水平，降低围生儿死亡率和孕产妇死亡率。

1. 妊娠前期保健　　是指导夫妇双方选择最佳的受孕时期，如适宜年龄（女性21～29岁，男性23～30岁）、最佳的身体心理状态、良好的社会环境等，减少高危妊娠和高危儿的发生，确保优生优育。长时间使用药物避孕者应停药改为工具避孕后半年再妊娠；积极治疗对妊娠有影响的疾病；对有不良孕产史者，遗传病、传染病史者，应接受产前咨询；对有严重疾病有可能危及孕妇生命安全者，应给予必要的医学指导。妊娠前常规TORCH检查（弓形虫感染、其他病原体、风疹病毒、巨细胞病毒、单纯疱疹病毒检查），确定有无病原微生物感染。

2. 妊娠期保健

(1) 妊娠早期加强妊娠期卫生、饮食营养、休息与活动、心理适应等方面的健康教育。注意保护胚胎免受各种有害的物理、化学、生物等因素的侵扰，防止畸形和流产的发生。进行高危妊娠初筛

笔记栏

并及时治疗各种内科合并症。

（2）妊娠中期是胎儿生长发育较快的时期，此期保健重点加强营养、预防贫血、监测胎儿生长发育。定期进行产前检查，应用超声波、羊水分析等方法进行产前筛查；掌握妊娠期自我监测方法。指导孕妇进行胎教，建立良好的亲子关系；鼓励丈夫积极参与，适应父母角色的转换，促进家庭和谐发展。

（3）妊娠晚期胎儿发育最快，孕妇体重增加最明显。应指导孕妇注意补充营养，防止妊娠并发症发生；积极治疗各种合并症。重点指导孕妇掌握家庭自我监护胎儿宫内情况的方法，做好分娩前身体上、心理上和物质上的准备。注意监测胎盘功能，及早发现并纠正胎儿宫内缺氧。做好乳房准备，以利产后哺乳。

3. 分娩期保健　　对分娩期妇女的健康情况进行全面了解和动态评估，加强对孕产妇与胎儿的全产程监护，积极预防和处理分娩期并发症，及时诊治妊娠合并症，目的是确保分娩顺利，母儿安全。方法是持续性地给予母亲生理上、心理上和精神上的帮助和支持，缓解疼痛和焦虑，做到"五防""一加强"。五防：防滞产，防感染，防产伤，防产后出血，防新生儿窒息；一加强是指加强对高危妊娠的产时监护和产程处理，保证母儿平安。

4. 产褥期保健　　目的是预防产后出血、感染等并发症的发生，促进产妇产后生理功能恢复。具体内容参见本书第七章、第十三章相关内容。

5. 哺乳期保健　　哺乳期是指产妇用自己的乳汁喂养婴儿的时期，一般为10个月。近年来，国际上将保护、促进和支持母乳喂养作为妇幼保健工作的重要内容。因此，哺乳期保健的主要目的是促进和支持母乳喂养。

（1）向产妇及家属宣传母乳喂养的好处：① 母乳中所含的营养物质最适合婴儿的消化吸收，且经济、方便；② 母乳中含有多种免疫物质，能提高婴儿的免疫功能，预防疾病；③ 吸吮时的肌肉运动有助于婴儿面部肌肉正常发育，并有利于牙齿的发育，同时吸吮刺激可促进子宫收缩，防止产后出血；④ 母乳喂养时的母子联系，可促进婴儿的心理健康发育；⑤ 母乳喂养可降低母亲患乳腺癌、卵巢癌的危险性。

（2）《助产机构爱婴指南》（2014版）提出促进母乳喂养成功的十项措施：① 制定保护婴儿健康和安全的有关规定，并及时传达到全体医护人员；② 对全体医护人员进行必要的管理和技术培训；③ 将有关母乳喂养的好处及方法告诉所有的孕产妇；④ 帮助产妇在产后1 h内开始母乳喂养；⑤ 指导产妇如何哺乳，以及保持良好泌乳；⑥ 除母乳外，禁止给新生儿吃任何食物或饮料，除非有医学指征；⑦ 实行24 h母婴同室；⑧ 鼓励按需哺乳；⑨ 不要给母乳喂养的新生儿吸人工奶嘴或使用奶嘴作安慰物；⑩ 促进母乳喂养支持组织的建立，将出院的产妇转给这些组织，并提供后续服务，建立监督管理制度。

五、围绝经期保健

围绝经期是指妇女从接近绝经时出现的与绝经有关的内分泌、生物学和临床特征至绝经后1年内的时期。由于在围绝经期内性激素的减少可引发一系列躯体和精神心理症状，故围绝经期保健的主要目的是提高围绝经期妇女的自我保健意识和生活质量。

（1）通过多途径健康宣教，使围绝经期妇女了解这一特殊时期的生理、心理特点，合理安排生活，加强营养，增强蛋白质、维生素及微量元素的摄入，注意锻炼身体并保持心情愉悦。指导其保持外阴部清洁，防止感染。此期是妇科肿瘤的好发年龄，每1~2年定期进行1次妇科常见疾病及肿瘤的筛查。

（2）为预防子宫脱垂和张力性尿失禁发生，应鼓励并指导妇女进行缩肛训练，3次/天，每次15 min。积极防治绝经前期月经失调，对绝经后阴道流血者，给予积极的诊治。

（3）在医生的指导下，必要时应用激素替代疗法或补充钙剂等方法防治围绝经期综合征、骨质疏松、心血管疾病等，提高生活质量。

（4）围绝经期妇女经期紊乱时，宫内节育器即需取出，同时指导其避孕至停经1年以上；也可停

经后取出,但时限不超过1年。

六、老年期保健

由于社会经济发展、医疗服务技术水平的提高,人类的平均寿命延长。国际老年协会规定,60~65岁为老年前期,65岁以后为老年期。由于生理上的变化,老年人的心理和生活发生改变,产生各种心理障碍,易患各种疾病。因此,应指导老年人定期体检,适度参加社会活动和从事力所能及的工作,保持生活规律,注意劳逸结合,防治老年期常见病和多发病,以利身心健康,提高生命质量。

知识拓展

孕产期保健工作统计指标*

(1) 产前检查率 = 期内接受产前检查的人数/同期产妇总人数×100%

(2) 高危妊娠管理率 = 期内高危妊娠管理人数/同期高危妊娠人数×100%

(3) 住院分娩率 = 期内住院分娩的人数/同期产妇数×100%

(4) 剖宫产率 = 期内某地区剖宫产活产儿数/期内该地区活产儿数

(5) 产后访视率 = 期内接受产后访视的产妇人数/同期产妇数×100%

(6) 孕产妇系统管理率 = 期内接受系统管理的孕产妇人数/活产儿数×100%

孕产期保健质量指标*

(1) 妊娠期高血压疾病发生率 = 期内患病人数/期内孕产妇总数×100%

(2) 产后出血率 = 期内产后出血人数/期内产妇总数×100%

(3) 产褥感染率 = 期内产褥感染人数/期内产妇总数×100%

(4) 会阴破裂率 = 期内会阴破裂人数/期内产妇总数×100%

* 引自:郑修霞. 妇产科护理学. 5版. 北京:人民卫生出版社,2012.

小 结

1. 妇女保健工作范围
   - 妇女各期保健
   - 计划生育技术指导
   - 妇女病及恶性肿瘤的普查普治
   - 妇女劳动保护
   - 女性心理保健

2. 妇女各期保健
   - 青春期保健
   - 围婚期保健
   - 生育期保健
   - 围生期保健
     - 孕产期保健
     - 孕期保健
     - 分娩期保健
       - 五防:防滞产、防感染、防产伤、防产后出血、防新生儿窒息
       - 一加强:高危妊娠的产时监护和产程处理,保证母儿平安
     - 产褥期保健
     - 哺乳期保健:促进母乳喂养的十项措施
   - 围绝经期保健
   - 老年期保健

【思考题】

(1) 简述妇女保健的主要范围。

(2) 护理人员如何为妊娠期妇女提供围生期保健指导?

(孟　方)

第五章

妊娠期妇女的护理

学习要点

- **掌握**：妊娠期症状护理要点。
- **熟悉**：胎产式、胎先露、胎方位的概念。
- **了解**：胎儿附属物内容。

第一节 妊娠生理

妊娠是胚胎和胎儿在母体内发育成长的过程。成熟卵子受精是妊娠的开始，胎儿及其附属物自母体排出是妊娠的终止。妊娠是非常复杂、变化极为协调的生理过程，全过程平均约为40周。

一、受精与着床

1. **受精** 获能的精子与次级卵母细胞相遇于输卵管，结合形成受精卵的过程称为受精。

2. **着床** 晚期囊胚种植于子宫内膜的过程称着床。受精卵着床需经过定位、黏着和侵入三个阶段。

二、胎儿附属物的形成与功能

胎儿附属物包括胎盘、胎膜、脐带和羊水，它们对维持胎儿宫内的生命及生长发育起重要作用。

1. **胎盘** 由胎儿部分的羊膜和叶状绒毛膜及母体部分的底蜕膜构成。胎盘功能包括气体交换、营养物质供应、排出胎儿代谢产物、分泌激素、防御功能和合成功能。

2. **胎膜** 胎膜是由外层的平滑绒毛膜和内层的羊膜组成。

3. **脐带** 脐带是由胚胎发育过程中的体蒂发展而来，胚胎及胎儿借助于脐带悬浮于羊水中。足月儿的脐带长30～100 cm，平均约55 cm。脐带的表面由羊膜覆盖，内有一条脐静脉和两条脐动脉，脐血管周围为含水量丰富来自胚外中胚层的胶样组织，称华通胶，有保护脐血管作用。脐带是母体与胎儿气体交换、营养物质供应和代谢产物排出的重要通道。

4. **羊水** 羊水为充满于羊膜腔内的液体。妊娠早期的羊水是由母体血清经胎膜进入羊膜腔的透析液，妊娠中期以后，胎儿尿液成为羊水的重要来源；羊水的吸收约50%由胎膜完成，羊水在羊膜腔内不断进行液体交换以保持羊水量的动态平衡。正常足月妊娠羊水量为1 000～1 500 mL。足月妊娠时，羊水略混浊，不透明，可见羊水内悬有小片状物（胎脂、胎儿脱落上皮细胞、毛发、毳毛、少量白细胞、白蛋白、尿酸盐等）。羊水比重为1.007～1.025，pH约为7.20。

笔记栏

三、胚胎及胎儿发育特点

受精后8周称胚胎,为主要器官分化、形成的时期;从受精第9周起称胎儿,是生长成熟的时期。胎儿发育的特征如下。

8周末:胚胎初具人形,头的大小约占整个胎体的一半。可分辨出眼、耳、口、鼻,四肢已具雏形,心脏已形成。

12周末:胎儿身长约9 cm,顶臀长6～7 cm,体重约20 g。外生殖器已可初辨性别。胎儿四肢可活动。

16周末:胎儿身长约16 cm,顶臀长12 cm,体重约110 g。从外生殖器可确定性别,头皮已长毛发,胎儿已开始有呼吸运动,皮肤菲薄呈深红色,无皮下脂肪。部分孕妇自觉有胎动。

20周末:胎儿身长约25 cm,顶臀长16 cm,体重约320 g。皮肤暗红,出现胎脂,全身有毳毛,开始出现吞咽、排尿功能。自该孕周起胎儿体重呈线性增长,胎儿运动明显增加,10%～30%时间胎儿活跃。

24周末:胎儿身长约30 cm,顶臀长21 cm,体重约630 g。各脏器均已发育,皮下脂肪开始沉积,但皮肤仍呈皱缩状,出现眉毛和睫毛。细小支气管和肺泡已经发育。出生后可有呼吸,但生存力极差。

28周末:胎儿身长约35 cm,顶臀长25 cm,体重约1 000 g。皮下脂肪不多,皮肤粉红,表面覆盖胎脂。四肢活动好,有呼吸运动,出生后可存活,但易患特发性呼吸窘迫综合征。

32周末:胎儿身长约40 cm,顶臀长28 cm,体重1 700 g。皮肤深红仍呈皱缩状。生活力尚可,此期出生者如注意护理可能存活。

36周末:胎儿身长约45 cm,顶臀长32 cm,体重2 500 g。皮下脂肪多,身体圆润,面部皱褶消失。指(趾)甲已达指(趾)端。出生后能啼哭及呼吸,生活力良好,基本能存活。

40周末:胎儿身长约50 cm,顶臀长36 cm,体重约3 400 g。胎儿发育成熟,体形外观丰满,皮肤粉红色,皮下脂肪多,足底皮肤有纹理。男性睾丸已下降,女性大小阴唇发育良好。出生后哭声响亮,吮吸力强,能很好存活。

第二节　妊娠期母体变化

一、生理变化

妊娠期在胎盘产生的激素作用下,母体各系统发生了一系列生理变化以适应胎儿生长发育的需要并为分娩做准备,同时为产后的哺乳做好准备。

1. 生殖系统

(1) 子宫

1) 子宫大小:子宫体逐渐增大变软,妊娠12周后,增大的子宫逐渐超出盆腔。妊娠晚期子宫轻度右旋。至妊娠足月时子宫体积达35 cm×22 cm×25 cm,容量约5 000 mL,重量约1 100 g。子宫壁厚度非妊娠时约1 cm,妊娠中期逐渐增厚,妊娠末期又逐渐变薄,妊娠足月时为0.5～1.0 cm。子宫增大不是由于细胞的数目增加,而主要是肌细胞的肥大延长,也有少量肌细胞数目增加及结缔组织增生,细胞质富含有收缩功能的蛋白质,为临产后子宫阵收缩提供物质基础。

子宫各部的增长速度不一。宫底部于妊娠后期增长速度最快,宫体部含肌纤维最多,其次为子宫下段,宫颈部最少。此特点适应临产后子宫阵缩向下依次递减,促使胎儿娩出。

自妊娠12～14周起,子宫出现不规则的无痛性收缩,由腹部可以触及。其特点为稀发、不规律

笔记栏

和不对称。因宫缩时宫腔内压力通常为5~25 mmHg,持续时间不足30 s,不伴宫颈的延长,这种生理性无痛宫缩称为Braxton Hicks收缩。

2) 子宫内膜：受精卵着床后,子宫内膜腺体在孕激素、雌激素作用下增大,腺上皮细胞内糖原增加,结缔组织细胞肥大,血管充血,此时的子宫内膜称为蜕膜。依其与囊胚的关系分为三部分。

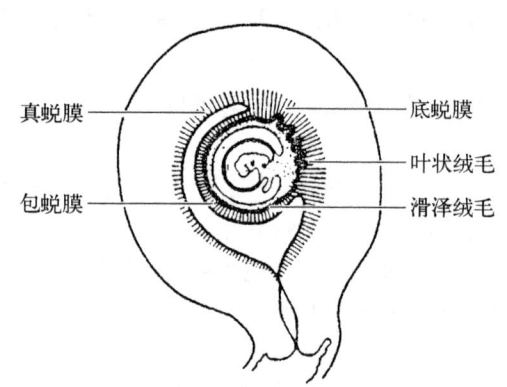

图5-1 早期妊娠的子宫蜕膜与绒毛的关系

（a）底蜕膜：囊胚着床部位的子宫内膜,与叶状绒毛膜相贴,将来发育成胎盘的母体部分。

（b）包蜕膜：覆盖在囊胚表面的蜕膜,随着囊胚的发育成长逐渐突向宫腔。

（c）真蜕膜：除底蜕膜、包蜕膜以外的覆盖子宫腔其他部分的蜕膜,妊娠14~16周羊膜腔明显增大,包蜕膜和真蜕膜相贴近,宫腔消失(图5-1)。

3) 子宫峡部：是位于子宫体与子宫颈之间最狭窄的组织结构。非妊娠期长约1 cm,随着妊娠的进展,峡部逐渐被拉长变薄,成为子宫腔的一部分,形成子宫下段,临产时长7~10 cm。

4) 子宫颈：妊娠早期因充血、组织水肿,宫颈外观肥大、着色,质地软。宫颈管内腺体肥大,宫颈黏液分泌增多,形成黏稠的黏液栓,保护宫腔不受感染。

(2) 卵巢：略增大,停止排卵。一侧卵巢可见妊娠黄体,其分泌雌、孕激素以维持妊娠。妊娠10周后,黄体功能由胎盘取代,黄体开始萎缩。

(3) 输卵管：妊娠期输卵管伸长,但肌层无明显肥厚,黏膜上皮细胞变扁平,在基质中可见蜕膜细胞。有时黏膜也可见到蜕膜反应。

(4) 阴道：黏膜变软,水肿充血呈紫蓝色。阴道皱襞增多,周围结缔组织变疏松,伸展性增加。阴道脱落细胞增多,分泌物增多呈白色糊状。阴道上皮细胞含糖原增多,乳酸含量增加,使阴道的pH降低,不利于一般致病菌生长,有利于防止感染。

(5) 外阴：局部充血,皮肤增厚,大小阴唇有色素沉着；大阴唇结缔组织松软,伸展性增加。

2. 乳房　妊娠早期乳房开始增大,充血明显,孕妇自觉乳房发胀。乳头增大、着色,易勃起,乳晕着色,乳晕上的皮脂腺肥大形成散大的小隆起,称蒙氏结节。胎盘分泌的雌激素刺激乳腺腺管的发育,孕激素刺激乳腺腺泡的发育,垂体生乳素、胎盘生乳素等多种激素参与乳腺发育完善,为泌乳做准备。但妊娠期间并无乳汁分泌,可能与大量雌、孕激素抑制乳汁生成有关。分娩后,新生儿吸吮乳头时,乳汁正式分泌。

3. 循环系统

(1) 心脏：妊娠后期由于膈肌升高,心脏向左、上、前移位,更贴近胸壁,心尖部左移,心浊音界稍扩大。心脏容量从妊娠早期至妊娠末期约增加10%,心率每分钟增加10~15次。部分孕妇可闻及心尖区Ⅰ~Ⅱ级柔和吹风样收缩期杂音,产后逐渐消失。

(2) 心排出量：伴随着外周血管阻力下降,心率增加及血容量增加,心排出量自妊娠10周逐渐增加,至妊娠30~34周达高峰,持续至分娩,左侧卧位测量心排出量较未妊娠时约增加30%,每次心排出量平均约为80 mL。心排出量增加为妊娠期循环系统最重要的改变,在临产后第二产程心排出量也显著增加。有基础心脏病的孕妇易在妊娠、分娩期发生心力衰竭。

(3) 血压：妊娠早期及中期血压偏低,妊娠24~26周后血压轻度升高。一般收缩压无变化,舒张压轻度降低,使脉压稍增大。孕妇体位影响血压,妊娠晚期仰卧位时增大子宫压迫下腔静脉,回心血量减少,心排出量降低,血压下降,形成仰卧位低血压综合征。侧卧位能解除子宫压迫,改善血液回流。因此,妊娠中、晚期鼓励孕妇侧卧位休息。

4. 血液系统

(1) 血容量：血容量自妊娠6~8周开始增加,至妊娠32~34周达高峰,增加40%~45%,平均约增加 1 450 mL,维持此水平至分娩。其中血浆平均增加 1 000 mL,红细胞平均增加 450 mL,使血液稀释,出现生理性贫血。

(2) 血液成分

1) 红细胞:妊娠期骨髓不断产生红细胞,网织红细胞轻度增加。非妊娠期妇女的红细胞计数为 $4.2\times10^{12}/L$,血红蛋白值约为 130 g/L,血细胞比容为 0.38~0.47;妊娠后,由于血液稀释,红细胞计数约为 $3.6\times10^{12}/L$,血红蛋白值约为 110 g/L,血细胞比容降为 0.31~0.34。妊娠后,由于血液稀释,为适应红细胞增生、胎儿生长和孕妇各器官生理变化的需要,应在妊娠中、晚期补充铁剂,以防止缺铁性贫血。

2) 白细胞:妊娠期白细胞稍增加,约为 $10\times10^9/L$,有时可达到 $15\times10^9/L$,主要为中性粒细胞增加,淋巴细胞增加不多,单核细胞和嗜酸性粒细胞均无明显变化。

3) 凝血因子:妊娠期凝血因子Ⅱ、Ⅴ、Ⅶ、Ⅸ、Ⅹ均增加,仅凝血因子Ⅺ及ⅩⅢ降低,使血液处于高凝状态,对预防产后出血有利。血小板数无明显变化。妊娠期血沉加快,可达 100 mm/h。

4) 血浆蛋白:由于血液稀释,血浆蛋白在妊娠早期即开始降低,妊娠中期时血浆蛋白值为 60~65 g/L,主要是白蛋白减少,以后维持此水平至分娩。

5. 泌尿系统 由于孕妇及胎儿代谢产物增多,肾脏负担加重。肾血流量(RPF)及肾小球滤过率(GFR)于妊娠早期均增加,并在整个妊娠期维持高水平。由于 GFR 增加,而肾小管对葡萄糖再吸收能力不能相应增加,故约 15% 的孕妇饭后可出现糖尿。

妊娠早期,增大的子宫压迫膀胱,引起尿频,妊娠 12 周后子宫体高出盆腔,压迫膀胱的症状消失。妊娠末期,由于胎先露进入盆腔,孕妇再次出现尿频,甚至腹压稍增加即出现尿液外溢现象。此现象产后可逐渐消失。

受孕激素影响,泌尿系统平滑肌张力下降。自妊娠中期肾盂及输尿管增粗,蠕动减弱,尿流缓慢,且右侧输卵管受右旋子宫压迫,孕妇易发生肾盂肾炎,且以右侧多见。可用左侧卧位预防。

6. 呼吸系统 妊娠早期孕妇的胸廓发生改变,表现为胸廓横径加宽,周径加大,横膈上升,呼吸时膈肌活动幅度增加。妊娠中期肺通气量增加大于耗氧量,孕妇有过度通气现象,这有利于提供孕妇和胎儿所需的氧气。妊娠后期子宫增大,腹肌活动幅度减少,使孕妇以胸式呼吸为主,气体交换保持不减。

7. 消化系统 妊娠早期,约有半数妇女出现不同程度的恶心,或伴呕吐,尤其于清晨起床时更为明显。由于雌激素影响,牙龈充血、水肿、增生,晨间刷牙时易有牙龈出血。孕妇常有唾液增多,有时有流涎。由于孕激素的影响,胃肠平滑肌张力下降使蠕动减少、减弱,胃排空时间延长,易有上腹部饱胀感。妊娠中、晚期,由于胃部受压及幽门括约肌松弛,胃内酸性内容物可回流至食管下部,产生"灼热"感。肠蠕动减弱,易便秘。

8. 内分泌系统 妊娠期腺垂体增大 1~2 倍,嗜酸细胞肥大、增多,形成"妊娠细胞"。于产后 10 d 左右恢复。产后有出血性休克者,可使增生、肥大的垂体缺血、坏死,导致希恩综合征。

9. 其他

(1) 皮肤:妊娠期垂体分泌促黑素细胞激素增加,使黑色素增加,加之雌激素明显增多,使孕妇面颊、乳头、乳晕、腹白线、外阴等处出现色素沉着。面颊呈蝶形分布的褐色斑,习称妊娠斑,于产后逐渐消退。

随着妊娠子宫增大,孕妇腹壁皮肤弹力纤维过度伸展而断裂,使腹壁皮肤出现紫色或淡红色不规则平行的裂纹,称妊娠纹。产后变为银白色,持久不退。

(2) 体重:体重于妊娠 12 周前无明显变化,以后体重平均每周增加 350 g,正常不应超过 500 g,至妊娠足月时,体重平均每增加 12.5 kg,包括胎儿、胎盘、羊水、子宫、乳房、血液、组织间液、脂肪沉积等。

(3) 矿物质及维生素:胎儿生长发育需要大量的钙、磷、铁。绝大部分是在妊娠末期 2 个月内积累的,故至少应于妊娠后 3 个月补充维生素及矿物质。

二、心理-社会调适

妊娠期良好的心理适应有助于产后亲子关系的建立及母亲角色的完善。孕妇常见的心理反应有：惊讶和震惊、矛盾心理、接受、情绪激动、内省等。

第三节 妊娠诊断

根据妊娠不同时期的特点，临床上将妊娠分为三个时期：妊娠13周末之前称为早期妊娠；第14~27周末称为中期妊娠；第28周及其后称为晚期妊娠。

一、早期妊娠诊断

1. 临床表现

(1) 停经：育龄期有性生活史的健康妇女，平时月经周期规则，一旦月经过期，应考虑早期妊娠。停经10d以上，应高度怀疑妊娠。如停经2个月以上，则妊娠的可能性更大。停经是妊娠最早的症状，但不是妊娠的特有症状。

(2) 早孕反应：在停经6周左右出现晨起恶心、呕吐、食欲减退、喜食酸物或偏食、畏寒等症状称为早孕反应。多在停经12周左右自行消失。

(3) 尿频：前倾增大的子宫在盆腔内压迫膀胱所致，增大的子宫超出盆腔后，尿频症状自然消失。

(4) 乳房变化：自妊娠8周起，在雌、孕激素作用下，乳房逐渐增大。孕妇自觉乳房轻度胀痛、乳头刺痛，乳房增大，乳头及周围乳晕着色，有深褐色蒙氏结节出现。

(5) 妇科检查：妊娠6~8周时，阴道黏膜及子宫颈充血，呈紫蓝色，阴道检查子宫随停经月份而逐渐增大，子宫峡部极软，子宫体与子宫颈似不相连，称黑加征。随着妊娠进展至8周，子宫约为非妊娠子宫的2倍，妊娠12周时，子宫约为非妊娠子宫的3倍，在耻骨联合上方可触及。

2. 实验室检查与其他辅助检查

(1) 妊娠试验：检测血或尿中人绒毛膜促性腺激素（HCG）含量，协助诊断早期妊娠。

(2) 超声检查：是检查早期妊娠快速准确的方法。

(3) 宫颈黏液检查：宫颈黏液量少、黏稠，拉丝度差，涂片干燥后光镜下仅见排列成行的椭圆体，不见羊齿植物叶状结晶，则早期妊娠的可能性较大。

(4) 基础体温测定：双相型体温的已婚妇女出现高温相18d持续不降，早孕可能性大；高温相持续3周以上，则早孕可能性更大。

二、中晚期妊娠诊断

1. 健康史　有早期妊娠的经过，且子宫明显增大，可感觉到胎动。

2. 临床表现

(1) 子宫增大：随着妊娠进展，子宫逐渐增大。手测子宫底高度或尺测耻上子宫长度可以估计胎儿大小及孕周，可以判断子宫大小与妊娠周数是否符合。增长过速或过缓均可能为异常。

(2) 胎动：孕妇于妊娠18~20周时开始自觉有胎动，胎动3~5次/时。妊娠周数越多，胎动越活跃，但至妊娠末期胎动逐渐减少。腹壁薄且松弛的孕妇，经腹壁可见胎动。

(3) 胎心音：妊娠12周，用多普勒胎心听诊仪经孕妇腹壁能探测到胎心音。胎心音110~160次/分。胎心音应与子宫杂音、腹主动脉杂音、脐带杂音相鉴别。

(4) 胎体：妊娠20周以后，经腹壁能触到子宫内的胎体，妊娠24周以后触诊能区分头部、胎臂、

胎背及胎儿四肢。胎头圆而硬,有浮球感;胎背宽而平坦,胎臀宽而软,形状不规则;胎儿肢体小且有不规则活动。

3. 辅助检查

(1) 超声检查：B型超声显像法不仅能显示胎儿数目、胎方位、胎心搏动和胎盘位置,且能测定胎头双顶径,观察胎儿有无体表畸形。

(2) 胎儿心电图：目前国内常用间接法检测胎儿心电图,通常于妊娠12周以后显示较规律的图形,于妊娠20周后的成功率更高。

三、胎产式、胎先露、胎方位

妊娠28周以前,羊水较多、胎体较小,胎儿在子宫内活动范围较大,胎儿位置不固定。妊娠32周以后,胎儿生长迅速,羊水相对减少,胎儿与子宫壁贴近,胎儿的位置和姿势相对恒定,但亦有极少数胎儿的姿势和位置在妊娠晚期发生改变。胎方位甚至在分娩期仍可改变。

1. **胎产式** 胎儿身体纵轴与母体身体纵轴之间的关系称胎产式。两轴平行者称纵产式,占妊娠足月分娩总数的99.75%。两轴垂直者称横产式,占妊娠足月分娩总数的0.25%。两轴交叉者称斜产式,属暂时性的,于分娩过程中多转为纵产式,偶有转为横产式。

2. **胎先露** 最先进入骨盆入口的胎儿部分称胎先露。纵产式有头先露、臀先露,横产式为肩先露。头先露又可因胎头屈伸程度不同分为枕先露、前囟先露、额先露及面先露。臀先露又可因入盆先露不同分为混合臀先露、单臀先露和足先露。偶可见头先露或臀先露与胎手或胎足同时入盆,称为复合先露。

3. **胎方位** 胎儿先露部指示点与母体骨盆的关系称胎方位。枕先露以枕骨、面先露以颏骨、臀先露以骶骨、肩先露以肩胛骨为指示点。根据指示点与母体骨盆左、右、前、后、横的关系而有不同的胎位。

第四节　妊娠期妇女的护理

加强妊娠期管理的目的是明确孕妇和胎儿的健康状况,及早发现并治疗妊娠合并症和并发症(如妊娠期高血压疾病、妊娠合并心脏病等),及时纠正胎位异常,及早发现胎儿发育异常。产前护理评估主要是通过定期产前检查来实现,收集完整的病史资料、体格检查,为孕妇提供连续的整体护理。

一、护理评估

具体内容详见本书第三章。

二、常见护理诊断/问题

1. **便秘** 与妊娠引起肠蠕动减弱有关。
2. **知识缺乏** 与缺乏妊娠期保健知识有关。
3. **胎儿有受伤的危险** 与遗传、感染、中毒、胎盘功能障碍有关。

三、预期目标

(1) 孕妇获得孕期保健知识,维持母婴于健康状态。
(2) 孕妇掌握有关育儿知识,适应母亲角色。

四、护理措施

1. **一般护理** 告知孕妇产前检查的意义、重要性和产前检查内容,预约下次产前检查的时

间,并督促其定期产检和健康指导。

2. 心理护理　　了解孕妇对妊娠的心理适应程度,可在每一次产前检查接触孕妇时进行。鼓励孕妇抒发内心感受和想法,针对其需要解决问题。如孕妇一味地抱怨身体不适,须判断是否有其他潜在的心理问题,才能找出症结所在。

3. 症状护理

(1) 恶心、呕吐:约半数妇女在妊娠6周左右出现早孕反应,12周左右消失。在此期间应避免空腹,清晨起床时先吃几块饼干或面包,少量多餐,饮食清淡;给予精神鼓励和支持,以减少心理的困扰和焦虑。如妊娠12周后仍继续呕吐,甚至影响孕妇营养时,须遵医嘱进行治疗。对偏食者,在不影响饮食平衡的情况下可不做特殊处理。

(2) 尿频、尿急:常发生在妊娠初3个月及末3个月。若因压迫所致,且无任何感染征象,可给予解释,不必处理。

(3) 白带增多:于妊娠初3个月及末3个月明显,是妊娠期正常的生理变化。但应排除假丝酵母菌、滴虫、淋菌、衣原体等感染。嘱孕妇每日清洗外阴或经常洗澡,但严禁阴道冲洗。指导穿透气性好的棉质内裤,经常更换。分泌物过多的孕妇,可用卫生巾并经常更换,增加舒适感。

(4) 水肿:孕妇在妊娠后期易发生下肢水肿,经休息后可消退,属正常。如下肢明显凹陷性水肿或经休息后不消退者,应及时诊治,警惕妊娠期高血压疾病的发生。适当限制孕妇对盐的摄入,但不必限制水分。

(5) 下肢、外阴静脉曲张:孕妇应避免两腿交叉或长时间站立、行走,并注意时常抬高;指导孕妇穿弹力裤或袜,以促进血液回流;会阴部有静脉曲张者,可于臀下垫枕,抬高髋部休息。

(6) 便秘:嘱孕妇养成每日定期排便的习惯,多吃水果、蔬菜等含纤维素多的食物,增加每日饮水量,注意适当的活动。未经医生许可不可随便使用大便软化剂或轻泻剂。

(7) 腰背痛:指导孕妇穿低跟鞋,在俯拾或抬举物品时,保持上身直立,弯曲膝部,用两下肢的力量抬起。如工作要求长时间弯腰,妊娠期间应适当予以调整。疼痛严重者,必须卧床休息(硬床),局部热敷。

(8) 下肢痉挛:指导孕妇饮食中增加钙的摄入,必要时遵医嘱口服钙剂。

(9) 仰卧位低血压综合征:嘱左侧卧位后症状可自然消失,不必紧张。

(10) 失眠:每日坚持户外活动,如散步。睡前用梳子梳头,温水洗脚,或喝热牛奶等方式均有助于睡眠。

(11) 贫血:孕妇应适当增加含铁食物的摄入,如动物肝脏、瘦肉、蛋黄等。必要时遵医嘱补充铁剂。

五、健康指导

1. 异常症状的判断　　孕妇出现下列症状应立即就诊:阴道流血,妊娠3个月后仍持续呕吐、寒战、发热、腹部疼痛、头痛、眼花、胸闷、心悸、气短,液体突然自阴道流出,胎动计数突然减少等。

2. 营养指导　　母体是婴儿成长的环境,孕妇的营养状况直接或间接地影响自身和胎儿的健康。妊娠期间孕妇必须增加营养的摄入以满足自身及胎儿的双方需要。

3. 清洁和舒适　　妊娠期养成良好的刷牙习惯,勤淋浴。孕妇衣服应宽松、柔软、舒适,冷暖适宜。妊娠期宜穿轻便舒适的鞋子,鞋跟宜低。

4. 活动与休息　　一般孕妇可坚持工作到28周,28周后宜适当减轻工作量,避免长时间站立或重体力劳动。妊娠期孕妇需要充足的休息与睡眠。妊娠期要保证适量的运动。散步是孕妇最适宜的运动,一切家务操作均可正常进行,切勿攀高举重。

5. 胎教　　对胎儿进行抚摸训练、音乐训练。

6. 妊娠期自我监护　　胎心音计数和胎动计数是孕妇自我监护胎儿宫内情况的一种重要手段。

7. 性生活指导　　妊娠前3个月及末3个月,均应避免性生活,以防流产、早产及感染。

笔记栏

8. 识别先兆临产　临近预产期的孕妇,如出现阴道血性分泌物或规律宫缩则为临产,应尽快到医院就诊。如阴道突然大量液体流出,嘱孕妇平卧,由家属送往医院,以防脐带脱垂而危及胎儿生命。

9. 药物的使用　很多药物可通过胎盘进入胚胎内,而影响胚胎发育。尤其是在妊娠最初2个月,是胚胎器官发育形成时期,此时用药更应注意。

六、结果评价

(1) 母婴健康、舒适,无并发症发生。
(2) 产妇能正确演示育儿技能。

第五节　分娩的准备

多数妇女,尤其是初产妇,由于缺乏有关分娩方面的一些知识,担心分娩过程中自身和胎儿安全等,会使产妇产生焦虑和恐惧心理,而这些心理问题又会影响产程的进展和母婴的安全,因此,帮助孕妇做好分娩的准备是非常必要的。

一、先兆临产

分娩发动前,出现预示孕妇不久即将临床的症状,称为先兆流产。

1. 假临产　孕妇在分娩发动前,常会出现假临产,其特点为:宫缩持续时间短且不恒定,间歇时间长而不规则;宫缩的强度不加强;不伴随出现宫颈管消失和宫颈口扩张;常在夜间出现,白天消失;给予镇静剂可以抑制假临产。

2. 胎儿下降感　随着胎先露下降入骨盆,宫底随之下降,多数孕妇会感觉上腹部较前舒适,进食量也增加,呼吸轻快。由于胎先露入盆压迫了膀胱,孕妇常出现尿频症状。

3. 见红　在分娩发动前24~48 h,经阴道口排出少量血液,与宫颈管内的黏液相混排出,称为见红。见红是分娩即将开始的比较可靠的征象。但若出血量超过月经量,则不应认为是见红,而可能是妊娠晚期出血性疾病。

二、分娩的物品准备

产前帮助缺乏抚养孩子知识和技能,又缺乏社会支持系统的年轻准父母,指导其准备好产妇和新生儿用物,减少其紧张和焦虑,增加抚养孩子的责任心和信心。

三、产前运动

妊娠期间做运动的目的是减轻身体的不适,伸展会阴部肌肉,使分娩得以顺利进行;同时可强化肌肉,以助产后身体迅速有效地恢复。产前运动包括:腿部运动、腰部运动、盘腿坐式、盘坐运动、骨盆与背摇摆运动、骨盆倾斜运动、双腿抬高运动、脊柱伸展运动。

四、减轻分娩不适的方法

目前有多种方式可协助减轻分娩时的疼痛。

1. 拉梅兹分娩法　包括廓清式呼吸、放松技巧、意志控制的呼吸、划线按摩法。
2. 瑞德法　包括放松技巧、腹式呼吸。
3. 布莱德雷法　也称"丈夫教练法"。主要强调丈夫在妊娠、分娩和新生儿出生后最初几天中的重要性。

知识拓展

袋鼠式护理在新生儿母乳喂养中应用*

袋鼠式护理(kangaroo mother care,KMC)又称为皮肤接触护理(skin-to-skin care,SSC),是指新生儿母(父)亲以类似袋鼠等有袋动物照顾幼儿的方式,将新生儿直立式贴在母(父)亲胸口,提供新生儿所需温暖及安全感,起源于20世纪80年代初,主要针对早产儿的护理方式。在发展中国家,袋鼠式护理的推广大大弥补了因温箱和监护设备不足的医疗条件;在发达国家中,如美国、法国、挪威等为满足新生儿与产妇双方生理及心理需求也普遍采用袋鼠式护理。

袋鼠式护理可改善新生儿母乳喂养情况,其首次母乳喂养时间开始得更早,首次母乳喂养的持续时间更长,母乳喂养评分较高。早期实施袋鼠式护理可提高新生儿首次母乳喂养成功率。袋鼠式护理不仅可为新生儿提供安全、温暖的环境,还可以通过母亲对新生儿头部的抚触及轻声呼唤,刺激新生儿脑部功能发育,有利于神经突触的形成。

* 引自:胡建新,李萍,刘明秀.袋鼠式护理促进新生儿母乳喂养的Meta分析.护理学报,2016,23(5):9-13.

小 结

妊娠期常见症状
- 恶心、呕吐、尿频、尿急
- 白带增多、水肿
- 下肢、外阴静脉曲张
- 便秘、腰背痛
- 下肢痉挛
- 仰卧位低血压综合征
- 失眠、贫血

【思考题】

(1) 妊娠期症状的护理要点有哪些?

(2) 简述胎产式、胎先露、胎方位的概念。

(朱春云)

第六章

分娩期妇女的护理

学习要点

- **掌握**：临产前的表现及观察要点、临产的诊断与观察。
- **熟悉**：影响分娩的四个因素、各产程的护理。
- **了解**：分娩机制。

妊娠 28 周(196 d)及以上，胎儿及其附属物自临产开始到全部由母体娩出的全过程，称为分娩。妊娠满 28 周至不满 37 足周(196~258 d)期间分娩称为早产。妊娠满 37 周至不满 42 足周(259~293 d)期间分娩称为足月产。妊娠满 42 周(294 d)及以后分娩称为过期产。

第一节 影响分娩的因素

影响分娩的四因素包括产力、产道、胎儿及精神心理因素，若各因素均正常并能相互适应，胎儿能顺利经阴道自然娩出，为正常分娩。

一、产力

产力是指将胎儿及其附属物从宫腔内逼出的力量，包括子宫收缩力(简称宫缩)、腹肌及膈肌收缩力(统称腹压)和肛提肌收缩力。

1. **子宫收缩力** 是临产后的主要产力，贯穿于整个分娩过程。正常的子宫收缩特点为：节律性、对称性和极性、缩复作用。

2. **腹壁肌及膈肌收缩力** 是第二产程时娩出胎儿的重要辅助力量。第三产程用腹压还能迫使已剥离的胎盘尽早娩出，减少产后出血的发生。

3. **肛提肌收缩力** 是协助胎儿的内旋转、仰伸及娩出所必需的力量。胎儿娩出后有助于已剥离的胎盘娩出。

二、产道

1. **骨产道** 在分娩过程中几乎无变化，但其原有的形状和大小与分娩顺利与否关系密切。共分为三个平面。

（1）骨盆入口平面：呈横椭圆形，其前方为耻骨联合上缘，两侧为髂耻缘，后方为骶岬上缘。由三条径线组成，即入口前后径、入口横径、入口斜径(左右各一)。

(2) 中骨盆平面：为骨盆最小平面，呈前后径长的纵椭圆形。其前方为耻骨联合下缘，两侧为坐骨棘，后方为骶骨下端。

由中骨盆前后径、中骨盆横径（坐骨棘间径）两条径线组成，其中坐骨棘间径是胎头先露部通过中骨盆的重要径线，其长短与分娩机制关系密切。

(3) 骨盆出口平面：由两个在不同平面的三角形所组成。前三角平面顶端为耻骨联合下缘，两侧为耻骨降支；后三角平面顶端为骶尾关节，两侧为左右骶结节韧带。由出口前后径、出口横径（坐骨结节间径）、出口前矢状径、出口后矢状径四条径线组成，若出口横径稍短，而出口横径与出口后矢状径之和≥15 cm，一般大小的妊娠足月胎头可通过后三角区经阴道娩出。

(4) 骨盆轴与骨盆倾斜度

1) 骨盆轴：连接骨盆各平面中点的假想曲线为骨盆轴。此轴上段向下向后，中段向下，下段向下向前。分娩时，胎儿沿此轴娩出。

2) 骨盆倾斜度：指妇女站立时，骨盆入口平面与地平面所形成的角度，一般为60°。若骨盆倾斜度过大，会影响胎头衔接和娩出。

2. 软产道　　由子宫下段、子宫颈、阴道、外阴及骨盆底软组织构成的弯曲管道。

(1) 子宫下段的形成：非妊娠时长约 1 cm 的子宫峡部至妊娠末期逐渐被伸展拉长，形成子宫下段。由于子宫肌纤维的缩复作用，子宫上段肌壁越来越厚，下段肌壁越来越薄，在两者间的子宫内面形成一环状隆起，称生理缩复环。

(2) 子宫颈的变化：临产后规律宫缩牵拉致使子宫颈内口向上向外牵拉，颈管形成漏斗形，子宫颈管逐渐消失，继之宫口扩张，直至宫口开全。

(3) 骨盆底、阴道及会阴的变化：肛提肌向下及向两侧扩展，肌纤维拉长，使 5 cm 厚的会阴体变薄到仅 2~4 mm，以利胎儿通过。

三、胎儿

1. 胎儿大小

(1) 胎头颅骨（图6-1）：在分娩过程中，通过颅骨轻度移位重叠使头颅变形，缩小体积，利于胎头娩出。

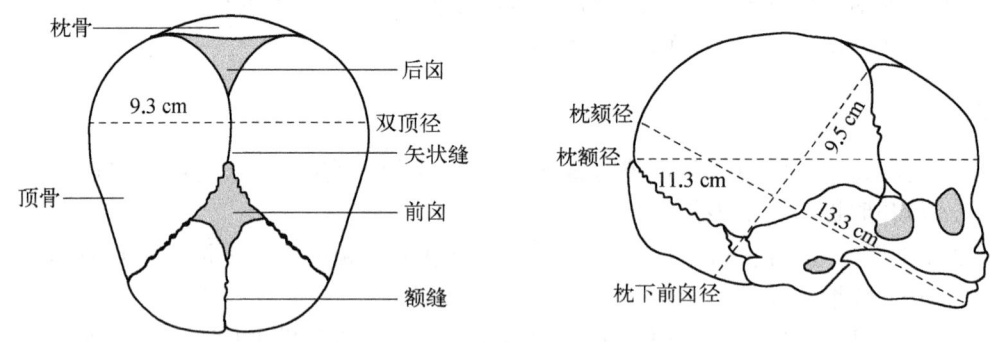

图 6-1　胎儿颅骨、颅缝、囟门及径线

(2) 胎头径线：主要有双顶径、枕额径、枕下前囟径、枕颏径，其中双顶径是胎头最大横径，临床上常用B超检测此值判断胎儿大小。

2. 胎位　　头先露时，由于分娩过程中颅骨重叠，使胎头变形、周径变小，有利于胎头娩出。臀先露时，阴道扩张不充分，胎头娩出困难。肩先露时，胎体纵轴与骨盆轴垂直，妊娠足月胎儿不能通过产道。

3. 胎儿畸形　　若胎儿某一部分发育异常，如脑积水、连体儿等，使胎头或胎体过大，故很难通过产道。

四、精神心理因素

分娩应激既可以产生生理上的应激,也可以产生精神心理上的应激。产妇一系列的精神心理因素能够影响机体内部平衡、适应力和健康。多数初产妇通过各种渠道了解到有关分娩的负面信息,害怕和恐惧分娩过程,怕痛、怕出血、怕发生难产等,常常处于焦虑、不安和恐惧的心理状态而影响分娩进程。

第二节 正常分娩期妇女的护理

一、概述

临产的标志为有规律且渐强的宫缩,持续约 30 s 或以上,间歇 5~6 min,同时伴随进行性子宫颈管消失、宫口扩张和胎先露下降。总产程即分娩全过程,是指从开始出现规律宫缩直到胎儿胎盘完全娩出为止。临床分为三个产程。

1. 第一产程　　是指从临产开始至宫口开全,初产妇需 11~12 h,经产妇需 6~8 h。
2. 第二产程　　从宫口开全到胎儿娩出为止,初产妇需 1~2 h,经产妇约需数分钟至 1 h。
3. 第三产程　　从胎儿娩出到胎盘娩出为止,需 5~15 min,不超过 30 min。

二、第一产程产妇的护理

1. 提供温馨舒适的待产环境　　鼓励产妇在宫缩间歇期少量多次进食高热量、清淡、易消化、非酸性食物及足够的水分。耐心讲解分娩是正常的生理过程,增加产妇对自然分娩的信心。
2. 下床活动和改变体位　　产妇入院后除非有不能下床的禁忌证(如破水、血压高、应用镇静剂等),应鼓励下床活动,提倡自由体位,促进产程进展。
3. 观察产程进展　　了解临产情况如宫缩发动时间、频率、持续时间;密切监测胎心变化,当胎儿出现缺氧表现时需立即给产妇吸氧,改左侧卧位等,边找原因边处理;胎膜有无破裂,一旦胎膜破裂,应立即听胎心,观察羊水性状、颜色和流出量,并记录破膜时间,以及阴道流血情况等。并通过阴道检查了解宫口扩张及胎头下降情况,了解宫颈厚薄、软硬、宫口扩张程度、是否破膜、骨盆腔大小,确定胎位,判断胎头下降程度。
4. 鼓励排尿,促进舒适　　临产后,应鼓励产妇每 2~4 h 排尿一次,以免膀胱充盈影响宫缩及胎头下降。目前不主张肥皂水灌肠,外阴部阴毛也不必常规剔除。协助产妇保持全身清洁干燥,清洁会阴部黏液,增加舒适度。
5. 呼吸方法及放松技巧　　帮助产妇放松,正确使用呼吸方法:鼻吸气,嘴巴出气。在第一产程末期宫口尚未开全时,指导产妇用浅而快的呼吸,避免过早屏气造成宫颈水肿。
6. 减轻疼痛　　参见本章"第三节分娩期焦虑及疼痛的护理"。

会阴冲洗及消毒

三、第二产程产妇的护理

1. 准备　　第二产程期间助产士陪伴在旁,保持产房安静无噪声,协助产妇饮水、擦汗等,及时提供产程进展信息,给予安慰、支持与鼓励,缓解紧张和恐惧。进入产房后开放静脉通道并予鼻导管吸氧。
2. 观察产程进展　　观察宫缩情况,每 5~10 min 听胎心一次,必要时连续胎心监护,若发现胎心异常,应立即阴道检查,尽快结束分娩。
3. 指导产妇屏气用力　　鼓励产妇在自己感到舒适和方便用力的直立体位分娩(非平卧位)。

告知产妇按照自己的意愿来决定用力时间和用力方式。在产妇还没有感到想用力时，不必指导产妇用力。不宜指导产妇在宫缩时屏气用长力。

4. 接产准备 初产妇宫口开全、经产妇宫口扩张 4 cm 且宫缩规律有力时，应将产妇送至分娩室并做好准备工作。

5. 接产 鼓励产妇选择采用手膝俯卧位、侧卧位或其他非平卧位接产。接产要领是与产妇良好沟通，配合产妇不同体位与用力方式接产，宫缩时均匀地控制胎头娩出速度，慢慢娩出胎儿。目前大体上有两种接产方式：① 传统接产法，一手控制胎头，另一手扶持会阴体的接产方式；② 无保护会阴接产法，只用一只手控制胎头，另一手不扶持会阴的接产方法。如胎头娩出过快，可指导产妇张口哈气，减慢娩出速度。胎头着冠后，会阴体膨胀达到极限，宫缩时让产妇哈气，宫缩间歇期让产妇稍用力，使胎头在宫缩间歇期缓缓娩出。胎儿娩出后迅速检查有无脐带绕颈，认真评估脐带是否过紧妨碍胎儿娩出，不要先切断脐带，首先评估胎肩能否自然娩出（是否有肩难产危险），耐心等待 1~2 min（至少一次宫缩），大多数情况下，胎肩在第一次宫缩后自然娩出，在手膝俯卧位接产时，多数是会阴侧的肩先娩出，或前后肩同时娩出。娩肩时要注意保护会阴，控制胎体娩出速度，防止会阴裂伤。

头拨露

> **知识拓展**
>
> **产程的最新界定**
>
> 根据世界卫生组织最新产程定义，第一产程指自临产到宫口开全（10 cm）。其中自临产到宫口开大（4 cm）为第一产程潜伏期；自 4 cm 至宫口开全为第一产程活跃期。世界卫生组织简化版产程图的特点是：从宫口开大 4 cm（第一产程的活跃期）开始画记；警戒线——自宫口开大 4 cm 开始，到宫口开全，以每小时宫口开大 1 cm 速度估算；行动线——与警戒线平行，警戒线右边 4 h 后。
>
>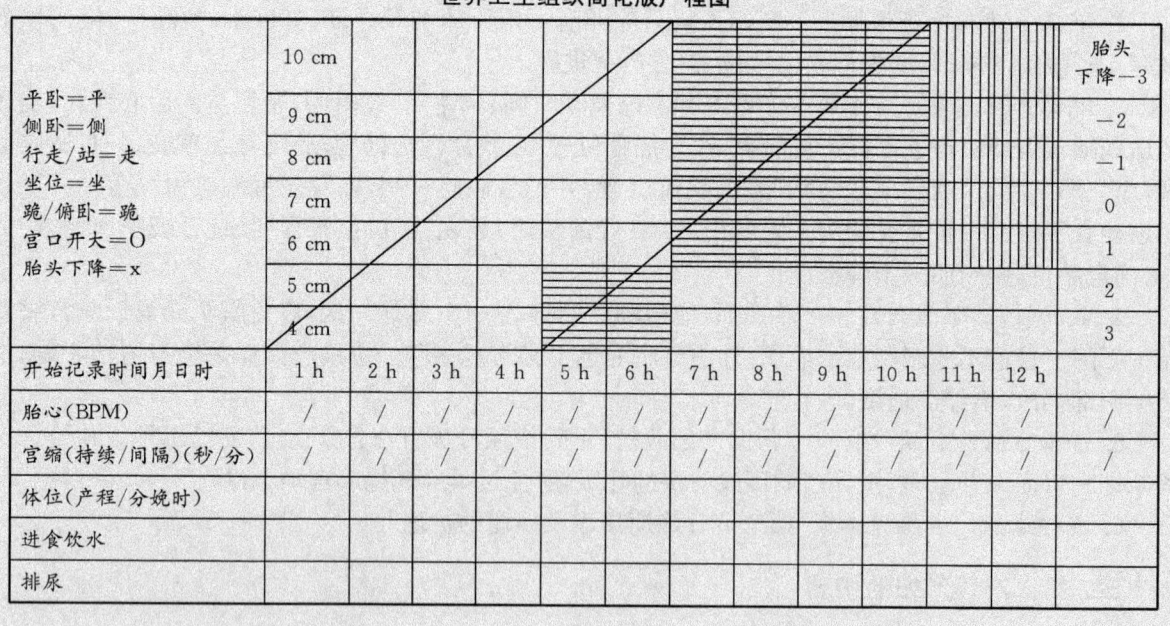
> 世界卫生组织简化版产程图

四、第三产程产妇的护理

（1）胎儿娩出后视情况进行呼吸道黏膜和羊水的清除，评估 Apgar 评分；提倡晚断脐，或者等待脐带搏动停止后断脐；处理新生儿时注意保暖、清洁；测量新生儿的身长和体重，同时检查其身体外观各部位是否正常，发现异常，及时记录；协助进行早接触、早吸吮、早开奶。

(2) 立即在产妇臀部放置聚血器以正确估计出血量。

(3) 观察胎盘剥离，协助胎盘胎膜娩出，并检查其完整性。接产者切忌在胎盘尚未完全剥离时用手按压宫底或牵拉脐带，以免引起胎盘部分剥离出血或拉断脐带甚至造成子宫内翻。

(4) 检查软产道有无血肿、裂伤，如有裂伤按层次进行缝合，缝合完毕常规肛诊，检查有无缝线穿透直肠。

(5) 产后继续在产房内观察 2 h，重点观察生命体征、宫缩情况、宫底高度、阴道出血量、会阴和阴道有无血肿等情况。协助产妇擦汗更衣、更换会阴垫，鼓励进食促进体力恢复。

(6) 在产妇和新生儿转出产房前，应仔细核对新生儿。核对新生儿手圈、脚圈的信息，与产妇确认及与病历记录相符无误后方可推出产房。

会阴缝合

> **知识拓展**
>
> **世界卫生组织的临产的诊断标准**
>
> 世界卫生组织推荐的临产的诊断标准与国内不同，它是指规律的、自然发动的宫缩，至少 2 次/15 分；并且至少伴有下列症状中的 2 个表现：子宫颈完全成熟展平；宫口开大 3 cm 或更大；其他子宫颈的改变（如位置、软硬度等）；自发的胎膜破裂。
>
> **第二产程的分期**
>
> 目前世界卫生组织和英、美等国的分娩指南，按胎先露是否下降到盆底，产妇是否出现自主性、不能自控的屏气用力，将第二产程分为两个时期：第二产程的被动期和第二产程的主动期。第二产程的被动期指自宫口开全至产妇还没有开始自主用力的一段时间。第二产程的主动期指自宫口开全，到胎头开始拨露，产妇开始在宫缩时出现不自主地屏气用力。初产妇在主动期后 2 h，经产妇 1 h，未完成分娩，要怀疑有第二产程主动期的进展迟缓，应报告医生，进行检查评估，包括阴道检查、腹部触诊和对胎儿情况评估等。

第三节　分娩期焦虑及疼痛的护理

在分娩过程中，产妇因害怕和恐惧分娩过程，怕痛、怕出血、怕发生难产、怕自己不能坚持、怕胎儿性别不理想、怕胎儿畸形、怕有生命危险等，致使临产后情绪紧张，常常处于焦虑不安的精神心理状态。分娩期的剧烈疼痛可以导致一系列神经内分泌反应，使产妇发生血管收缩、胎盘血流减少、酸中毒等，对产妇发生不良影响，因此科学的分娩镇痛非常有意义。非药物镇痛对产程和胎儿是最安全的，适合于轻、中度疼痛的产妇。小剂量麻醉性镇痛药和低浓度局麻药联合用于腰麻或硬膜外镇痛是首选的组合。

理想的分娩镇痛标准：① 对产妇及胎儿不良反应小；② 药物起效快，作用可靠，便于给药；③ 避免运动阻滞，不影响宫缩和产妇运动；④ 产妇清醒，能配合分娩过程；⑤ 能满足整个产程镇痛要求。

一、护理评估

1. 健康史　参见本书第三章"第一节护理评估"相关内容。

2. 身心状况　评估焦虑和疼痛的原因对分娩及母体、胎儿、新生儿带来的影响：产妇对未知情况焦虑恐惧，会引起心跳加速、心排出量增加、血压升高；导致产程延长，剖宫产率增加，产后出血的发生率增加；导致子宫血流量、胎盘的血液供应减少，易致胎窘、新生儿窒息等。评估产妇平时面对问题的态度、应对方式；产妇及家属对本次妊娠、分娩的期待程度；产妇可得到的支持系

笔记栏

统的情况。

二、常见护理诊断/问题

1. 焦虑　　与未知分娩过程和结果有关。
2. 疼痛　　与过度焦虑、逐渐加强的宫缩有关。
3. 个人应对无效　　与过度焦虑及未能运用应对技巧有关。

三、预期目标

(1) 待产妇情绪稳定，能以正常心态接受分娩。
(2) 产妇表达疼痛程度减轻，舒适感增加。
(3) 产妇积极运用有效的心理防御机制及应对技巧。

四、护理措施

1. 产前教育　　通过有效的产前教育能有效控制产妇及胎儿体重，学会呼吸方法及放松技巧，增加自然分娩信心，减少分娩压力。
2. 建立良好的护患关系，做好有效沟通　　尊重理解产妇，对待产妇态度和蔼，注重亲情陪伴，尽量满足要求。鼓励并听取产妇的叙述，随时告知产程进展，每项检查治疗事先给予解释指导等，取得配合。通过触摸、按摩等方式促进舒适。
3. 产后心理支持　　注意预防产后抑郁的发生。

五、结果评价

(1) 待产妇情绪稳定，接受缓解疼痛的方法。
(2) 待产妇运用有效的非药物镇痛技巧应对分娩期疼痛。

初产妇，26岁，39周，下腹痛伴见红半天于2017年8月16日入院。孕前定期产检无特殊。入院检查无异常发现。入院时腹痛不规则，当日腹痛不规则，一夜睡眠不佳。第二日查房宫口未开。

于上午10:00给予人工破膜，羊水清。(宫颈评分5分，宫口未开，容受50%，宫颈软，中位，-2)。11:00给予杜冷丁50 mg，肌肉注射。12:30宫口开1.5 cm，12:45排尿困难，导尿1次。14:00宫口开大2 cm，s-2，15:30宫口开大3 cm送入产房。16:30宫口开4 cm，17:30宫口开4 cm，s 0。宫缩强度不足。给予催产素滴注加强宫缩，18:30宫口开5 cm，羊水清。19:15宫口开7 cm，宫颈水肿，给予阿托品0.5 mg宫颈注射。19:25宫口开全，s+2。19:35左右胎心下降，100 bpm，持续1 min。给予氨茶碱0.25 g+0.9%氯化钠溶液20 mL静脉注射，上台准备接产，19:44会阴侧切，娩出一女婴，2 920 g，Apgar评分1 min 5分，5 min 10分。

【问题】
(1) 产妇入院时是否临产？
(2) 产程中的处理措施是否妥当？提出存在的问题，并分析。
(3) 如果是你接待这位孕妇，你会如何处理？

【分析与解答】
(1) 未临产。
(2) 欠妥。人工破膜指征不明确。
(3) 一夜睡眠不佳，第二日晨应先予杜冷丁肌注；让产妇充分休息后可等待自然发动宫缩。在产程中做好解释沟通工作，耐心陪伴。

小 结

正常分娩产妇的护理
- 影响分娩因素
  - 宫缩是主要产力,腹压是重要辅力
  - 肛提肌收缩力是胎儿内旋转和胎头仰伸的必需力量
  - 骨盆三个平面、宫颈管扩张、会阴伸展性影响胎儿通过产道
  - 胎儿大小、胎方位是分娩难易的影响因素
  - 精神鼓励、心理安慰是有利因素
- 正常分娩护理
  - 第一产程
    - 待产环境舒适、鼓励进食饮水
    - 鼓励自由体位、指导呼吸方法和放松技巧
    - 观察胎心、宫缩、羊水、宫口扩张、胎先露下降等
    - 增加产妇对自然分娩的信心、取得产妇配合
  - 第二产程
    - 专人护理观察产程进展
    - 指导产妇屏气正确运用腹压
    - 接产的准备
    - 正确判断会阴条件、协助胎儿娩出
  - 第三产程
    - 评估新生儿 Apgar 评分、身高、体重、体表有无畸形
    - 处理胎盘胎膜、评估产后出血量
    - 产妇产后 2 h 内观察生命体征
    - 予新生儿早吸吮、早接触

【思考题】

(1) 简述影响分娩的因素及其相互作用。
(2) 简述不同分娩时期特点及相应护理措施。

(李 霖)

第七章

正常产褥期管理

学习要点

- **掌握**：产褥期妇女的护理措施。
- **熟悉**：新生儿护理及母乳喂养的方法。
- **了解**：产褥期妇女的心理调适。

第一节 正常产褥

产褥期是指从胎盘娩出至产妇全身各器官除乳腺外恢复至正常未孕状态所需的一段时期，通常为6周。产妇在产褥期的生命体征的变化、子宫复旧、产后宫缩痛、恶露、褥汗属于生理性变化。处理原则如下。

（1）预防产后出血、感染等并发症发生，产后2h是产后严重并发症的高发时期，应留产房内严密观察。

（2）促进舒适、促进产后生理功能恢复。

（3）推荐母乳喂养、按需哺乳。

（4）提供饮食起居、活动避孕及产后检查。

第二节 产褥期妇女的护理

一、护理评估

1. **健康史** 认真阅读产前记录、分娩记录、用药史，特别注意异常情况及其处理经过，如产时出血多、会阴撕裂、新生儿窒息等。

2. **身心状况**

（1）生命体征

1）体温：多在正常范围，一般不超过38℃，可能与产程中过度疲劳、产程延长或机体脱水有关。产后3～4日因乳房血管、淋巴管极度充盈，乳房胀大，可有37.8～39℃发热，称为泌乳热，一般持续4～16h后降至正常。

2）脉搏：60～70次/分。脉搏过快应考虑发热、产后出血引起休克的早期症状。

笔记栏

3) 呼吸：14～16次/分。产后呼吸深慢,由妊娠期的胸式呼吸变为胸腹式呼吸。
4) 血压：正常产妇变化不大,妊娠期高血压产妇的血压明显降低或恢复正常。

(2) 生殖系统

1) 子宫：产后每日应在同一时间评估子宫底高度。评估前,告知产妇排尿后平卧、双膝稍屈曲、腹部放松,解开会阴垫,注意遮挡及保暖。评估时先按摩子宫使其收缩,然后手测宫底至耻骨联合上缘的距离。正常子宫圆而硬,位于腹部中央,产后当日子宫底平脐或脐下一横指。以后每日下降1～2 cm,产后10日在耻骨联合上方扪不到宫底。子宫质地软应考虑是否有产后宫缩乏力；子宫偏向一侧应考虑是否有膀胱充盈。子宫不能如期复原常提示异常。

2) 会阴：阴道分娩者产后会阴轻度水肿,多于产后2～3 d自行消退。会阴撕裂伤或切开缝合后,若局部出现疼痛加重、红肿、硬结及分泌物应考虑会阴伤口感染。

3) 恶露：每日应观察恶露的量、颜色及气味。常在按压子宫的同时观察恶露的情况。正常恶露有血腥味,但无臭味,持续4～6周,总量可达250～500 mL。如阴道流血量多于月经量或会阴垫湿透较快,应怀疑子宫收缩乏力或胎盘残留导致的产后出血；如阴道流血量不多,但子宫收缩不良、子宫底上升者,提示子宫腔内有积血；如产妇自觉肛门坠胀感,多有阴道后壁血肿；子宫收缩好但有鲜红色恶露持续流出,多提示有软产道损伤；恶露有臭味,提示有宫腔感染的可能。

(3) 排泄：产后应评估膀胱充盈程度及第一次排尿情况。因膀胱充盈可影响有效的子宫收缩,导致产后出血。第一次排尿后需评估尿量,如尿量少,应再次评估膀胱的充盈情况。预防尿潴留。因为产后卧床时间长,加之进食少,产妇在产后1～2 d多不排大便,但也要评估是否有产后便秘的症状。

(4) 乳房

1) 乳头的类型：有无乳头平坦、内陷。

2) 乳汁的质和量：初乳呈淡黄色,质稠,产后3日每次哺乳可吸出初乳2～20 mL。过渡乳和成熟乳呈白色。

3) 乳房胀痛及乳头皲裂：产后1～3日若没有及时哺乳或排空乳房,产妇可有乳房胀痛。哺乳产妇尤其是初产妇在最初几日哺乳后容易出现乳头皲裂。

二、常见护理诊断/问题

1. *尿潴留*　　与产时损伤、活动减少及不习惯床上大小便有关。
2. *母乳喂养无效*　　与母乳供给不足或喂养技能不熟有关。
3. *有感染的危险*　　与产后产道损伤、产后抵抗力低下有关。

三、预期目标

(1) 产妇产后24 h内没有发生尿潴留。
(2) 产妇住院期间母乳喂养成功。
(3) 产妇无感染发生。

四、护理措施

1. 一般护理

(1) 生命体征：每日测体温、脉搏、呼吸及血压2次,体温超过38℃,应加强观察,查找原因,并向医生汇报。

(2) 饮食护理：顺娩者产后1 h进流质或清淡半流质饮食,以后可进普通饮食。剖宫产者6 h后进流质饮食,排气后进半流质饮食。食物应富有营养、足够热量和水分。

(3) 排尿与排便护理

1) 排尿：产后4 h内排尿,困难者用热水熏洗外阴,热敷下腹部刺激膀胱肌收缩；肌注新斯的

明,必要时留置导尿。

2)防便秘:鼓励产妇早日下床活动及做产后操,多饮水,多吃蔬菜和含纤维素的食物,以保持大便通畅。

(4)活动指导:如为正常分娩,鼓励产妇尽早下床活动,以增加血液循环促进伤口愈合,预防下肢静脉血栓形成。但应避免负重劳动或蹲位活动,以防止子宫脱垂。

2. 子宫复旧护理　　及时排空膀胱,按摩子宫,按医嘱给予宫缩剂;如恶露有异味,常提示有感染的可能。

3. 会阴及会阴伤口的护理　　取健侧卧位,用0.05%聚维酮碘液擦洗会阴,每日2次。会阴水肿者,用50%硫酸镁湿热敷;会阴血肿者,小的血肿24 h后用湿热敷或远红外线灯照射,大的血肿配合医生切开处理;会阴部有硬结者,用95%乙醇湿热敷。

4. 乳房护理

(1)平坦及凹陷乳头护理:乳头伸展练习、乳头牵拉练习。

(2)乳房胀痛护理:尽早哺乳,每次哺乳时应充分吸空乳汁,同时增加哺乳的次数,每次哺乳至少20 min。哺乳前热敷乳房,按摩乳房;佩戴合适的具有支托性的乳罩;生面饼外敷乳房;服用药物。哺乳后充分休息,饮食要清淡。

(3)乳头皲裂护理:轻者可继续哺乳。取舒适的姿势,让乳头和大部分乳晕含吮在婴儿口中。哺乳后,挤出少许乳汁涂在乳头和乳晕上,能起到修复表皮的作用。疼痛严重者,在皲裂处涂抗生素软膏。

(4)催乳护理:对于出现乳汁分泌不足的产妇,应指导按需哺乳、夜间哺乳,调节饮食,同时鼓励产妇树立信心。

(5)退乳护理:产妇因疾病或其他原因不能哺乳时,应尽早退奶。最简单的退奶方法是停止哺乳,不排空乳房,少进汤汁。维生素B_6 200 mg口服,每日3次,共5~7 d。

(6)母乳喂养指导

1)一般护理指导:创造舒适的休养环境,保证充足的休息,保持心情愉快。摄取足够的热量;增加蛋白质、维生素的摄入;控制脂肪的摄入;补充足够的钙、铁、硒、碘等必需的无机盐类;饮食中有足够的蔬菜、水果及谷类;配合适当的锻炼。

2)喂养方法指导

(a)哺乳时间:原则是早接触、早吸吮、按需哺乳。一般产后半小时内开始哺乳。

(b)哺乳方法:一手托乳房,以乳头刺激婴儿上唇,当婴儿张开口的瞬间,把乳头和大部分乳晕放入婴儿口中。婴儿和产妇胸贴胸,腹贴腹,下颌贴乳房。

知识拓展

婴儿胃的大小		
出生天数	胃容量/喂养量(mL)	
第一天	5~7(约1勺)	胃容量相当于弹珠
第二天	10~13(约2勺)	
第三天	22~27	胃容量相当于乒乓球
第四天	36~46	
第五天	43~57	胃容量相当于鸡蛋

很多妈妈会担心:初乳看起来这么少,够宝宝吃吗?实际上妈妈的初乳和宝宝的胃容量是完美匹配的。妈妈的初乳开始的确不多,但在产后2~3 d泌乳量会迅速上升,而初生宝宝生理性胃容量很小,也会在出生后的数天内逐渐增长。

出生一两天的新生儿的胃壁僵硬，延展性差，如果经常给初生婴儿喂下超过胃容量的食物，不但容易引起吐奶，不利于婴儿形成健康的饮食习惯，还容易造成青少年肥胖，产生远期健康危害。

如果妈妈真的泌乳不足，应该在频繁哺乳、更换哺乳姿势，保证多休息、补充水分和营养的条件下，采取哺乳后或两次哺乳间用高效的吸乳器吸乳，增加对乳房的刺激；母亲与婴儿的皮肤接触有利于增加泌乳量，另外需要将吸出的乳汁喂给婴儿时，应该使用辅助哺乳系统(SNS)采用乳旁加奶的方式，这样可以增加对乳房的吸吮刺激，促进乳汁分泌。

引自：王立新.母乳喂养指导手册.北京：北京科学技术出版社，2012.

5. 心理护理　产褥期妇女心理调适表现在两方面：确立家长与孩子的关系和承担母亲角色的责任，一般经历3个时期。

(1) 依赖期：产后1～3 d。表现为产妇的很多需要是通过别人来满足的，如对孩子的关心、喂奶、沐浴等，同时产妇喜欢用语言表达对孩子的关心，较多地谈论自己妊娠和分娩的感受。

(2) 依赖—独立期：产后4～14 d。产妇表现为较为独立的行为，开始学习和练习护理自己的孩子，亲自喂奶而不需要帮助。但这一时期容易产生压抑的情绪，可能是分娩后产妇感情脆弱，太多的母亲责任，痛苦的妊娠和分娩过程，糖皮质激素和甲状腺激素处于低水平等因素造成。

(3) 独立期：产后2周至1个月。在这一时期，产妇、家人和婴儿已成为一个完整的系统，新家庭形成并正常运作。在这一时期，产妇及其丈夫会承受更多的压力，如兴趣与需要、事业与家庭间的矛盾，哺育孩子、承担家务及维持夫妻关系中各种角色的矛盾等。

五、健康指导

1. 一般指导　产妇居室应清洁通风，合理饮食保证充足的营养。注意休息，注意个人卫生和会阴部清洁，保持良好的心境。

2. 产褥期保健指导　产褥期内禁止性生活。

3. 出院指导　强调母乳喂养的重要性，坚持母乳喂养；指导产妇上班后如何母乳喂养；告知产妇及家属如遇到喂养问题时可选用医院的热线电话等咨询方法。

4. 产后检查　产后42 d来医院进行一次全面检查，以了解产妇全身情况，特别是生殖器官的恢复情况及新生儿发育情况。

六、结果评价

(1) 产妇血压、脉搏保持正常。
(2) 产妇产后及时排尿、排便，没有发生尿潴留。
(3) 产妇母乳喂养成功，新生儿体重增长正常。
(4) 产妇在护士的指导下积极参与新生儿护理及自我护理，表现出自信和满足。

第三节　正常新生儿的护理

一、概述

足月新生儿系指孕龄满37周至不足42周，出生体重≥2 500 g的新生儿。正常新生儿生理特点如下。

1. 体温　新生儿体温调节中枢发育不完善，体温随环境温度波动。

2. 皮肤黏膜　　胎脂有保护皮肤、减少散热、防止细菌感染的作用。新生儿口腔黏膜血管丰富,两面颊部有较厚的脂肪层称颊脂体,可帮助吸吮;上腭中线两旁有散在黄白色小点称为上皮珠,齿龈上有白色韧性小颗粒俗称"马牙",出生后数周自然消失。

3. 呼吸系统　　以腹式呼吸为主,浅而快,40～60次/分,2 d后降至20～40次/分。

4. 循环系统

(1) 心率：较快,睡眠时平均心率为120次/分,清醒时140～160次/分。

(2) 血液分布：主要集中于躯干及内脏,肝脾可触及,四肢易发冷、发绀。

5. 消化系统　　能够适应大量流质饮食,易溢乳;出生后24 h内排出胎便。3～4 d后排便3～5次/天。

6. 泌尿系统　　滤过和浓缩功能较成人差,尿量多,易发生脱水和电解质紊乱。

7. 神经系统　　发育不成熟,肌张力稍高,哭闹时可有肌强直;大脑皮质兴奋性低,睡眠时间长,出生时即有吸吮、吞咽、觅食、握持、拥抱等先天性反射。

8. 免疫系统　　从母体获得IgG、IgM、IgA,使其出生后6个月具有抗传染病的免疫力。

二、临床表现

1. 体温改变　　正常腋下体温为36～37.2℃。
2. 皮肤、巩膜发黄　　生理性黄疸。
3. 体重减轻　　生理性体重下降,出生后2～4 d下降,不超过10%,7～10 d恢复到出生时水平。
4. 乳腺肿大及假月经　　新生儿出生后3～4日可出现乳腺肿胀,2～3周后自行消失。

三、处理原则

维持新生儿正常生理状态,满足生理需求,防止合并症的发生。

四、护理评估

1. 健康史　　母亲情况：妊娠、分娩过程和分娩方式。
2. 出生情况评估　　Apgar评分,出生时间、体重、性别、有无畸形、新生儿标识和记录。
3. 身体状况　　① 生命体征；② 大小便；③ 肌张力及活动情况；④ 皮肤、黏膜；⑤ 脐带；⑥ 啼哭。

五、常见护理诊断/问题

1. 有窒息的危险　　与呛奶、呕吐有关。
2. 有体温改变的危险　　与体温调节系统不成熟、缺乏体脂有关。
3. 有感染的危险　　与新生儿免疫机制发育不完善及皮肤黏膜屏障功能差有关。

六、预期目标

(1) 住院期间新生儿生命体征正常。
(2) 新生儿住院期间不发生感染。
(3) 新生儿不发生窒息。
(4) 家长能说出喂养新生儿及新生儿的护理要点。

七、护理措施

(1) 入室时,助产士、母婴同室责任护士、新生儿家属三方核查新生儿全身情况,核对产妇床号、姓名、婴儿性别、出生时间手圈、婴儿病历及儿童保健卡,系好胸牌,洗净头面部,备好婴儿车,送至产妇床边行母乳喂养宣教。

(2) 出生24 h内婴儿侧卧位(以右侧为主)。

笔记栏

(3) 每日沐浴、测体重1次,脐部护理1次;测体温2次/天。沐浴时室温24～28℃,水温38～42℃。
(4) 如出生后＞24 h无尿、无胎便排出,通知医生。
(5) 遵医嘱24 h内接种乙肝疫苗于右臂三角肌,接种卡介苗于左臂三角肌下缘。
(6) 每小时观察记录新生儿一般情况(脐带、面色、吸吮、大小便)。
(7) 每次护理新生儿前做好手卫生。

八、结果评价

(1) 新生儿哭声洪亮,呼吸平稳。
(2) 新生儿体温维持正常。
(3) 新生儿脐部无红肿。
(4) 母乳喂养成功。

知识拓展

婴 儿 抚 触*

婴儿抚触是通过抚触者双手对婴儿的皮肤进行有次序、有手法技巧的科学按摩,让大量温和的良好刺激通过皮肤传到中枢神经系统,以产生积极生理效应的一种育儿护理新方法,是一种简便、易行、安全有效的措施。

婴儿抚触每日可做3次,每次10～20 min。

* 引自:雷美荣. 儿科护理技能实训教程. 西安:第四军医大学出版社,2012.

某产妇,37岁,因"停经40^{+2}周,下腹疼痛伴阴道见红1天"拟"G_2P_1孕40^{+2}周,临产"于2013年6月20日11:44步行入院。孕期定期产前检查,LMP:2012年9月11日,EDC:2013年6月18日。平时月经规律,生育史:1-0-0-1,2003年3月自然分娩一女婴,体重3 500 g。入院时孕妇主诉下腹部阵发性疼痛,扪及规律宫缩,20 s/5～6 min,宫口开1 cm,情绪紧张。入院后立即予助产士导乐陪产;家庭支持良好,经济有保障。15:45在右侧会阴侧切下平产分娩一男婴,体重3 900 g,Apgar评10-10分,产房观察2 h后转母婴同室。产后第3天,T 38.2℃,P 88次/分,乳房充盈,泌乳通畅,新生儿纯母乳喂养,各化验指标均正常,产妇主诉阵发性腹痛难忍。产后第4天体温恢复正常,母婴出院。

【问题】
(1) 该产妇第3天体温一过性升高是什么原因?如何处理?
(2) 产妇腹痛难忍的原因,应如何处理?
(3) 产后容易引起尿潴留的原因有哪些?

【分析与解答】
(1) 泌乳热:产后3～4 d出现乳房血管、淋巴管充盈,乳房胀满,伴37.8～39℃发热。一般持续4～16 h,体温会自动下降,恢复正常,不属病态,在排除其他原因尤其是感染引起发热的情况下,不需要特殊处理。指导产妇多休息,勤喂哺,及时排空乳房,并密切观察体温的变化。
(2) 该产妇属产后宫缩痛,因为子宫收缩引起下腹部阵发性剧烈疼痛,一般是产后1～2 d出现,持续2～3 d,多见于经产妇。哺乳使反射性缩宫素分泌增加致疼痛加剧。一般不需特殊用药,但要做好解释工作,做好产妇恐惧的心理护理,帮助产妇度过这个特殊的时期。
(3) 产褥期由于膀胱肌张力降低,对膀胱内压力敏感性降低,加之外阴切口疼痛,器械助产,区域阻滞麻醉等,均可能增加尿潴留的发生。

小 结

产褥期主要护理措施
- 观察生命体征
- 饮食：食物应富含营养，足够热量和水分，忌辛辣等刺激性食物
- 排便及排尿：产后 2~4 h 要鼓励产妇自行排尿；产后 6 h 有尿仍不能自解者，应采取措施帮助排尿
- 活动：自然分娩者 12 h，剖宫产 24 h 可下床活动，以增强血液循环，促进伤口愈合，促进排气。预防下肢静脉血栓形成
- 会阴部护理：保持外阴清洁，嘱产妇尽可能健侧卧位，避免切口侧卧位，及时更换会阴垫。伤口拆线前，每天用 1:40 聚维酮碘温开水进行会阴冲洗 2 次
- 每日观察子宫复旧与恶露变化，有异常者连续观察并通知医生，积极处理
- 产后宫缩痛：在产褥早期，宫缩引起下腹部阵发性剧烈疼痛，称为产后宫缩痛。于产后 1~2 d 出现，持续 2~3 d 自然消失
- 推荐母乳喂养和按需哺乳，吸吮和不断排空乳房是维持乳汁分泌的重要条件
- 加强产褥期保健包括饮食起居、活动、避孕及产后检查

【思考题】

(1) 简述产妇会阴及会阴伤口的护理。
(2) 简述母婴同室新生儿护理措施。

（朱春云）

第八章

高危妊娠管理

学习要点

- **掌握**：① 高危妊娠、新生儿窒息的定义；② 胎儿窘迫的临床表现及新生儿复苏的步骤。
- **熟悉**：① 高危妊娠的因素及监护措施；② 胎儿窘迫及新生儿窒息的护理评估和护理措施。
- **了解**：能够协助医生对高危妊娠妇女进行处置。

第一节 高危妊娠妇女的监护管理

一、概述

高危妊娠（high risk pregnancy）是指本次妊娠对孕产妇及胎婴儿有较高危险性，可能导致难产和（或）危及母婴者，称高危妊娠。具有高危妊娠因素的孕妇，称为高危孕妇，具有高危因素的围产儿为高危儿。

凡在妊娠和分娩时具有更多危险的一类妊娠都属高危妊娠范畴，其病因包括以下几点。

1. **社会经济因素及个人条件** 如孕妇及家人收入低下、居住条件差、孕妇未婚、营养状况不良及妊娠前体重≤40 kg 或≥80 kg，年龄＜16 岁或者≥35 岁，身高＜145 cm 等。

2. **不良生活方式** 如大量吸烟、饮酒、吸毒等。

3. **异常孕产史** 如自然流产、异位妊娠、早产、死产、死胎、死产、难产、新生儿死亡，新生儿畸形、新生儿溶血性黄疸或有先天性或遗传性疾病和巨大儿等。

4. **本次妊娠的病理情况** 如糖尿病、高血压、心脏病、肝炎、肾脏病、甲状腺功能亢进、贫血、病毒感染及性病、恶性肿瘤、明显的生殖器异常等各种妊娠合并症及妊娠期高血压疾病、前置胎盘、胎盘早剥、羊水异常、胎儿宫内发育迟缓、母儿血型不合、胎位不正、过期妊娠、多胎妊娠、产道异常等妊娠期和分娩期并发症。

5. **其他** 妊娠期接触大量放射性、化学性毒物或服用过对胎儿有影响的药物等。

二、监护措施

1. **确定孕龄** 根据末次月经、早孕反应的时间、胎动出现的时间推算孕龄。

2. **测量宫底高度及腹围** 宫底高度是指耻骨联合上缘中点到宫底的弧形长度，腹围是指软尺平脐绕腹 1 周的数值，可通过孕妇的宫高和腹围估计胎儿大小。

估算方法为：胎儿体重(g)＝宫底高度(cm)×腹围(cm)＋200。

3. **高危妊娠评分** 高危妊娠评分是将妊娠中各项危险因素在产前检查时按"高危妊娠评分指标"(修改后的 Nesbitt 评分指标)进行评分,属于高危妊娠的孕妇应给予高危监护。随着妊娠进展,可再重新评分。

4. **胎动计数** 胎动计数是评价胎儿宫内情况最简便有效的方法之一,应教会孕妇自数胎动,胎动减少表明胎儿宫内缺氧,胎动过频往往是胎动消失的前驱症状。

5. **妊娠图** 将每次产前检查所测得的血压、体重、宫底高度、腹围、水肿、胎心率、胎位等数值记录在妊娠图上,绘制成曲线,观察变化趋势,可反映胎儿在宫内发育及孕妇的健康状况。

6. **B超检查** 可显示胎儿数目、胎位、有无胎心搏动、胎儿有无畸形、胎盘位置及成熟度、羊水量,还能通过测量胎头的双顶径、胸围、腹围、股骨长度以估计孕龄、预产期、胎儿体重。

7. **胎儿监护**

(1) 胎心听诊:临床常用多普勒胎心仪或产科听诊器进行胎心听诊,判断胎儿是否存活及是否存在宫内缺氧。

(2) 胎儿电子监护:胎儿电子监护可监测胎心率及预测胎儿宫内储备能力。

8. **胎儿心电图监测** 通过胎儿心脏活动的客观指标可尽早诊断胎儿是否存在宫内缺氧及先天性心脏病。

9. **其他** 胎盘功能检查、胎儿先天性畸形检查、胎儿成熟度检查、胎儿缺氧程度检查。

第二节 高危妊娠的处理原则及护理

一、处理原则

预防和治疗引起高危妊娠的各种病理因素。

二、护理评估

1. **健康史** 了解孕妇的年龄、生育史、疾病史,了解妊娠早期是否接受过放射线检查或服用过对胎儿有害的药物、是否有过病毒感染等。

2. **身心状况** 了解孕妇身高、体重,若身高<145 cm 常存在骨盆狭窄;体重≤40 kg 或≥80 kg 者,危险性增加;步态异常者要注意骨盆是否不对称。测量血压,如高于 140/90 mmHg 或较基础血压升高 30/15 mmHg 者为异常。测量子宫底高度和腹围,异于正常值 3 cm 为异常。了解胎位有无异常,计数胎动,如低于自测胎动的 50% 或 12 h 胎动次数少于 10 次,排除药物影响后,要考虑胎儿宫内缺氧。

高危孕妇对胎儿健康及妊娠的发展有更多的担心,会产生焦虑、无助、恐惧等情绪,应认真评估高危孕妇的心理承受能力、应对机制及社会支持系统。

3. **实验室检查与其他辅助检查**

(1) 实验室检查:血、尿常规检查;肝、肾功能测定;出凝血时间等。

(2) B超检查:通过B超,可以及时了解胎儿发育情况、有无畸形及胎盘功能分级等。

(3) 胎心听诊:正常胎心率为 110~160 次/分。

(4) 胎儿电子监护

1) 胎心率的监测:监护仪记录的胎心率(fetal heart rate,FHR)有两种基本变化,即胎心率基线(baseline heart rate,BFHR)及胎心率一过性变化。

A. BFHR:是指在无子宫收缩影响和无胎动时记录的胎心率,包括每分钟心搏次数(beat per minute,bpm)及胎心率变异(FHR variability)。正常足月胎儿的 FHR 在 110~160 bpm。胎心率

笔记栏

变异又称为基线摆动,摆动幅度正常为 6~25 bpm,摆动频率正常为每分钟≥6 次。FHR<110 bpm 或>160 bpm,或基线变异≤5 bpm,提示胎儿心动过缓或心动过速及胎儿储备能力差。

B. 胎心率一过性变化:是指受宫缩、胎动、触诊等刺激,胎心率发生暂时性加快或减慢,随后又能恢复到基线水平,称为胎心率一过性变化,是判断胎儿安危的重要指标。有以下 3 种类型。

(a) 加速:在子宫收缩时 FHR 基线暂时增加 15 bpm 以上,持续时间>15 s。这是胎儿情况良好的表现。

(b) 减速:指随子宫收缩出现的暂时性胎心率减慢,分为 3 种:① 早期减速,与子宫收缩几乎同时,开始是胎心率减速,幅度<50 bpm,持续时间短,恢复快,常发生在第一产程后期,是宫缩时胎头受压引起,不受孕妇体位或吸氧而改变。② 变异减速,减速与子宫收缩的关系不恒定,下降迅速且下降幅度>70 bpm,持续时间不等,恢复迅速。这是宫缩时脐带受压兴奋迷走神经所致,孕妇左侧卧位可减轻症状。③ 晚期减速,一般在宫缩高峰后出现 FHR 减速,下降缓慢,下降幅度<50 bpm,持续时间长,恢复也缓慢,一般认为晚期减速是胎盘功能不良、胎儿缺氧的表现。

2) 预测胎儿宫内储备能力

(a) 无应激试验(non-stress test, NST):指无宫缩、无外界负荷刺激下,观察胎心基线的变异及胎动后胎心率的情况,以了解胎儿储备能力。孕妇取半坐卧位,胎心探头放在胎心音区,宫缩压力探头放在宫底下 3 指处,连续监护 20 min。基线 110~160 次/分,变异 6~25 次/分,无减速或偶发变异减速持续短于 30 s,加速(足月胎儿)20 min 内≥2 次,加速超过 15 次/分,持续 15 s,称为反应型 NST。胎心过缓<100 次/分,胎心过速>160 次/分>30 min,基线不确定,变异≤5 次/分,≥25 次/分>10 min,正弦型。变异减速超过 60 s,晚期减速,加速(足月胎儿)20 min<1 次,或者加速超过 15 次/分,持续 15 s,称为无反应型 NST。

(b) 缩宫素激惹试验(oxytocin challenge test, OCT):又称为宫缩应激试验(contraction stress test, CST),常用缩宫素诱发宫缩,监测并记录宫缩时胎盘一过性缺氧的负荷变化,以测定胎儿的储备能力。

(5) 其他:还可通过胎儿心电图、羊膜镜检查、孕妇尿雌激素/肌酐值测定、血清胎盘生乳素测定、羊水卵磷脂/鞘磷脂值测定、羊水泡沫试验、淀粉酶值等了解胎盘功能、胎儿成熟度。

三、常见护理诊断/问题

1. **自尊紊乱** 与分娩的愿望及对孩子的期望得不到满足有关。
2. **功能障碍性悲哀** 与现实的或预感到丧失胎儿有关。

四、预期目标

(1) 孕妇维持良好的自尊。
(2) 孕妇正确面对自己与孩子的危险。

五、护理措施

1. **一般护理** 保持室内空气新鲜,定时通风;指导孕妇注意休息,每天保证 8~10 h 的睡眠时间,以左侧卧位为宜;指导孕妇均衡膳食,适度增加营养,保证胎儿成长发育需要的同时不增加自身代谢的负担。
2. **症状、体征的护理** 观察一般情况如孕妇的生命体征、活动耐受力,有无阴道流血流液、腹痛、胎儿缺氧等症状体征,产时严密观察胎心率和羊水的色、量、气味,做好母儿监护及监护配合,发现异常及时通知医生并记录处理经过。
3. **用药护理** 认真执行医嘱并配合处理。
4. **心理护理** 评估孕妇的心理状态,提供有利于孕妇倾诉和休息的环境,避免不良刺激。提供相关指导,并鼓励和指导家人的参与和支持。

六、健康指导

为高危孕妇提供相应的健康指导,定期产前检查,并指导孕妇自我监测。

七、结果评价

(1) 孕妇的高危因素得到有效控制,胎儿生长发育良好。
(2) 孕妇维持良好的自尊。

第三节 胎儿窘迫及新生儿窒息的护理

一、胎儿窘迫

(一) 概述

胎儿窘迫是指胎儿在宫内急性或慢性缺氧危及其健康和生命的综合征,急性胎儿窘迫多发生在分娩期,慢性胎儿窘迫常发生在妊娠晚期,但在临产后常表现为急性胎儿窘迫。病因如下。

1. 母体因素　如妊娠期高血压疾病、妊娠期糖尿病、前置胎盘、胎盘早剥、强直宫缩等都可使母体血液含氧量不足而导致胎儿窘迫。

2. 胎盘、脐带因素　如脐带缠绕、真结、扭转及胎盘发育障碍、形状异常等使脐带血运受阻或胎盘功能低下。

3. 胎儿因素　胎儿畸形、母儿血型不合引起胎儿溶血、胎儿宫内感染等。

(二) 临床表现

胎儿窘迫的主要表现为胎心率改变、羊水胎粪污染、胎动异常。

(三) 处理原则

严密观察,针对病因积极纠正缺氧状态,适时终止妊娠。

(四) 护理评估

1. 健康史　了解有无引起胎儿窘迫的病因。

2. 身心状况　胎儿窘迫早期,孕妇自感胎动频繁,如未纠正缺氧,则胎动减少,继而消失;胎心率增快或减慢,胎心率<100 bpm,胎心变异≤5 bpm,伴频繁晚期减速或重度变异减速时提示胎儿缺氧严重,胎儿常结局不良,可随时胎死宫内。孕妇由于胎儿的生命受到威胁,可能会出现焦虑、恐惧及无助感,胎儿不幸死亡时,孕妇感情上会受到强烈的创伤而经历否认、愤怒、抑郁、接受的过程。

3. 辅助检查

(1) 胎盘功能检查:24 h 尿雌三醇多次测定<10 mg,或连续测定急骤减少30%~40%,提示胎盘功能不良。

(2) 胎儿电子监护:NST 无反应型,OCT 显示频繁变异减速或晚期减速。

(3) 其他:B超检查、羊膜镜检查、胎儿头皮血气分析结果等检查结果可有助于胎儿窘迫的诊断。

(五) 常见护理诊断/问题

1. 焦虑　与胎儿宫内窘迫状态有关。
2. 气体交换受损(胎儿)　胎儿供血状态改变有关。
3. 预感性悲哀　与胎儿可能死亡有关。

(六) 预期目标

(1) 胎儿情况好转,胎心率110~160 bpm。
(2) 孕妇能有效控制焦虑。

笔记栏

(3) 产后 2 个月后孕妇能接受胎儿死亡的事实。

（七）护理措施

1. **一般护理** 嘱孕妇左侧卧位，指导孕妇自数胎动。
2. **症状、体征的护理** 严密监测胎心变化，一般 15 min 听一次胎心或进行胎儿电子监护。
3. **用药护理** 遵医嘱给予孕妇氧气吸入，为需要手术者做好术前准备，能够短时间内经阴道分娩者，尽快助产娩出胎儿；做好抢救新生儿的准备。
4. **心理护理** 向孕产妇及其家属提供有关信息，给予适当的解释，帮助他们减轻焦虑，面对现实。

（八）健康指导

教会孕妇自我监测的方法，发现异常及时到医院做进一步检查；指导有慢性胎儿窘迫的孕妇进食高蛋白质、高维生素的食物，预防和纠正营养不良。

（九）结果评价

(1) 胎儿情况改善，胎心率在 110～160 bpm。
(2) 孕妇能运用有效的应对机制来控制焦虑，生理和心理的舒适感增加。
(3) 产后 2 个月后产妇能接受胎儿死亡的现实。

二、新生儿窒息

（一）概述

新生儿窒息（neonatal asphyxia）指胎儿娩出后 1 min 内，仅有心跳而无呼吸，或未建立规律呼吸的缺氧状态，是新生儿死亡及伤残的主要原因之一。其常见病因有胎儿窘迫；胎儿吸入羊水、胎粪、黏液致呼吸道阻塞而造成气体交换受阻；各种原因使胎儿脑部长时间缺氧而致呼吸中枢受到损害；早产儿、肺发育不良等及产妇在接近胎儿娩出前使用麻醉剂或镇静剂。

（二）临床表现

以 Apgar 评分为评判指标，根据窒息严重程度分为轻度窒息和重度窒息。

1. **轻度窒息** 又称为青紫窒息，Apgar 评分 4～7 分。新生儿面部与全身皮肤呈青紫色；呼吸浅表或不规律；心跳规则有力，心率 80～120 次/分；对外界刺激有反应；喉反射存在；肌张力好，四肢稍屈。如抢救不及时，可转为重度窒息。
2. **重度窒息** 又称为苍白窒息，Apgar 评分 0～3 分。新生儿皮肤苍白；无呼吸或仅有喘息样微弱呼吸；心跳不规则，心率<80 次/分且弱；对外界无反应；喉反射消失；肌张力差，肌肉松弛。如抢救不及时，可能导致死亡。

出生后 Apgar 5 min 评分对评估预后很有意义。如 5 min 评分<3 分，新生儿死亡率及日后发生脑部后遗症的概率明显增加。

（三）处理原则

以预防为主，一旦发生及时抢救，避免继发损伤。

（四）护理评估

1. **健康史** 了解有无诱发新生儿窒息的危险因素。
2. **身心状况** 重点通过胎儿出生后 1 分钟、5 min Apgar 评分来评估新生儿窒息的程度；同时注意产妇的情绪。
3. **实验室检查与其他辅助检查** 血气分析显示 PaO_2 下降，$PaCO_2$ 升高，pH 下降。

（五）常见护理诊断/问题

1. **气体交换受损** 与呼吸道内存在羊水、黏液有关。
2. **清理呼吸道无效** 与呼吸道肌张力低下有关。
3. **有受伤的危险** 脑部缺氧、抢救操作有关。
4. **功能障碍性悲哀（母亲）** 与预感或现实失去孩子及孩子可能留有后遗症有关。

(六) 预期目标

(1) 新生儿抢救成功,并发症降至最低。

(2) 母亲情绪稳定。

(七) 护理措施

1. 配合医生按照 A、B、C、D、E 程序进行复苏

A(airway):保持呼吸道通畅,胎头娩出后用手挤压出新生儿口鼻咽喉部的羊水及黏液。断脐后立即用吸痰管再次清理呼吸道的黏液和羊水。

B(breathing):人工呼吸,常采用气囊-面罩正压人工呼吸法。

C(circulation):维持正常血液循环,采用双拇指法或示、中指法行胸外心脏按压。

D(drug):药物治疗,肾上腺素为急救时主要药物。

E(evaluation):评价,复苏过程中及复苏后应反复进行评价,以确定下一步治疗措施。

2. 注意保暖　抢救过程应在 30~32℃ 的复苏台上进行,操作过程中注意保暖,胎儿娩出后即用毛巾擦干新生儿头部及全身。

3. 复苏后护理　复苏后还需加强新生儿护理,保持呼吸道通畅,预防感染,密切观察新生儿面色、呼吸、心率、体温等。必要时转入新生儿监护室继续治疗。

4. 产妇护理　提供情感支持,选择适宜的时机告知其新生儿情况。

(八) 结果评价

(1) 新生儿 5 分钟 Apgar 评分达 7 分或以上。

(2) 新生儿没有受伤。

(3) 产妇能接受事实,理解新生儿的抢救措施。

新生儿窒息的预防*

(1) 做好围生期保健,对高危孕妇进行监护,并针对不同原因及时进行处理。

(2) 临产后严密观察产程,加强胎儿监护,避免和及时纠正胎儿宫内缺氧。

(3) 胎儿娩出前 4 h 内,原则上不使用对胎儿有影响特别是对呼吸中枢有抑制的地西泮、吗啡等药物。

(4) 胎头娩出后及时清理呼吸道黏液和羊水,保持新生儿呼吸道通畅。

* 引自:中国新生儿复苏项目专家组. 新生儿复苏指南(2011 年北京修订). 中国小儿急救医学,2011,18(4):307-311.

某孕妇,G_1P_0 孕 38^{+1} 周,自感胎动减少 1 天入院,查胎心率基线 10~110 次/分,变异≤5 次,变异减速持续 50 s 左右,20 min 内<2 次/分,持续 15 s。

【问题】

(1) 该孕妇的诊断是什么?

(2) 胎心监护为何种分型?

(3) 应给予孕妇哪些护理措施?

【分析与解答】

(1) 胎儿窘迫。

(2) 可疑型 NST。

(3) 参见本章节"胎儿窘迫"相关内容。

小 结

高危妊娠的管理
- 高危妊娠妇女的监护措施
- 胎儿监护
  - 方法：NST、OCT
  - 结果评价：早期减速、晚期减速、变异减速
- 胎儿窘迫及新生儿窒息的护理
  - 胎儿窒息表现：胎心率改变、羊水胎粪污染、胎动异常
  - 新生儿窒息复苏步骤：A、B、C、D、E 程序

【思考题】

(1) NST 的评估与处理。
(2) 简述胎儿窘迫的护理措施。

（王方方）

第九章

妊娠期并发症妇女的护理

学习要点

- **掌握**：① 子痫患者的护理措施；② 前置胎盘患者的护理措施。
- **熟悉**：① 异位妊娠患者的护理要点；② 胎盘早剥的病理类型与护理措施。
- **了解**：流产患者的护理要点。

第一节 妊娠剧吐

一、概述

孕妇妊娠5~10周频繁恶心呕吐，不能进食，排除其他疾病引发的呕吐，体重较妊娠前减轻≥5%，体液电解质失衡及新陈代谢障碍，需住院治疗者，称为妊娠剧吐。

二、临床表现

一般在停经40 d左右，孕妇开始出现晨吐，逐渐加重，直至呕吐频繁不能进食，呕吐物中有胆汁或咖啡样物质，严重呕吐引起失水及电解质紊乱，甚至出现代谢性酸中毒，体重较妊娠前减轻≥5%，面色苍白、全身乏力、精神萎靡、黄疸、嗜睡或昏迷。

三、处理原则

以对症治疗为原则，纠正酸中毒并补充电解质，维持水、电解质平衡状态。

四、护理评估

1. **健康史** 了解孕妇的年龄、产次、饮食习惯、呕吐发生的时间和频率，以及可能相关的因素，如精神过于紧张、焦虑、生活环境较差等。
2. **身心状况** 由于频繁的恶心、呕吐，不思饮食，孕妇易产生烦躁、焦虑的情绪，对继续妊娠没有信心，同时又担心食欲缺乏、呕吐会对胎儿造成不良影响。
3. **实验室检查与其他辅助检查**
(1) 尿液检查：测定尿量、尿比重、酮体，注意有无蛋白尿及管型尿。
(2) 血液检查：测定红细胞数、血红蛋白含量、血细胞比容、全血及血浆黏度，以了解有无血液浓缩。动脉血气分析测定血液pH、二氧化碳结合力等，了解酸碱平衡情况。还应监测血钾、血钠、血氯含量及肝肾功能。

笔记栏

(3) 必要时行眼底检查及神经系统检查。
(4) 超声检查：排除多胎妊娠、滋养细胞疾病等。

五、常见护理诊断/问题

1. 营养失调：低于机体需要量　　与频繁呕吐、摄入量不足有关。
2. 焦虑　　与担心胎儿发育不良有关。

六、预期目标

(1) 患者营养状态能满足机体需要量。
(2) 患者焦虑减轻，并能积极配合治疗。

七、护理措施

1. 心理支持　　给予安慰，注意精神状态，了解思想情绪，帮助消除顾虑。
2. 缓解症状　　需要住院治疗，按医嘱补液，纠正酸中毒，补液量至少 3 000 mL，同时予维生素 B_1、维生素 C、维生素 B_6、氯化钾等治疗。严重呕吐者遵医嘱应禁食 2～3 d。
3. 病情观察　　观察患者呕吐频率、呕吐量、呕吐物性状、进食情况、尿量及精神状况、意识状态、体重等。患者每日尿量至少应达到 1 000 mL。一般经上述治疗 2～3 d 后，孕妇的病情多迅速好转。呕吐停止后，遵医嘱指导孕妇进食。

八、结果评价

(1) 患者进食量增加，营养状态良好，生命体征及实验室检查指标正常。
(2) 患者能积极配合治疗，且情绪稳定。

第二节　流　产

一、概述

凡妊娠不足 28 周，胎儿体重不足 1 000 g 而终止者，称为流产。流产分为自然流产和人工流产。

二、临床表现

停经后阴道出血和腹痛是流产的主要临床表现。按自然流产发展的不同阶段，分为以下临床类型。

1. 先兆流产　　指妊娠 28 周前先出现少量阴道流血，常为暗红色或血性白带，无妊娠物排出，随后出现阵发性下腹痛或腰背痛。妇科检查子宫大小与停经周数相符，子宫颈口未开，妊娠物未排出，胎膜未破。经休息及治疗后症状消失，妊娠可继续进行；若流血增多或腹痛加剧，可发展为难免流产。
2. 难免流产　　指流产不可避免。表现为阴道流血量增多，阵发性腹痛加重，或出现阴道流液（胎膜早破）。妇科检查子宫颈口已扩张，有时可见胚胎组织或胎囊堵于子宫颈口内，子宫大小与停经周数基本相符或略小。
3. 不全流产　　由难免流产发展而来，妊娠产物已部分排出体外，尚有部分残留于宫内，影响子宫收缩，导致大量出血，甚至发生休克。妇科检查：一般子宫小于停经周数，子宫颈口已扩张，子宫颈口有妊娠物堵塞及持续性血液流出。
4. 完全流产　　指妊娠产物已完全排出，阴道出血逐渐停止，腹痛逐渐消失。妇科检查子宫接

笔记栏

近正常大小,宫颈口已关闭。

5. 稽留流产　　是指胚胎或胎儿已死亡滞留在宫腔内未能及时自然排出者。表现为有先兆流产的症状或无任何症状,子宫不再增大反而缩小,早孕反应消失,若已至妊娠中期,孕妇腹部不见增大,胎动消失。妇科检查子宫小于妊娠周数,子宫颈口关闭。听诊不能闻及胎心。

6. 复发性流产　　指同一性伴侣连续发生3次及3次以上的自然流产。早期复发性流产常见的原因为胚胎染色体异常、甲状腺功能低下、免疫功能异常、黄体功能不全等;晚期复发性流产常见的原因为子宫解剖异常等。

7. 流产合并感染　　流产过程中,若阴道流血时间长、有组织残留于宫腔内或非法堕胎,有可能引起宫腔内感染。严重时感染可扩展到盆腔、腹腔乃至全身,并发盆腔炎、腹腔炎、败血症及感染性休克等。

三、处理原则

1. 先兆流产　　卧床休息,禁止性生活;减少刺激;必要时给予对胎儿无害的镇静剂。
2. 难免流产　　尽早使胚胎及胎盘全部排出,以防止出血和感染。
3. 不全流产　　应行吸宫术或钳刮术以清除宫腔内残留组织。
4. 完全流产　　无感染征象,一般不需要特殊处理。
5. 稽留流产　　及时促使胎儿和胎盘排出,以防死亡胎儿及胎盘组织在宫腔内稽留日久发生严重的凝血功能障碍及弥散性血管内凝血。处理前应做凝血功能检查。
6. 复发性流产　　以预防为主,在受孕前对男女双方均应进行详细检查。
7. 流产合并感染　　控制感染的同时尽快清除宫内残留物。

四、护理评估

1. 健康史　　询问孕妇的停经史、有无早孕反应、阴道流血流液的情况及腹痛情况,有无妊娠物排出等;了解妊娠期间有无全身性疾病、生殖器官疾病、内分泌功能失调及有无接触有害物质等。

2. 身心状况　　流产孕妇可因出血过多而出现休克,或因出血时间过长、宫腔内有残留组织而发生感染,因此护理人员应全面评估孕妇的各项生命体征,判断流产类型,尤其注意与贫血及感染相关的征象。

评估孕妇及家属对流产的看法、心理感受和情绪反应。

3. 实验室检查与其他辅助检查

(1) B超检查:超声显像可显示有无妊娠囊、胎动、胎心等,从而可诊断并鉴别流产及其类型,指导正确处理。

(2) 激素水平测定:连续动态测定血 β-HCG 及孕酮水平,协助判断先兆流产的预后。

(3) 其他:血常规、降钙素原等感染指标的监测。

五、常见护理诊断/问题

1. 有感染的危险　　与阴道流血时间过长、宫腔内有残留组织等因素有关。
2. 焦虑　　与担心胎儿健康等因素有关。

六、预期目标

(1) 出院时,护理对象无感染征象。
(2) 先兆流产孕妇能积极配合保胎措施,继续妊娠。

七、护理措施

1. 先兆流产孕妇的护理　　先兆流产孕妇需卧床休息,禁止性生活、灌肠等,以减少各种刺激。

护理人员除了为其提供生活护理外,必要时遵医嘱使用药物。随时评估孕妇的病情变化,如是否腹痛加重、阴道流血量增多等。此外,护理人员还应注意观察孕妇的情绪反应,加强心理护理。

2. 妊娠不能再继续者的护理　　及时做好终止妊娠的准备,协助医生完成手术过程,使妊娠产物完全排出,同时开放静脉,做好输液、输血准备。并严密监测孕妇的体温、血压及脉搏,观察其面色、腹痛、阴道流血及与休克有关征象。有凝血功能障碍者应予以纠正,然后再行引产或手术。

3. 预防感染　　监测患者的体温、血常规及阴道流血、分泌物的性质、颜色、气味等,并严格执行无菌操作规程,加强会阴部护理。发现感染征象后应及时报告医生,并按医嘱进行抗感染处理。此外,嘱患者流产后1个月返院复查。

八、健康指导

（1）护理人员应给予同情和理解,帮助患者及家属接受现实,顺利度过悲伤期。

（2）告知患者在妊娠早期应避免性生活,勿做重体力劳动,防止流产的发生,帮助他们为再次妊娠做好准备。

（3）有复发性流产史的孕妇在下一次妊娠确诊后应卧床休息,加强营养,治疗期必须超过以往发生流产的妊娠月份。

（4）病因明确者,应积极接受对因治疗。

九、结果评价

（1）出院时,护理对象体温正常,血红蛋白及白细胞数正常,无出血、感染征象。

（2）先兆流产孕妇配合保胎治疗,继续妊娠。

第三节　早　产

一、概述

早产是指妊娠满28周至不满37周之间分娩者。

二、临床表现

主要是子宫收缩,最初为不规则宫缩,常伴有少许阴道血性分泌物或出血。胎膜早破的发生较足月临产多,继之可发展为规律有效宫缩,与足月临产相似,使宫颈管消失和宫口扩张。早产可分为先兆早产和早产临产两个阶段。

三、处理原则

若胎膜完整,在母胎情况允许时尽量保胎至34周。

四、护理评估

1. 健康史　　评估可致早产的高危因素,如孕妇以往有流产、早产史或本次妊娠期有阴道流血则发生早产的可能性大。

2. 身心状况　　妊娠满28~37周,出现规律宫缩(4次/20分钟或每60分钟内有8次),伴有进行性子宫颈管缩短(子宫颈管消退≥80%),宫口扩张,诊断为早产临产;如孕周相同,虽有上述规律宫缩,但子宫颈尚未扩张,且经阴道超声测量子宫颈长度≤20 mm为先兆早产。

早产已不可避免时,孕妇常会不自觉地把一些相关的事情与早产联系起来而产生自责感;由于

怀孕结果的不可预知,恐惧、焦虑、猜疑也是早产孕妇常见的情绪反应。

3. 辅助检查　　通过全身检查及产科检查,核实孕周,评估胎儿成熟度,观察产程进展,确定早产的进程。

五、常见护理诊断/问题

1. 有新生儿受伤的危险　　与早产儿发育不成熟有关。
2. 焦虑　　与担心早产儿预后有关。

六、预期目标

（1）新生儿不存在因护理不当而发生的并发症。
（2）产妇能平静地面对事实,接受治疗及护理。

七、护理措施

1. 一般护理　　卧床休息为主,指导进行双下肢踝泵运动,防止深静脉血栓形成;高蛋白质、高热量、适量粗纤维饮食,以保持排便通畅。
2. 用药护理　　主要治疗为抑制宫缩,积极控制感染,治疗合并症和并发症。护理人员应能明确具体药物的作用和用法,并能识别药物的不良反应,以避免毒性作用的发生,同时,应对患者做相应的教育。
3. 预防新生儿合并症的发生　　对妊娠35周前的早产者,在分娩前遵医嘱予糖皮质激素,可促胎肺成熟,明显降低新生儿呼吸窘迫综合征的发病率。
4. 为分娩做准备　　早产已不可避免,应尽早决定合理分娩的方式。
5. 心理支持　　为孕妇提供心理支持。

八、健康指导

（1）应做好孕期保健工作,指导孕妇加强营养,保持平静心情。
（2）避免诱发宫缩的活动,如抬举重物、性生活等。慎做肛查和阴道检查等。
（3）积极治疗合并症和并发症,子宫颈内口松弛者应于14～16周或更早些时间做子宫颈内口缝合术。

九、护理评价

（1）患者能积极配合医护措施。
（2）母婴顺利经历全过程。

第四节　异位妊娠

一、概述

受精卵在子宫体腔以外着床称为异位妊娠。异位妊娠依受精卵在子宫体腔外种植部位不同而分为:输卵管妊娠、卵巢妊娠、腹腔妊娠、宫颈妊娠及阔韧带妊娠等。在异位妊娠中,输卵管妊娠最为常见,占异位妊娠的95％左右。本节主要阐述输卵管妊娠。

二、临床表现

典型症状为停经后腹痛与阴道流血。

1. 停经　　多有 6~8 周停经史,但有 20%~30% 的患者因月经仅过期几天而不认为是停经,或误将异位妊娠时出现的不规则阴道流血误认为月经,可能无停经史主诉。

2. 腹痛　　是输卵管妊娠患者就诊的主要症状。输卵管妊娠未发生流产或破裂前,常表现为一侧下腹隐痛或酸胀感。输卵管妊娠流产或破裂时,患者突感一侧下腹部撕裂样疼痛,常伴有恶心、呕吐。若血液局限于病变区,主要表现为下腹部疼痛,当血液积聚于直肠子宫陷凹时,可出现肛门坠胀感。随着血液由下腹部流向全腹,疼痛亦遍及全腹,血液刺激膈肌,可引起肩胛部放射性疼痛及胸部疼痛。

3. 阴道流血　　胚胎死亡后,常有不规则阴道流血,色暗红或深褐,量少呈点滴状,一般不超过月经量。少数患者阴道流血量较多,类似月经。阴道流血常在病灶除去后才能停止。

4. 晕厥与休克　　由于腹腔内急性出血及剧烈腹痛,轻者出现晕厥,严重者出现失血性休克。出血量越多越快,症状出现越迅速越严重,但与阴道流血量不成正比。

5. 腹部包块　　当输卵管妊娠流产或破裂后所形成的血肿时间过久,可因血液凝固,逐渐机化变硬并与周围组织或器官(子宫、输卵管、卵巢、肠管等)发生粘连而形成包块。

三、处理原则

以手术治疗为主,其次是药物治疗。

四、护理评估

1. 健康史　　仔细询问月经史,准确推断停经时间。注意不要将不规则阴道流血误认为末次月经。此外,对不孕、放置宫内节育器、绝育术、输卵管复通术、盆腔炎等与发病相关的高危因素予以高度重视。

2. 身心状况　　输卵管妊娠未发生流产或破裂前,症状及体征不明显。当患者腹腔内出血较多时呈贫血貌,严重者可出现面色苍白,四肢湿冷,脉快、弱、细,血压下降等休克症状。体温一般正常,出现休克时体温略低,腹腔内血液吸收时体温略升高,但不超过 38℃。下腹有明显压痛、反跳痛,尤以患侧为重,肌紧张不明显,叩诊有移动性浊音。

由于输卵管妊娠流产或破裂后,腹腔内急性大量出血及剧烈腹痛,以及妊娠终止的现实都将使孕妇出现激烈的情绪反应,可表现出哭泣、无助、抑郁、恐惧等行为。

3. 实验室检查及其他辅助检查

(1) 腹部检查:下腹部有明显压痛和反跳痛,尤以患侧为甚,轻度腹肌紧张;出血多时,叩诊有移动性浊音;如出血时间较长,形成血凝块,在下腹可触及软性肿块。

(2) 盆腔检查:输卵管妊娠未发生流产或破裂者,除子宫略大较软外,可能触及肿大的输卵管并轻度压痛。输卵管妊娠流产或破裂者,阴道后穹隆饱满,有触痛。将宫颈轻轻上抬或左右摇动时引起剧烈疼痛,称为宫颈抬举痛或摇摆痛,是输卵管妊娠的主要体征之一。子宫稍大而软,腹腔内出血多时检查子宫呈漂浮感。

(3) HCG 测定:尿或血 HCG 测定对早期诊断异位妊娠至关重要。

(4) 阴道后穹隆穿刺:是一种简单可靠的诊断方法,适用于疑有腹腔内出血的患者。

(5) 超声检查:阴道 B 型超声显像有助于诊断异位妊娠。

(6) 腹腔镜检查:是异位妊娠诊断的金标准,而且可以在确诊的同时行镜下手术治疗。腹腔内大量出血或伴有休克者,禁做腹腔镜检查。

五、常见护理诊断/问题

1. 潜在并发症:出血性休克
2. 恐惧　　与担心手术失败有关。

六、预期目标

(1) 患者休克症状得以及时发现并缓解。
(2) 患者能以正常心态接受此次妊娠失败的现实。

七、护理措施

1. 接受手术治疗患者的护理
(1) 积极做好术前准备：护理人员在监测患者生命体征的同时，配合医生纠正患者休克症状，做好术前准备。
(2) 提供心理支持。

2. 接受非手术治疗患者的护理
(1) 严密观察病情：护理人员需密切观察患者的一般情况、生命体征，并重视患者的主诉，尤应注意阴道流血量及腹腔内出血的征象，以便及时发现病情变化，给予相应处理。
(2) 加强化学药物治疗的护理：化疗一般采用全身用药，也可采用局部用药。常用药物有甲氨蝶呤。
(3) 指导患者休息与饮食：卧床休息，避免腹部压力增大，提供相应的生活护理。指导患者摄取足够的营养物质，尤其是富含铁蛋白的食物，增强患者的抵抗力。
(4) 监测治疗效果：护理人员应协助正确留取血标本，以监测治疗效果。

八、健康指导

(1) 教育患者保持良好的卫生习惯，勤洗浴、勤换衣，性伴侣稳定。
(2) 发生盆腔炎后需立即彻底治疗，以免延误病情。
(3) 告诫患者下次妊娠时要及时就医，并且不宜轻易终止妊娠。

九、结果评价

(1) 患者的休克症状得以及时发现并纠正。
(2) 患者消除了恐惧心理，愿意接受手术治疗。

第五节 妊娠期高血压疾病

一、概述

妊娠期高血压疾病是妊娠与血压升高并存的一组疾病，发生率5%～12%。该组病严重影响母婴健康，是孕产妇及围生儿病死率升高的主要原因。包括妊娠期高血压、子痫前期、子痫及慢性高血压并发子痫前期和慢性高血压合并妊娠。

二、临床表现

1. 妊娠期高血压 妊娠期首次出现收缩压≥140 mmHg和(或)舒张压≥90 mmHg，并于产后12周恢复正常；尿蛋白(-)；患者可伴有上腹部不适或血小板减少。产后方可确诊。

2. 子痫前期
(1) 轻度：妊娠20周后出现收缩压≥140 mmHg和(或)舒张压≥90 mmHg伴蛋白尿≥0.3 g/24 h，或随机尿蛋白(+)；可伴有上腹部不适、头痛、视物模糊等症状。

(2) 重度：血压和尿蛋白持续升高，发生母体脏器功能不全或胎儿并发症。出现下述任一不良情况可诊断为重度子痫前期：① 血压持续升高：收缩压≥160 mmHg 和(或)舒张压≥110 mmHg；② 蛋白尿≥5.0 g/24 h 或随机蛋白尿≥(+++)；③ 持续性头痛或视觉障碍或其他脑神经症状；④ 持续性上腹部疼痛，肝包膜下血肿或肝破裂症状；⑤ 肝脏功能异常：肝酶 ALT 或 AST 水平升高；⑥ 肾脏功能异常：少尿(24 h 尿量<400 mL 或每小时尿量<17 mL)或血肌酐>106 μmol/L；⑦ 低蛋白血症伴胸腔积液或腹腔积液；⑧ 血液系统异常：血小板呈持续性下降并低于 100×10^9/L；血管内溶血、贫血、黄疸或血 LDH 升高；⑨ 心力衰竭、肺水肿；⑩ 胎儿生长受限或羊水过少；⑪ 早发型，即妊娠 34 周以前发病。

3. 子痫　　在子痫前期的基础上出现抽搐发作，或伴昏迷，称为子痫。子痫发生前可有不断加重的重度子痫前期，但也可发生于血压升高不显著、无蛋白尿病例。多数发生于妊娠晚期或临产前，称产前子痫；少数发生于分娩过程中，称产时子痫；个别发生在产后 24 h 内，称产后子痫。

子痫典型发作过程：抽搐前多数有先兆症状，如剧烈头疼尤其是前额、视物模糊、失明、上腹部不适、恶心、呕吐、烦躁；也有个别患者前驱症状不明显。子痫抽搐进展迅速，前驱症状短暂。表现为口角及面部肌肉抽搐，随之深部肌肉僵硬，很快发展成典型的全身高张阵挛惊厥，有节律的肌肉收缩和紧张，持续 1～1.5 min。抽搐期间患者呼吸暂停、面部充血、口吐白沫、深昏迷。此后抽搐停止，呼吸恢复，但患者仍昏迷，最后意识恢复，但感到困惑、易激惹、烦躁。

4. 慢性高血压并发子痫前期　　孕妇妊娠前无蛋白尿，妊娠后出现蛋白尿≥0.3 g/24 h；或妊娠前有蛋白尿，妊娠后蛋白尿明显增加或血压进一步升高或出现血小板减少<100×10^9/L。

5. 妊娠合并慢性高血压　　妊娠 20 周前收缩压≥140 mmHg 和(或)舒张压≥90 mmHg(除外滋养细胞疾病)，妊娠期无明显加重；或妊娠 20 周后首次诊断高血压并持续到产后 12 周以后。

三、处理原则

休息、镇静、解痉、有指征地降压、合理扩容及利尿，密切监测母胎情况，适时终止妊娠。

四、护理评估

1. 健康史　　询问孕前及妊娠 20 周前有无高血压、蛋白尿和(或)水肿及抽搐等征象；评估患者有无本病的高危因素。

2. 身心状况

(1) 血压：初测血压有升高者，需休息 1 h 后再测，方能正确反映血压情况。同时不要忽略测得血压与其基础血压的比较。

(2) 尿蛋白：凡 24 h 尿蛋白定量≥0.3 g 者为异常。蛋白尿的出现及量的多少反映肾小管痉挛的程度，以及肾小管细胞缺氧及其功能受损的程度。

(3) 水肿：水肿的轻重并不一定反映病情的严重程度。注意水肿不明显，但体重于 1 周内增加超过 0.5 kg 的隐性水肿。

(4) 自觉症状：孕妇出现头痛、眼花、胸闷、上腹部不适、恶心、呕吐等自觉症状时提示病情的进一步发展，即进入子痫前期阶段。

(5) 抽搐与昏迷：是最严重的表现，注意发作状态、频率、持续时间、间隔时间、神志情况，以及有无唇舌咬伤、摔伤甚至骨折、窒息或吸入性肺炎等。

(6) 心理：妊娠期高血压疾病孕妇随着病情的发展，其焦虑、恐惧的心理会加重。

3. 实验室检查与其他辅助检查

(1) 尿液检查：尿常规、尿蛋白定性、定量检查。

(2) 血液检查：血常规、凝血功能系列、电解质、动脉血气分析等。

(3) 肝、肾功能测定：进行丙氨酸氨基转移酶、血尿素氮、肌酐及尿酸等测定。

(4) 眼底检查：视网膜小动脉变化是反映妊娠高血压疾病严重程度的一项重要指标。

(5) 其他检查：如心电图、超声心动图、胎盘功能、胎儿成熟度检查等，可视病情而定。

五、常见护理诊断/问题

1. 体液过多　　与下腔静脉受增大子宫压迫使血液回流受阻或营养不良性低蛋白血症有关。
2. 有受伤的危险　　与发生抽搐有关。
3. 潜在并发症：胎盘早期剥离

六、预期目标

(1) 妊娠高血压疾病孕妇病情缓解，未发生子痫及并发症。
(2) 妊娠高血压疾病孕妇明确孕期保健的重要性，积极配合产前检查及治疗。

七、护理措施

1. 一般护理
(1) 保证休息：保证充分的睡眠，每日休息不少于 10 h，取左侧卧位。
(2) 调整饮食：指导孕妇摄入富含蛋白质、维生素、铁、钙等微量元素饮食，除全身水肿外，一般不限盐。
(3) 密切监护母儿状态：护理人员应询问孕妇是否出现头痛、视力改变、上腹部不适等症状，每日测体重，每日或隔日复查尿蛋白。定时检测血压、胎心，必要时行胎儿电子监护。
(4) 间断吸氧：增加血氧含量。

2. 用药护理
(1) 解痉药物：硫酸镁为目前治疗子痫前期和子痫的首选解痉药物，护士应明确硫酸镁的用药方法、毒性反应及注意事项。

1) 用药方法：硫酸镁可使用肌内注射或静脉用药。肌内注射：25％硫酸镁溶液 20 mL，臀部深部肌内注射。静脉给药：负荷剂量 25％硫酸镁 20 mL(2.5～5 g)加于 10％葡萄糖 20 mL 静脉推注(15～20 min)，或者 5％葡萄糖 100 mL 快速静滴(30 min)，继之 25％硫酸镁 60 mL＋25％葡萄糖 500 mL，以 1～2 g/h 静脉滴注。

2) 毒性反应：硫酸镁的治疗浓度和中毒浓度相近，应用时注意其毒性反应。硫酸镁的滴注速度以 1 g/h 为宜，不超过 2 g/h。每天总量不超过 25 g。硫酸镁中毒首先表现为膝反射减弱或消失，随着血镁浓度的增加可出现全身肌张力减退及呼吸抑制，严重者心跳可突然停止。

3) 注意事项：用药前及用药过程中应监测孕妇血压，同时还应检测以下指标：① 膝腱反射必须存在；② 呼吸不少于 16 次/分；③ 尿量每 24 h≥400 mL，或每小时≥17 mL。备 10％葡萄糖酸钙，镁离子中毒时停用硫酸镁并静脉缓慢推注(5～10 min)10％的葡萄糖酸钙 10 mL。

(2) 镇静药物：遵医嘱应用地西泮、冬眠合剂、苯巴比妥钠等缓解孕产妇精神紧张、焦虑症状，改善睡眠，当应用硫酸镁无效或有禁忌时可用于预防并控制子痫。

(3) 降压药物：遵医嘱应用拉贝洛尔、硝苯地平等药物预防子痫、心脑血管意外和胎盘早剥等严重母胎并发症。收缩压≥160 mmHg 和(或)舒张压≥110 mmHg 的高血压孕妇必须降压治疗，收缩压≥140 mmHg 和(或)舒张压≥90 mmHg 的高血压孕妇可以使用降压治疗，妊娠前已用降压治疗的孕妇应继续降压治疗。

血压控制目标：孕妇无并发脏器功能损伤，收缩压应控制在 130～155 mmHg，舒张压应控制在 80～105 mmHg；孕妇并发脏器功能损伤，则收缩压应控制在 130～139 mmHg，舒张压应控制在 80～89 mmHg。降压过程力求下降平稳，不可波动过大。为保证子宫胎盘血流灌注，血压不可低于 130/80 mmHg。

(4) 扩容药物：仅用于低蛋白血症、贫血的患者。应严密观察患者的脉搏、呼吸、血压及尿量，防止肺水肿和心力衰竭的发生。常用人血白蛋白、全血、平衡液和低分子右旋糖酐。

(5) 利尿药物：仅用于全身性水肿、急性心力衰竭、肺水肿、脑水肿或血容量过多且伴有潜在性脑水肿者。应严密监测患者的水和电解质平衡情况及药物的毒副反应。常用药物有呋塞米、甘露醇。

3. 子痫患者的护理

(1) 协助医生控制抽搐：患者一旦发生抽搐，尽快控制。硫酸镁为首选药物，必要时加用强有力的镇静药物。

(2) 专人护理，防止受伤：首先应保持呼吸通畅，立即给氧，用开口器或于上、下磨牙间放置一压舌板，用舌钳固定舌以防咬伤唇舌或致舌后坠的发生。患者取头低侧卧位，必要时，用吸引器吸出喉部黏液或呕吐物，以免窒息。在患者昏迷或未完全清醒时，禁止给予饮食和口服药，以免误入呼吸道而致吸入性肺炎。

(3) 减少刺激，以免诱发抽搐：患者应安置于单人暗室，保持绝对安静，以避免声、光刺激；一切治疗活动和护理操作尽量轻柔且相对集中，避免干扰患者。

(4) 严密监护：密切注意血压、脉搏、呼吸、体温及尿量、记出入量。进行必要的血、尿化验和特殊检查，及早发现脑出血、肺水肿、急性肾衰竭等并发症。

(5) 为终止妊娠做好准备：终止妊娠是治疗妊娠期高血压疾病的有效措施。

4. 妊娠期高血压孕妇的产时护理　若决定经阴道分娩，需加强各产程护理。

(1) 在第一产程中，应密切监测患者的血压、脉搏、尿量、胎心及子宫收缩情况及有无自觉症状。

(2) 在第二产程中，尽量缩短产程，避免产妇用力，初产妇可行会阴侧切并手术助产。

(3) 在第三产程中，预防产后出血，在胎儿娩出前肩后立即静推缩宫素，禁用麦角新碱，及时娩出胎盘并按摩宫底，观察血压变化，重视患者的主诉。

5. 妊娠期高血压孕妇的产后护理　产后 24 h 至 5 d 内仍有发生子痫的可能，产前未发生抽搐的患者产后 48 h 亦有发生的可能，故产后 48 h 内仍应继续硫酸镁的治疗和护理。使用大量硫酸镁的孕妇，产后易发生子宫收缩乏力，恶露较多，因此严密观察子宫复旧情况，预防产后出血。

八、健康指导

(1) 指导孕妇及家属了解妊娠期高血压疾病的危害，定期产前检查，及早治疗。

(2) 孕妇注意休息和营养。保持心情舒畅，每天卧床 10 h 以上，取左侧卧位。

(3) 饮食宜清淡，降低食盐摄入量

九、结果评价

(1) 妊娠期高血压疾病的孕妇休息充分、睡眠良好、饮食合理，病情缓解。

(2) 妊娠期高血压重度子痫前期的孕妇病情得以控制，未出现子痫及并发症。

(3) 妊娠期高血压疾病的孕妇分娩经过顺利。

(4) 治疗中患者未出现硫酸镁的中毒反应。

(附) HELLP 综合征

HELLP 综合征(hemolysis, elevated liver enzymes, and low platelets syndrome, HELLP syndrome)以溶血、肝酶升高及血小板减少为特点，常危及母儿生命。

【病因与发病机制】

本病的主要病理改变与妊娠期高血压疾病相同，如血管痉挛、血管内皮损伤、血小板聚集与消耗、纤维蛋白沉积和终末器官缺血等，但发展为 HELLP 综合征的启动机制尚不清楚。

HELLP 综合征的发生可能与自身免疫机制有关，研究表明该病患者血中补体被激活，过敏毒素、C3a、C5a 及终末 C5b-9 补体复合物水平升高，可刺激巨噬细胞、白细胞及血小板合成血管活性物质，使血管痉挛性收缩，内皮细胞损伤引起血小板聚集、消耗，导致血小板减少、溶血及肝酶升高。

【对母儿的影响】

1. **对孕产妇的影响** HELLP综合征孕妇可并发肺水肿、胎盘早剥、体腔积液、产后出血、弥散性血管内凝血(disseminated intravascular coagulation,DIC)、肾衰竭、肝破裂等,剖宫产率高,死亡率明显增高。有资料表明,多器官功能障碍综合征(multiple organ dysfunction syndrome,MODS)及DIC是HELLP综合征最主要的死亡原因。

2. **对胎儿的影响** 因胎盘供血、供氧不足,胎盘功能减退,导致胎儿生长受限、死胎、死产、早产。

【临床表现】

常见主诉为右上腹或下腹部疼痛、恶心、呕吐、全身不适等非特异性症状,少数可有轻度黄疸,查体可发现右上腹或上腹部肌紧张,体重骤增、水肿。如凝血功能障碍严重,可出现血尿、消化道出血。多数患者有重度子痫前期的基本特征,约20%患者血压正常或轻度升高,15%孕妇可既无高血压也无明显的蛋白尿。

本病可发生于妊娠中期至产后数日的任何时间,70%以上发生于产前,产后发生HELLP综合征伴肾衰竭和肺水肿者,危险性更大。

【诊断标准】

本病表现多为非特异性症状,确诊主要依靠实验室检查。

1. **血管内溶血** 外周血涂片中见破碎红细胞、球形红细胞。血清总胆红素≥20.5 μmol/L,血清结合珠蛋白<250 mg/L。

2. **肝酶升高** ALT≥40 U/L或AST≥70 U/L,LDH水平升高。

3. **血小板减少** 血小板计数<100×10^9/L。根据血小板减少程度,将HELLP综合征分3级。Ⅰ级:血小板≤50×10^9/L;Ⅱ级:血小板在(50~100)×10^9/L;Ⅲ级:血小板在(100~150)×10^9/L。

LDH升高和血清结合珠蛋白降低是诊断HELLP综合征的敏感指标,常在血清未结合胆红素升高和血红蛋白降低前出现。

【鉴别诊断】

HELLP综合征应与血栓性血小板减少性紫癜、溶血性尿毒症综合征、妊娠期急性脂肪肝等鉴别(表9-1)。

表9-1 HELLP综合征的鉴别诊断

	HELLP综合征	血栓性血小板减少性紫癜	溶血性尿毒症综合征	妊娠期急性脂肪肝
主要损害器官	肝脏	神经系统	肾脏	肝脏
妊娠期	中、晚期	中期	产后	晚期
血小板	↓	↓	↓	正常/↓
PT/APTT	正常	正常	正常	↓
溶血	+	+	+	+/-
血糖	正常	正常	正常	↓
纤维蛋白原	正常	正常	正常	↓↓
肌酐	正常/↑	↑	↑	↑

注:PT,凝血酶原时间;APTT,活化部分凝血活酶时间。

【治疗】

HELLP综合征应住院治疗,按重度子痫前期治疗,在此基础上的其他治疗包括以下几种。

1. **肾上腺皮质激素** 血小板<50×10^9/L考虑肾上腺皮质激素治疗,可使血小板计数、乳酸脱氢酶、肝功能等各项参数改善,尿量增加,平均动脉压下降,并可促使胎儿肺成熟。妊娠期每12 h静脉滴注地塞米松10 mg,产后应继续应用3次,以免出现血小板再次降低、肝功能恶化、少尿等危险。

2. **输注血小板** 血小板<50×10^9/L且血小板数量迅速下降或存在凝血功能障碍时应考虑

笔记栏

备血及血小板；<20×10⁹/L 或剖宫产时或有出血时,应输注浓缩血小板、新鲜冻干血浆。但预防性输注血小板并不能预防产后出血的发生。

3. 产科处理

(1) 终止妊娠的时机：孕龄≥32 周或胎肺已成熟、胎儿窘迫、先兆肝破裂及病情恶化者,应立即终止妊娠；病情稳定、妊娠<32 周、胎肺不成熟及胎儿情况良好者,应考虑对症处理、延长孕周,通常在期待治疗 4 日内终止妊娠。

(2) 分娩方式：HELLP 综合征不是剖宫产指征,分娩方式依产科因素而定。

(3) 麻醉选择：因血小板减少,有局部出血危险,故阴部阻滞和硬膜外麻醉禁忌,阴道分娩宜采用局部浸润麻醉,剖宫产采用局部浸润麻醉或全身麻醉。

第六节 前 置 胎 盘

一、概述

正常胎盘附着于子宫体部的后壁、前壁或侧壁。孕 28 周后,若胎盘附着于子宫下段,下缘达到或覆盖宫颈内口,位置低于胎先露部,称为前置胎盘。前置胎盘是妊娠晚期严重并发症之一,也是妊娠晚期阴道流血最常见的原因。

根据胎盘下缘与子宫颈内口的关系,前置胎盘可分为三种类型(图 9-1)。

1. 完全性前置胎盘 胎盘组织完全覆盖宫颈内口。
2. 部分性前置胎盘 胎盘组织部分覆盖宫颈内口。
3. 边缘性前置胎盘 胎盘下缘附着于子宫下段,下缘到达宫颈内口,但未超越宫颈内口。

根据疾病的凶险程度,前置胎盘又可分为凶险性和非凶险性。凶险性前置胎盘(pernicious placenta previa)指前次有剖宫产史,此次妊娠为前置胎盘,发生胎盘植入的危险约为 50%。

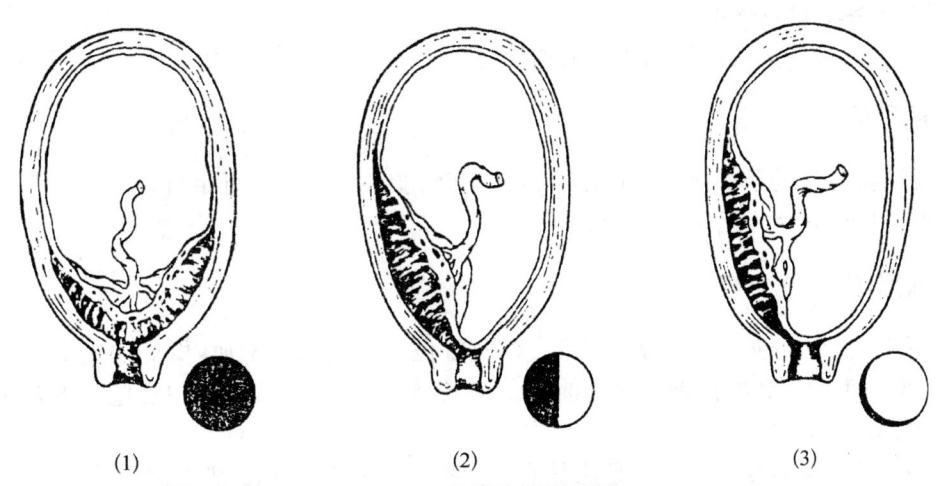

图 9-1 前置胎盘的类型
(1) 完全性前置胎盘；(2) 部分性前置胎盘；(3) 边缘性前置胎盘

二、临床表现

1. 无痛性阴道流血 妊娠晚期或临产时,突发无诱因、无痛性阴道流血是前置胎盘的典型症状。
2. 贫血、休克 由于反复多次或大量阴道流血,患者可出现贫血,出血严重者可发生休克。

3. 胎位异常　　由于胎头高浮，约 1/3 患者出现胎位异常，其中以臀先露较为多见。

三、处理原则

抑制宫缩、止血、纠正贫血和预防感染。根据前置胎盘类型、妊娠周数、胎儿成熟度、出血量、有无休克等综合判断做出决定。

四、护理评估

1. 健康史　　识别有无剖宫产术、人工流产术及子宫内膜炎等前置胎盘的易发因素；此外，妊娠经过中期特别孕 28 周后，是否出现无痛性、无诱因、反复阴道流血症状，并详细记录具体经过及医疗处理情况。

2. 身心状况

(1) 阴道出血：评估阴道出血的时间和特点。大量出血时可见面色苍白、脉搏细速、血压下降等休克症状。

(2) 心理：孕妇及其家属可因突然阴道流血而感到恐惧或焦虑，既担心孕妇的健康，更担心胎儿的安危，显得恐慌、紧张、手足无措等。

3. 辅助检查

(1) 产科检查：子宫大小与停经月份一致，胎方位清楚，先露高浮，胎心可以正常，也可因孕妇失血过多致胎心异常或消失。前置胎盘位于子宫下段前壁时，可于耻骨联合上方听到胎盘血管杂音。

(2) 超声波检查：B 型超声断层像是目前最安全、有效的首选方法。

(3) 阴道检查：主要用于终止妊娠前为明确诊断并决定分娩方式的个案，要求阴道检查操作必须在输血、输液和做好手术准备的情况下方可进行。怀疑前置胎盘的个案，禁忌肛查。

(4) 产后检查胎盘及胎膜：胎盘的前置部位可见陈旧血块附着呈黑紫色或暗红色，胎膜破口处距胎盘边缘小于 7 cm，则为前置胎盘。

五、常见护理诊断/问题

1. 潜在并发症：出血性休克
2. 有感染的危险　　与前置胎盘剥离面靠近子宫颈口，细菌易经阴道上行感染有关。

六、预期目标

(1) 接受期待疗法的孕妇血红蛋白不再继续下降，胎龄达到或接近足月。
(2) 产妇产后未发生产后出血和产后感染。

七、护理措施

根据病情需立即终止妊娠的孕妇，安排去枕侧卧位，开放静脉，配血，做好输血准备。在抢救休克的同时，按腹部手术患者的护理进行术前准备，并做好母儿生命体征监护及抢救准备工作。接受期待疗法的孕妇的护理如下。

1. 保证休息，减少刺激　　绝对卧床休息，左侧卧位，间断吸氧。避免各种刺激。腹部检查时动作轻柔，禁做阴道检查及肛查。

2. 纠正贫血　　除口服硫酸亚铁、输血等措施外，建议孕妇多食高蛋白以及含铁丰富的食物。

3. 监测生命体征，及时发现病情变化　　严密观察并记录生命体征，流血时间、量、色，注意倾听孕妇主诉，及时发现休克表现，监测胎儿宫内状态，按医嘱及时完成实验室检查项目，并交叉配血备用。

4. 预防产后出血和感染

(1) 产妇回病房休息时严密观察产妇的生命体征及阴道流血情况，发现异常及时报告医师处理。

(2) 及时更换会阴垫,以保持会阴部清洁、干燥。

(3) 胎儿娩出后,及早使用宫缩剂,预防产后大出血;对新生儿严格按照高危儿护理。

八、健康指导

(1) 避免吸烟、酗酒等不良行为,避免多次刮宫、引产或宫内感染,防止多产,减少子宫内膜损伤或子宫内膜炎。

(2) 对妊娠期出血,无论量多少均应就医,做到及时诊断,正确处理。

九、结果评价

(1) 接受期待疗法的孕妇胎龄接近(或达到)足月时终止妊娠。

(2) 产妇产后未出现产后出血和感染。

第七节 胎盘早期剥离

一、概述

妊娠20周后或分娩期,正常位置的胎盘在胎儿娩出前,部分或全部从子宫壁剥离,称为胎盘早剥。是妊娠晚期严重并发症,起病急,发展快,若处理不及时可危及母儿生命。胎盘早剥的主要病理变化是底蜕膜出血,形成血肿,使胎盘从附着处分离。按病理分三种类型(图9-2)。

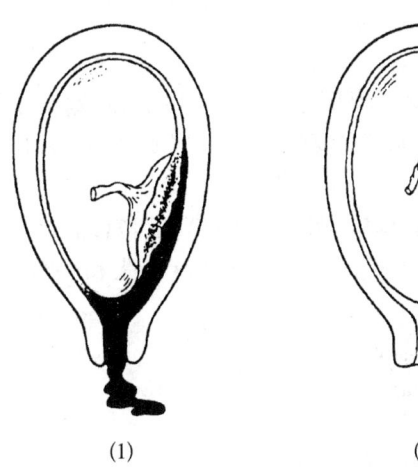
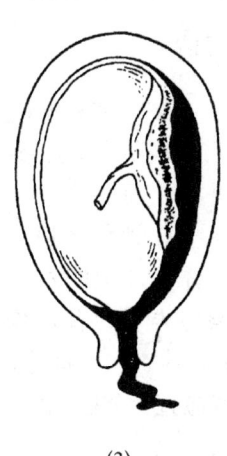

(1)   (2)   (3)

图9-2 胎盘早期剥离的分类
(1)显性剥离;(2)隐性剥离;(3)混合性出血

1. **显性剥离或外出血**   剥离面小,出血很快停止,临床多无明显症状。如继续出血,胎盘剥离面随之扩大,血液经胎盘边缘沿胎膜与宫壁间自宫颈向外流出,有阴道流血。

2. **隐性剥离或内出血**   若胎盘边缘仍附着于子宫壁或由于胎先露部固定于骨盆入口,血液积聚在胎盘与子宫壁之间,无阴道流血。

3. **混合性出血**   当内出血过多时,血液也可冲开胎盘边缘,向宫颈口外流出,形成混合性出血。

有时出血穿破羊膜流入羊水中,形成血性羊水。内出血急剧增多,血液积聚于胎盘与子宫壁之间,胎盘后血肿压力增加,血液向子宫肌层内浸润,引起肌纤维分离、断裂、变性,此时子宫表面呈紫蓝色瘀斑,尤其在胎盘附着处更明显,称为子宫胎盘卒中。胎盘早剥时,羊水可经剥离面进入开放的血管,从而引起羊水栓塞等症状。严重的胎盘早剥可能发生凝血功能障碍。子宫胎盘卒中影响子宫肌层收缩,可导致产后出血。

胎盘早剥确切的病因及发病机制尚不清楚,可能与孕妇血管病变、宫腔内压力骤减、机械性因素、高龄孕妇、经产妇等因素有关。

二、临床表现

根据病情严重程度将胎盘早剥分为3度。

1. Ⅰ度　　以外出血为主,多见于分娩期,胎盘剥离面积小,常无腹痛或腹痛轻微,贫血体征不明显。腹部检查见子宫软,大小与妊娠周数相符,胎位清楚,胎心率正常,产后检查见胎盘母体面有凝血块及压迹即可诊断。

2. Ⅱ度　　胎盘剥离面1/3左右,常有突然发生的持续性腹痛、腰酸或腰背痛,疼痛的程度与胎盘后积血多少成正比。无阴道流血或流血量不多,贫血程度与阴道流血量不相符。腹部检查见子宫大于妊娠周数,宫底随胎盘后血肿增大而升高。胎盘附着处压痛明显(胎盘位于后壁则不明显),宫缩有间歇,胎位可扪及,胎儿存活。

3. Ⅲ度　　胎盘剥离面超过胎盘面积1/2,临床表现较Ⅱ度加重。可出现恶心、呕吐、面色苍白、四肢湿冷、脉搏细数、血压下降等休克症状,且休克程度大多与母血丢失成比例。腹部检查见子宫硬如板状,宫缩间歇时不能松弛,胎位扪不清,胎心消失。如无凝血功能障碍属Ⅲa,有凝血功能障碍者属Ⅲb。

三、处理原则

早期识别、积极处理休克、及时终止妊娠、控制弥散性血管内凝血、防治并发症。

四、护理评估

1. 健康史　　孕妇在妊娠晚期或临产时突然发生腹部剧痛,有急性贫血或休克现象,应高度重视。需结合有无妊娠期高血压疾病或高血压病史、胎盘早剥史、慢性肾炎史、仰卧位低血压综合征史及外伤史等进行全面评估。

2. 身心状况　　评估阴道流血的量、色,腹痛的程度、性质,宫底高度,宫缩,胎位,胎心,孕妇的一般情况和生命体征。孕妇入院时情况危急,孕妇及家属常常感到高度紧张和恐惧。

3. 实验室检查与其他辅助检查

(1) B型超声检查:了解胎盘的部位及胎盘早剥的类型。

(2) 实验室检查:全血细胞计数及凝血功能检查。

五、常见护理诊断/问题

1. 潜在并发症:弥散性血管内凝血

2. 恐惧　　与胎盘早剥起病急、进展快,危及母儿生命有关。

3. 预感性悲哀　　与死产、切除子宫有关。

六、预期目标

(1) 入院后,孕妇出血性休克症状得到控制。

(2) 患者未出现凝血功能障碍、产后出血和急性肾衰竭等并发症。

七、护理措施

1. 纠正休克,改善患者一般情况　　患者取休克卧位。迅速开发静脉,补充血容量,输入新鲜血液。给予氧气吸入,氧流量6~8 L/min。

笔记栏

2. 密切观察病情变化,及时发现并发症　　凝血功能障碍者表现为皮下、黏膜或注射部位出血,子宫出血不凝,有尿血、咯血及呕血等现象;急性肾衰竭者可表现为尿少或无尿。同时密切监测胎儿状态。

3. 为终止妊娠做好准备　　为抢救母儿生命应及时终止妊娠,减少并发症的发生。分娩方式则依孕妇病情轻重、胎儿宫内状况、产程进展、胎产式等具体状态决定,护士需为此做好相应的配合与准备。

4. 预防产后出血　　分娩前配血备用,分娩时开放静脉。分娩后应及时给予宫缩剂,并配合按摩子宫,必要时按医嘱做切除子宫术前准备。未发生出血者,产后仍应加强生命体征观察,预防晚期产后出血的发生。

5. 产褥期护理　　加强营养,纠正贫血。更换会阴垫,保持会阴清洁,防止感染。

八、健康指导

(1) 指导产妇采取合理的避孕措施。
(2) 根据产妇情况给予母乳喂养指导,对死产者采取退乳处理。
(3) 指导产妇产后 42 d 及时到门诊复查。

九、结果评价

(1) 产妇分娩顺利,婴儿平安出生。
(2) 产妇未出现并发症。

第八节　羊水量异常

一、羊水过多

(一) 概述

妊娠期间羊水量超过 2 000 mL 者,称为羊水过多。羊水量在数周内缓慢增多,称为慢性羊水过多;羊水量在数日内急剧增加,称为急性羊水过多。

(二) 临床表现

1. 急性羊水过多　　较少见。多发生于妊娠 20~24 周,羊水迅速增多,子宫急剧增大,产生一系列压迫症状。孕妇自觉腹部胀痛,行动不便、呼吸困难、发绀、不能平卧等。巨大的子宫压迫下腔静脉,影响静脉回流,出现下肢及外阴部水肿或静脉曲张。子宫明显大于妊娠月份,胎位不清,胎心遥远或听不清。

2. 慢性羊水过多　　较多见。多发生于妊娠晚期,羊水在数周内缓慢增多,孕妇多能适应,仅出现轻微压迫症状。产科检查情况同急性羊水过多。

(三) 处理原则

羊水过多合并胎儿畸形者,及时终止妊娠;羊水过多正常胎儿者,则应根据羊水过多的程度与胎龄决定处理方法。

(四) 护理评估

1. 健康史　　了解孕妇年龄、有无妊娠合并症、有无先天畸形家族史及生育史。

2. 身心状况　　测量腹围、宫高、体重,了解孕妇有无因羊水过多引发的症状,如呼吸困难、腹痛、食欲不良等不适。患者及家属因担心胎儿可能会有某种畸形,会感到紧张、焦虑不安,甚至产生恐惧心理。

3. 辅助检查

(1) B超：是重要辅助检查方法。诊断标准有两个：① 测量羊水最大暗区垂直深度(AFV)：≥8 cm诊断为羊水过多；② 计算羊水指数(AFI)：≥25 cm诊断为羊水过多。

(2) 胎儿疾病检查：需排除胎儿染色体异常时，可做羊水细胞培养，或采集胎儿脐带血细胞培养。

(3) 其他检查：母体糖耐量试验，Rh血型不合者检查母体抗体滴定度。

(五) 常见护理诊断/问题

1. 有胎儿受伤的危险　　与破膜时易并发胎盘早剥、脐带脱垂、早产等有关。
2. 焦虑　　与胎儿可能有畸形的结果有关。

(六) 预期目标

(1) 羊水过多但胎儿正常者，母婴健康平安。

(2) 羊水过多合并胎儿畸形者，孕妇能面对现实，终止妊娠，顺利度过产褥期。

(七) 护理措施

1. 一般护理　　指导孕妇摄入低钠饮食。减少增加腹压的活动以防胎膜早破。
2. 病情观察　　观察孕妇的生命体征，定期测量宫高、腹围和体重，判断病情进展，及时发现并发症。观察胎心、胎动及宫缩，及早发现胎儿宫内窘迫及早产的征象。人工破膜时密切观察胎心和宫缩，及时发现胎盘早剥和脐带脱垂的征象。产后应密切观察子宫收缩及阴道流血情况，防止产后出血。
3. 配合治疗　　腹腔穿刺放羊水时应防止速度过快、量过多，一次放羊水量不超过1 500 mL，放羊水后腹部放置沙袋或加腹带包扎以防血压骤降发生休克。腹腔穿刺放羊水注意无菌操作，按医嘱给予抗感染药物。
4. 随访及预防　　定期随访，每1～2周B超监测羊水情况，每2周一次无应激试验(NST)。严密监测病程，尽可能及早明确病因，及时处理以减少不良妊娠结局。

(八) 健康指导

(1) 加强产前检查，准确核实预产期，避免过期妊娠。

(2) 教会孕妇自我监护胎儿的方法。

(3) 围生儿死亡者，给予心理安慰，指导避孕措施，至少半年后再妊娠。

(九) 结果评价

(1) 母婴安全，无并发症发生。

(2) 孕妇积极参与治疗与护理过程。

(3) 对于因胎儿畸形终止妊娠者能正确面对现实。

二、羊水过少

(一) 概述

妊娠晚期羊水量少于300 mL者称为羊水过少。

(二) 临床表现

羊水过少的临床表现多不典型。孕妇于胎动时感到腹痛，检查时发现宫高、腹围小于同期正常妊娠孕妇，子宫敏感，轻微刺激即可引起宫缩，临产后阵痛剧烈，宫缩不协调，宫口扩张缓慢，产程延长。

(三) 处理原则

针对病因，并根据胎儿及孕周情况制订处理方案。

(四) 护理评估

1. 健康史　　了解孕妇月经生育史、用药史、有无妊娠合并症、有无先天畸形家族史等，同时了解孕妇感觉到的胎动情况。
2. 身心状况　　测量孕妇宫高、腹围、体重，孕妇自觉胎动时腹痛。患者及家属因担心胎儿可能有畸形,常感觉到紧张无措、焦虑不安。

3. 实验室检查与其他辅助检查

(1) B超检查:是最重要辅助检查方法。AFV:≤2 cm诊断为羊水过少;AFI:≤5 cm诊断为羊水过少;还可判断胎儿有无畸形。

(2) 直接测量羊水量:破膜时以容器置于外阴收集羊水,剖宫产时用吸引器收集羊水。

(3) 胎儿电子监护:无应激试验可呈无反应型。

(4) 胎儿染色体检查:可做羊水细胞培养或胎儿脐带血细胞培养。

(五) 常见护理诊断/问题

1. 有胎儿受伤的危险　　与羊水过少导致的胎儿发育畸形、宫内发育迟缓有关。

2. 恐惧　　与担心胎儿畸形有关。

(六) 预期目标

(1) 羊水过少但胎儿正常者,母婴健康平安。

(2) 合并胎儿畸形者,孕妇能面对现实,积极配合治疗。

(七) 护理措施

1. 一般护理　　向孕妇及其家属介绍羊水过少的可能原因。左侧卧位,自数胎动;遵医嘱接受治疗方案,同时预防胎膜早破的发生。出生后的胎儿应认真全面评估,识别畸形。

2. 病情观察　　观察孕妇的生命体征,定期测量宫高、腹围和体重,判断病情进展。根据胎盘功能测定结果、胎动和宫缩的变化,及时发现并发症。发现羊水过少者,B超监测羊水量,观察有无胎儿畸形。

3. 配合治疗　　发现羊水过少时若妊娠已近足月,指导在短期内重复测定羊水量并监测胎心和胎动变化。若合并有过期妊娠、胎儿宫内发育迟缓等需及时终止妊娠者,应遵医嘱做好阴道助产或剖宫产的准备。

(八) 结果评价

(1) 母婴安全,无并发症发生。

(2) 对于胎儿畸形终止妊娠者能积极配合治疗。

第九节　胎膜早破

一、概述

临产前发生胎膜破裂,称为胎膜早破。胎膜早破的病因与发病机制如下。

1. 生殖道感染　　病原微生物上行性感染,可引起胎膜炎,使胎膜局部张力下降而破裂。

2. 羊膜腔压力增高　　常见于多胎妊娠、羊水过多等。

3. 胎膜受力不均　　头盆不称、胎位异常、胎先露部不能衔接,前羊膜囊所受压力不均,导致胎膜破裂。因先天性或手术创伤使子宫颈内口松弛,前羊膜囊楔入,受力不均及胎膜发育不良而发生胎膜早破。

4. 营养因素　　缺乏维生素C、锌及铜,可使胎膜抗张能力下降而破裂。

5. 其他　　细胞因子IL-6、IL-8升高,可激活溶酶体酶,破坏羊膜组织导致胎膜早破;创伤或妊娠后期性交也可导致胎膜早破。

二、临床表现

孕妇突感有较多液体自阴道流出,可混有胎脂及胎粪,无腹痛等其他产兆。肛诊上推胎先露部,见阴道流液增多。阴道窥阴器检查见阴道后穹窿有羊水积聚或有羊水自宫口流出,即可确诊胎膜早破。

三、处理原则

预防发生感染和脐带脱垂等并发症。

四、护理评估

1. 健康史　　了解诱发胎膜早破的原因,确定胎膜破裂的时间、妊娠周数、是否有宫缩及感染的征象。

2. 身心状况　　观察孕妇阴道液体流出情况。是否有咳嗽、打喷嚏、负重等增加腹压的动作后,流出液体。上推胎先露部有液体从阴道流出。观察有无发热,阴道分泌物有无异味等感染症状。

由于孕妇突然发生不可自控的阴道流液,可能惊慌失措,担心影响胎儿及自身的健康,产生恐惧心理。

3. 辅助检查

(1) 阴道液酸碱度检查:用 pH 试纸检查,若流出液 pH≥6.5,视为阳性,准确率可达 90%。

(2) 阴道液涂片检查:阴道液干燥片检查有羊齿植物叶状结晶出现为羊水,准确率达 95%。

(3) 羊膜镜检查:可直视胎先露部,看不到前羊膜囊,即可确诊为胎膜早破。

五、常见护理诊断/问题

1. 有感染的危险　　与胎膜破裂后,下生殖道内病原体上行感染有关。
2. 有胎儿受伤的危险　　与脐带脱垂和早产儿肺部不成熟有关。

六、预期目标

(1) 孕妇不发生感染。
(2) 胎儿无并发症发生。

七、护理措施

1. 脐带脱垂的预防及护理　　嘱胎膜早破胎先露未衔接的住院待产孕妇绝对卧床,左侧卧位,抬高臀部防止脐带脱垂。护理时注意监测胎心变化,阴道检查时应确定有无隐性脐带脱垂,如有应在数分钟内结束分娩。

2. 严密观察胎儿情况　　密切观察胎心率的变化,监测胎动。定时观察羊水性状、颜色、气味等。

3. 积极预防感染　　保持外阴清洁干燥;严密观察产妇的生命体征,了解是否存在感染;按医嘱一般于胎膜破裂后 12 h 给抗生素预防感染。

八、健康指导

(1) 讲解胎膜早破对母儿的影响,使孕妇重视妊娠期卫生保健并积极参与产前保健指导活动。

(2) 嘱孕妇妊娠后期禁止性交;避免负重及腹部受碰撞;子宫颈内口松弛者,卧床休息,遵医嘱于妊娠 14~16 周行子宫颈内口环扎术。

(3) 指导其补充足量的维生素及钙、锌、铜等元素。

笔记栏

九、结果评价

(1) 孕妇积极参与护理过程,对胎膜早破的处理感到满意。
(2) 母儿生命安全,未发生并发症。

第十节 多胎妊娠

一、概述

一次妊娠子宫腔内同时有两个或两个以上胎儿时称为多胎妊娠。以双胎妊娠多见,本节主要讨论双胎妊娠。双胎妊娠可分为双卵双胎及单卵双胎。

1. 双卵双胎 两个卵子分别受精而形成的双胎妊娠。约占双胎妊娠的70%,两个胎儿的基因不完全相同,其性别、血型、容貌可相同或不相同。

2. 单卵双胎 由一个卵子受精后分裂形成的双胎妊娠,约占双胎妊娠的30%。两个胎儿的基因相同,其性别、血型、容貌等均相同。由于受精卵在早期发育阶段发生分裂的时间不同,形成双羊膜囊双绒毛单卵双胎、双羊膜囊单绒毛单卵双胎、单羊膜囊单绒毛单卵双胎、联体双胎四种类型。

二、临床表现

早孕反应重,妊娠中期后体重增加迅速,腹部增大明显,下肢水肿、静脉曲张等压迫症状出现早且明显,妊娠晚期常有呼吸困难,活动不便。

三、处理原则

1. 妊娠期 及早诊断出双胎妊娠者,增加其产前检查次数,注意休息,加强营养。
2. 分娩期 观察产程和胎心变化,如发现有宫缩乏力或产程延长,应及时处理,正确助产。
3. 产褥期 第二个胎儿娩出后立即使用缩宫素,腹部放置沙袋,防腹压骤降引起休克,预防产后出血,必要时使用抗生素预防感染。

四、护理评估

1. 健康史 询问家族中有无多胎史、孕妇的年龄、胎次,孕前是否使用促排卵药;了解本次妊娠经过及产前检查情况等。

2. 身心状况 评估孕妇的早孕反应程度,食欲、呼吸情况,以及下肢水肿、静脉曲张程度。孕妇经常主诉感到多处胎动而非某一固定部位。双胎妊娠属于高危妊娠,孕妇既兴奋又担心母儿的安危,尤其是担心胎儿的存活率。

3. 实验室检查与其他辅助检查

(1) 产科检查:子宫大于停经周数;妊娠中晚期可触及多个小肢体和两胎头;胎头较小,与子宫大小不成比例;不同部位听到两个胎心,其间隔有无音区,或同时听诊1 min,两个胎心率相差10次以上。

(2) B超检查:早期诊断双胎、畸胎,能提高双胎妊娠的孕期监护质量。

(3) 绒毛膜性判断:在妊娠6~10周,可通过宫腔内孕囊数目进行绒毛膜性判断。

五、常见护理诊断/问题

1. 有受伤的危险 与双胎妊娠引起早产有关。
2. 潜在并发症:早产、脐带脱垂或胎盘早剥

六、预期目标

(1) 孕妇摄入足够营养,保证母婴需要。
(2) 孕妇及胎儿、新生儿的并发症被及时发现,保证了母婴安全。

七、护理措施

1. 一般护理
（1）增加产前检查的次数，每次监测宫高、腹围和体重。
（2）注意多休息，取左侧卧位，减少早产的机会。
（3）加强营养，尤其是注意补充铁、钙、叶酸等，以满足母儿的需要。

2. 心理护理　　告知双胎妊娠虽属于高危妊娠，但孕妇不必过分担心母儿的安危，保持心情愉快，积极配合治疗的重要性。指导家属准备双份新生儿用物。

3. 病情观察　　双胎妊娠孕妇易伴发妊娠期高血压疾病、羊水过多、前置胎盘、贫血等并发症，应加强病情观察，及时发现并处理。

4. 症状护理　　双胎妊娠的孕妇胃区受压致胃纳差、食欲减退，鼓励孕妇少量多餐，增加铁、叶酸、维生素的供给。因双胎妊娠的孕妇腰背部疼痛症状较明显，注意休息，局部热敷。

5. 治疗配合
（1）严密观察产程和胎心率变化，如发现有宫缩乏力或产程延长，及时处理。
（2）第一个胎儿娩出后，立即断脐，协助扶正第二个胎儿的胎位，保持纵产式，通常在等待 20 min 左右，第二个胎儿自然娩出。产程过程中严密观察，及时发现脐带脱垂或胎盘早剥等并发症。
（3）为预防产后出血的发生，产程中开放静脉通道，做好输血、输液准备；第二个胎儿娩出后应立即使用缩宫素，腹部放置沙袋，并以腹带紧裹腹部，防止腹压骤降引起休克。
（4）双胎妊娠者如系早产，产后应加强对早产儿的观察和护理。

八、健康指导

（1）注意休息，加强营养，注意阴道流血量和子宫复旧情况，及早识别产后出血、感染等异常情况。
（2）指导产妇正确进行母乳喂养，选择有效的避孕措施。

九、结果评价

（1）孕妇能主动与他人讨论两个孩子的将来并做好分娩的准备。
（2）孕产妇、胎儿或新生儿安全。

知识拓展

欣普贝生用于足月胎膜早破引产*

欣普贝生的化学成分中含有地诺前列酮，通过缓慢释放逐渐发挥作用，从而有效地刺激内源性前列腺素 E_2 的产生，显著增加宫颈细胞基质内水分与黏多糖的含量，促使宫颈胶原纤维消失及分离，最终促使宫颈成熟，促进引产，临床效果已得到广泛认可。

*引自：洪小苹. 欣普贝生用于足月胎膜早破引产的临床观察. 中华实用医刊，2015，42(7)：84-85.

某初孕妇，29岁，停经30周，因夜间再次发生阴道流血2 h，无腹痛，急诊收入院。入院检查：血压90/60 mmHg，尿蛋白（－），下肢水肿，血红蛋白82 g/L。腹部检查：胎心率148次/分，胎方位为左枕前位。B超提示胎盘位于子宫右后壁延至前壁覆盖宫颈口。

【问题】
（1）请写出2个可能的临床诊断。

(2) 为该孕妇确定2个主要的护理诊断/问题。
(3) 分别针对上述所列的护理诊断/问题列出主要护理措施。

【分析与解答】
(1) 临床诊断：① 前置胎盘；② 继发性贫血。诊断依据：该孕妇停经30周无痛性阴道流血，血红蛋白82 g/L，B超提示胎盘前壁覆盖子宫颈口。
(2) 护理诊断
1) 潜在并发症：出血性休克
2) 有感染的危险　与孕妇贫血有关。
(3) 护理措施：① 绝对卧床休息；② 减少刺激，禁做阴道检查和肛门检查；③ 监测生命体征，观察并记录阴道流血情况；④ 加强饮食营养指导；⑤ 加强会阴部的护理。

第十一节　过期妊娠

平时月经周期规则，妊娠达到或超过42周(≥294 d)尚未分娩者，称为过期妊娠。

一、处理原则

妊娠41周以后，应考虑终止妊娠，最大限度地减少过期妊娠的发生，根据孕妇及胎儿情况，选择不同的处理方式。

二、护理评估

1. 健康史　确认孕周，了解孕妇的末次月经，平时月经周期情况；早孕反应出现的时间；初次自觉胎动时间及妊娠早期的B超检查结果等来确定预产期。
2. 身心状况　预产期后，胎儿未能娩出，孕妇易出现担心胎儿在宫内的安危而产生烦躁、焦虑的情绪。
3. 实验室及其他辅助检查　B超检查羊水量、胎儿呼吸运动、胎动等；胎盘功能检查血、尿雌三醇，孕妇血清胎盘生乳素；胎心电子监护。

三、常见护理诊断/问题

1. 焦虑　与胎儿未能如期娩出有关。
2. 有胎儿受伤的危险　与妊娠40周以后，胎盘功能逐渐下降有关。

四、预期目标

(1) 孕妇在胎儿娩出前焦虑程度减轻，并能积极配合治疗。
(2) 在胎儿娩出前，护士能及时发现胎儿宫内异常情况。

五、护理措施

1. 心理支持　给予安慰，注意精神状态，了解思想情绪，向其讲解妊娠及分娩相关知识，鼓励家属陪伴，帮助消除顾虑。
2. 健康教育　指导孕妇左侧卧位，每日3次自数胎动，每次1 h，告知胎动每小时3~5次，若小于3次或大于10次时告知医护人员；告知分娩的先兆症状。

3. 对症护理　遵医嘱给予药物促进宫颈成熟者,注意用药后病情观察;采用宫颈球囊扩张术者,遵医嘱按时听取胎心,观察球囊在位状况,阴道流血情况;行引产术者,接受医嘱准备好物品将其送至待产室,并与待产室工作人员严格交接班;行剖宫产术,按医嘱进行术前准备。

六、结果评价

(1) 胎儿娩出前,孕妇情绪稳定,积极配合治疗。
(2) 孕妇掌握自我监护的方法。

小　结

1. 前置胎盘的护理措施
   - 保证休息、减少刺激
   - 纠正贫血
   - 监测生命体征,及时发现病情变化
   - 预防产后出血和感染

2. 妊娠期并发症
   - 妊娠剧吐
   - 流产、早产
   - 异位妊娠
   - 妊娠期高血压疾病
   - 前置胎盘、胎盘早期剥离
   - 羊水量异常
   - 胎膜早破
   - 多胎妊娠

3. 子痫患者的护理措施
   - 协助医生控制抽搐
   - 专人护理,防止受伤
   - 减少刺激,以免诱发抽搐
   - 严密监护
   - 为终止妊娠做好准备

【思考题】

硫酸镁是目前治疗子痫前期和子痫的首选解痉药物,请简述硫酸镁的用药方法、不良反应及注意事项。

(蔡秋香　韩雪梅)

第十章

妊娠合并症妇女的护理

学习要点

- **掌握**：① 妊娠合并心脏病的护理措施；② 妊娠合并糖尿病的护理措施；③ 妊娠合并病毒性肝炎的护理措施；④ 妊娠合并贫血的护理措施。
- **熟悉**：① 妊娠期心脏、血管方面的变化；② 妊娠期糖代谢的特点。
- **了解**：① 贫血与妊娠的相互影响；② 肝炎与妊娠的相互影响。

第一节 妊娠合并心脏病

一、概述

妊娠合并心脏病（包括妊娠前已患有的心脏病，妊娠后发现或发生的心脏病）是妇女在围生期患有的一种严重的妊娠合并症。妊娠期、分娩期、产褥期均可能使心脏负担加重而诱发心力衰竭，是孕产妇死亡的重要原因之一，我国发病率约为1%，在孕产妇死因顺位中高居第2位，位居非直接产科死因的首位。

1. **妊娠期** 孕妇的总血容量较非妊娠期增加，一般自妊娠第6周开始，32～34周达高峰，较妊娠前增加30%～45%，平均每分钟增加约10次，妊娠末期因宫底升高，腹腔膈肌上升，使心脏向上、向左前移位，心尖搏动点向左移位2.5～3 cm。

2. **分娩期** 分娩期是心脏负荷最重的时期。在第一产程中每次子宫收缩会导致250～500 mL血液被挤入体循环，增加周围循环阻力。第二产程中外周循环阻力增加、肺循环压力增高，腹腔压力增高，内脏血液向心脏回流增加。第三产程中胎儿胎盘娩出后，子宫突然缩小，胎盘循环停止，回心血量增加；另腹腔内压骤减，大量血液向内脏灌注，造成血流动力学急剧变化。

3. **产褥期** 产后3 d内仍是心脏负担较重的时期。子宫收缩使一部分血液进入体循环，妊娠期组织间潴留的液体也开始回到体循环。

从妊娠期、分娩期及产褥期对心脏的影响看，妊娠32～34周后、分娩期及产后3 d内心脏负担最重，是心脏病孕妇的危险时期，极易发生心力衰竭。

二、心功能分级

Ⅰ级：一般体力活动不受限。
Ⅱ级：一般体力活动稍受限，活动后心悸、轻度气短，休息时无自觉症状。
Ⅲ级：体力活动明显受限，休息时无不适，轻微日常工作即感不适、心悸、呼吸困难或既往有心

笔记栏

力衰竭病史。

Ⅳ级：一般体力活动严重受限制，不能进行任何体力活动，休息状态下即出现心悸、呼吸困难等心力衰竭症状。

三、并发症临床表现

1. 心力衰竭　妊娠期血流动力学变化加重心脏负担，如果心脏病患者原来心功能良好，多数可以度过妊娠期。若原有心功能受损，妊娠期可加重心功能不全，出现心房颤动、心动过速、急性肺水肿、心力衰竭。若出现下述症状与体征，应考虑为早期心力衰竭：① 轻微活动后即出现胸闷、心悸、气短；② 休息时心率每分钟超过110次，呼吸每分钟超过20次；③ 夜间常因胸闷而坐起呼吸，或到窗口呼吸新鲜空气；④ 肺底部出现少量持续性湿啰音，咳嗽后不消失。

2. 亚急性感染性心内膜炎　妊娠期、分娩期及产褥期易发生菌血症，如泌尿生殖道感染，已有缺损或病变的心脏易发生感染性心内膜炎。若不及时控制可诱发心力衰竭。

3. 缺氧和发绀　妊娠时外周血管阻力降低，使发绀型先天性心脏病的发绀加重；非发绀型左至右分流的先天性心脏病，可因肺动脉高压及分娩失血，发生暂时性右至左分流引起缺氧和发绀。

4. 静脉栓塞和肺栓塞　妊娠时血液呈高凝状态，若合并心脏病伴静脉压增高及静脉瘀滞者，有时可发生深部静脉血栓，虽不常见，一旦栓子脱落可诱发肺栓塞，是孕产妇的重要死亡原因之一。

四、处理原则

加强婚前、孕前、产前监护；积极控制感染；预防心力衰竭。

1. 妊娠期

(1) 终止妊娠：凡不宜妊娠的心脏病孕妇，应在妊娠12周前行治疗性人工流产。妊娠超过12周时，应密切监护使之度过妊娠和分娩。对顽固性心力衰竭的病例，应在严密监护下行剖宫取胎术。

(2) 定期产前检查：能及早发现心力衰竭的早期征象。

(3) 防治心力衰竭

1) 避免过劳及情绪激动。每日至少10 h睡眠。

2) 高蛋白质、高纤维素、低盐。孕期体重增加<12 kg，每日食盐量不超过4～5 g。

3) 防治各种心力衰竭诱因，如上呼吸道感染、贫血、心律失常等。

4) 动态观察心脏功能，如超声心动图、心脏射血分数、每分心排出量、心脏排血指数及室壁运动等。

5) 心力衰竭治疗，心力衰竭者原则上待心力衰竭控制后再行产科处理，但严重心力衰竭经内科各种治疗无效，也可边控制心力衰竭边紧急剖宫产。

2. 分娩期

(1) 阴道分娩：心功能Ⅰ～Ⅱ级，胎儿不大，胎位正常，子宫颈条件良好者可考虑严密监护下阴道分娩。

第一产程：镇静剂消除紧张，有心力衰竭征象则半卧位，高浓度吸氧，抗生素预防感染。

第二产程：避免屏气，应行会阴侧切、胎头吸引产术或钳助产以缩短第二产程。

第三产程：产后腹部压沙袋，避免产后出血，使用缩宫素。

(2) 剖宫产手术：对有产科指征及心功能Ⅲ～Ⅳ级者均应选择剖宫产。术中、术后严格限制输液量。

3. 产褥期

(1) 产后3 d内，尤其24 h内仍是发生心力衰竭的危险时期，需充分休息，并密切监护。

(2) 心功能＞Ⅲ级者不宜哺乳。

五、护理评估

1. 健康史　心脏病史、类型、心功能及本次妊娠经过，识别早期心力衰竭的症状及体征。

2. 身心状况　　根据临床表现评估心脏功能,评估孕产妇疾病相关知识的状况,社会支持系统状况。

六、常见护理诊断/问题

1. 活动无耐力　　与心排量下降有关。
2. 潜在并发症:心力衰竭

七、预期目标

(1) 孕产妇能结合自身情况描述可以进行的日常活动。
(2) 孕产妇不发生心力衰竭。

八、护理措施

1. 妊娠期
(1) 产前检查:定期评估心功能。
(2) 预防心力衰竭:保证休息,睡眠至少 10 h/d,积极治疗合并症,预防感染。
(3) 饮食卫生:少量多餐,预防便秘,妊娠 4 个月后限盐<4~5 g/d,维持体液出入平衡。
(4) 提供心理支持:维持舒适、缓解压力状态。
(5) 自我保护意识:孕期顺利者,应在 36~38 周提前住院待产。

2. 分娩期
(1) 第一产程,专人守护,提供心理支持,严密观察产程进展情况,执行医嘱(吸氧、抗生素、强心剂)。
(2) 第二产程,缩短第二产程,避免屏气用力;识别心力衰竭先兆及时配合处理。
(3) 第三产程,胎儿娩出后腹部压沙袋(1 kg 重,放置 24 h);按医嘱用药(吗啡、催产素、抗生素);注意输液速度。

3. 产褥期　　72 h 内继续监测,及时识别心力衰竭及感染等症状;保证休息、睡眠;遵医嘱使用抗生素,必要时继续使用强心剂;预防便秘、感染;心功能Ⅰ~Ⅱ级母乳喂养指导,心功能Ⅲ级以上者中药退奶;避孕指导;完善产后复查。

九、结果评价

(1) 患者能列举出预防心力衰竭的措施。
(2) 患者配合治疗方案,顺利经历分娩过程。

第二节　妊娠合并糖尿病

糖尿病是一组以慢性血糖水平增高为特征的代谢疾病群。妊娠合并糖尿病包括两种类型:一种是在妊娠前已确诊有糖尿病的妇女合并妊娠,分娩后仍为糖尿病患者。若孕妇在妊娠前未进行过血糖检测,在妊娠早期血糖就已经升高且达到了糖尿病诊断标准,应将其诊断为妊娠前糖尿病(pre-gestational diabetes mellitus,PGDM)。另一种是妊娠后首次发生的糖尿病,称为妊娠期糖尿病(gestational diabetes mellitus,GDM)。糖尿病孕妇中 90% 为 GDM。

一、诊断

1. PGDM　　若妊娠前从未做过血糖检查,妊娠早期血糖升高达到以下任何一项:① 空腹血糖(FPG)≥7.0 mmol/L(126mg/dL);② 75 g 口服葡萄糖耐量试验(OGTT),服糖后 2 h 血糖≥

11.1 mmol/L(200 mg/dL);③ 伴有典型的高血糖症状或高血糖危象,同时随机血糖≥11.1 mmol/L(200 mg/dL)。

2. GDM　　2014年我国妊娠期糖尿病诊治指南标准:妊娠24～28周,禁食至少8 h,试验前连续3 d正常饮食,检查时5 min内口服含75 g葡萄糖的液体300 mL,分别抽取孕妇服糖前及服糖后1 h、2 h静脉血,3项血糖值应分别低于5.1 mmol/L、10.0 mmol/L、8.5 mmol/L(92 mg/dL、180 mg/dL、153 mg/dL),任何一项血糖值达到或超过上述标准即可诊断GDM。

二、对母儿的影响

1. 妊娠期糖尿病对母亲的影响

(1) 近期影响:先兆子痫、剖宫产、感染、出血、糖尿病酮症酸中毒。

(2) 远期影响:母亲远期发生糖代谢异常及2型糖尿病危险性增加。

2. 妊娠期糖尿病对子代的影响

(1) 近期影响:胎儿畸形、流产、巨大儿、产伤、胎儿肺发育成熟延迟等。新生儿出生后易发生低血糖、新生儿呼吸窘迫综合征、新生儿低钙血症。

(2) 远期影响:其子代的肥胖、糖尿病、高血压等危险性增加。

三、处理原则

(1) 在产科与内分泌科密切监护下,尽可能将孕妇的血糖控制在正常范围内,选择恰当分娩方式,适时终止妊娠。

(2) 产褥期应预防产后出血和感染。

四、护理评估

1. 高危因素　　① 年龄,一般认为高龄妊娠(≥35岁)是GDM的主要危险因素;② 多产次,产次为2次或更多次与1次相比,发生GDM风险较高;③ 超重或肥胖;④ 妊娠早期空腹尿糖反复阳性;⑤ 多囊卵巢综合征;⑥ 糖尿病家族史;⑦ 流产、死胎、巨大儿或其他产科并发症分娩史。

2. 本次妊娠因素　　多胎妊娠、妊娠期高血压。

3. 身体状况　　一般状况、产科情况、糖尿病临床分期。

五、常见护理诊断/问题

1. 知识缺乏　　与缺乏糖尿病的相关知识有关。

2. 有胎儿受伤的危险　　与糖尿病可引起巨大儿、畸形儿、胎儿宫内窘迫及胎儿肺表面活性物质缺乏有关。

3. 有感染的危险　　与糖尿病患者的白细胞多功能缺陷有关。

4. 有低血糖的危险　　与胰岛素用量过多、糖摄入量相对不足有关。

六、护理目标

(1) 孕产妇能够了解妊娠与糖尿病之间的相互影响。

(2) 孕产妇能够描述控制血糖的方法和措施,养成良好生活习惯。

(3) 顺利度过妊娠期、分娩期和产褥期,母儿一般状况良好。

(4) 孕妇未出现感染症状。

七、护理措施

1. 妊娠期护理

(1) 饮食治疗:① 与孕妇及家属共同制订饮食计划,控制好总热能,适当限制碳水化合物;

② 充足蛋白质、膳食纤维、维生素及矿物质；③ 合理安排餐次；④ 食物及烹饪方式选择；⑤ 孕期体重控制。

(2) 运动治疗：方法有耐力锻炼和阻力锻炼，耐力锻炼属于有氧运动，如快步走、慢跑、骑自行车等。阻力锻炼属于无氧运动，如哑铃、沙袋、弹力带等。运动开始时间宜在餐后进行，从吃第一口饭开始计算，饭后 1 h 开始运动。运动持续时间从 10 min 开始逐步增加至 30～40 min。有先兆早产者或者合并其他严重并发症者不宜运动。

(3) 药物治疗：如果空腹或餐前血糖≥5.3 mmol/L 或餐后 2 h 血糖≥6.7 mmol/L，控制饮食后出现酮体，增加热量后血糖又不达标，在饮食治疗的基础上加用胰岛素治疗。选用中长效胰岛素和短效或超短效胰岛素联合使用。胰岛素注射部位应轮换，注射部位不同，其胰岛素吸收速率不同。因此，为了准确预测每次注射胰岛素后的药效，必须严格遵守"每天同一时间，注射同一部位""每天不同时间，注射不同部位"。

(4) 注意监测孕妇及胎儿的健康状况。

2. 分娩期护理　产程中，孕妇血糖波动很大，由于体力消耗大，进食少，易发生低血糖，因此，产程中停用所有皮下注射胰岛素，每 1～2 h 监测一次血糖。

(1) 分娩时间选择：未使用胰岛素治疗血糖控制达标者在严密监测下待到预产期，使用胰岛素治疗的且血糖达标者，在严密监测下，妊娠 39 周后终止妊娠。血糖控制不满意者，及时入院治疗，根据病情决定终止妊娠时间。

(2) 分娩方式：如有巨大儿、胎位异常、胎盘功能不良及其他产科指征，应采取剖宫产手术结束分娩。

(3) 新生儿护理：密切观察新生儿有无低血糖、呼吸窘迫综合征、高胆红素血症及其他并发症的发生。出生后 30 min 内监测末梢血糖。

3. 产褥期护理

(1) 及时调整胰岛素用量：胰岛素用量减少至产前 1/3～1/2，根据血糖调整用量。预防低血糖的发生。

(2) 预防产褥感染：除保持腹部和会阴部伤口清洁外，还应注意皮肤清洁。

(3) 鼓励母乳喂养。

(4) 出院指导：GDM 患者产后 6～12 周复查 OGTT，定期接受产科复查。PGDM 患者转内分泌科治疗。

八、结果评价

(1) 患者能够达到良好的自我管理，以维持自身和胎儿的健康。

(2) 患者及家属能够认识糖尿病及其控制方法，无低血糖等并发症发生。

(3) 妊娠及分娩经过顺利，母儿一般情况良好，母乳喂养有效。

> **知识拓展**
>
> **孕期血糖控制目标**
>
> 1. 妊娠期糖尿病血糖控制目标　餐前血糖≤95 mg/dL(5.3 mmol/L)；餐后 2 h 血糖≤120 mg/dL(6.7 mmol/L)。
>
> 2. 妊娠前糖尿病合并妊娠　血糖控制目标：餐前血糖 60～99 mg/dL(3.3～5.5 mmol/L)；餐后 2 h 血糖 100～129 mg/dL(5.6～7.2 mmol/L)。
>
> 注：葡萄糖 1 mmol/L=18 mg/dL。

某患者,35岁,女性,孕2产1孕25周,75 g OGTT结果如下:空腹5.1 mmol/L,1 h 10.8 mmol/L,2 h 8.1 mmol/L。体格检查:身高1.57 m,孕前体重70 kg,现体重89.5 kg。该妇2年前妊娠40周自然分娩体重4 100 g胎儿,上次孕期未定期产检,否认糖尿病史,母亲患2型糖尿病10余年。

【问题】

(1) 其疾病诊断及诊断依据分别是什么?

(2) 该孕妇有哪些糖尿病高危因素?

【分析与解答】

(1) 疾病诊断:妊娠期糖尿病,诊断依据:患者于孕25周行OGTT试验发现血糖升高,其中空腹及服糖后1 h达到和超出GDM诊断标准。

(2) 根据身高、体重计算体质指数28.4,为超重,既往有巨大儿分娩史,有家族史,高龄,多产次。

第三节 妊娠合并急性病毒性肝炎

一、概述

病毒性肝炎是由多种病毒引起的以肝脏病变为主的传染性疾病,其中乙型肝炎病毒最常见。妊娠合并病毒性肝炎的发病率为0.8%～17.8%,是妊娠期妇女肝病和黄疸最常见的原因。

妊娠后,母体新陈代谢增加,雌激素水平增高,雌激素在肝内代谢灭活,胎儿的代谢产物需要在母体肝脏内解毒;分娩时,体力消耗过多、酸性代谢产物增加,产后出血、手术、麻醉等均可加重肝脏损害。妊娠合并急性病毒性肝炎早期加重妊娠反应;晚期使妊娠期高血压疾病发生率增加;分娩期产后出血等并发症增加;围生儿患病率、病死率高。

二、临床表现

身体不适、全身酸痛、畏寒、发热等流感样症状;乏力、纳差、尿色深黄、恶心、呕吐、腹部不适、右上腹疼痛、腹胀、腹泻等消化系统症状。皮肤和巩膜黄染,肝区叩痛。肝脾肿大,因妊娠期受增大的子宫影响,常难以被触及。甲型、乙型、丁型病毒肝炎黄疸前期的症状较为明显,而丙型、戊型病毒性肝炎的症状相对较轻。

三、处理原则

护肝、对症、支持治疗,适时终止妊娠。

四、护理评估

1. 健康史　　评估有无与肝炎患者接触史,半年内有无输血或使用血液制品史,患病时间、既往实验室检查结果、治疗经过、使用药物等,了解患者及家属对肝炎知识的认知程度。

2. 身体状况　　常有高热,消化道症状明显,恶心、呕吐、腹胀、右上腹疼痛、腹泻、乏力或有低热、黄疸、肝大且有叩痛。

3. 实验室检查与其他辅助检查

(1) 肝功能的检查:血清中丙氨酸氨基转移酶(ALT)增高10倍以上。

(2) 其他检查:肝炎病毒血清标记物检测、凝血功能检查。

五、常见护理诊断/问题

1. 营养失调：低于机体需要量　　与厌食、恶心、呕吐、营养摄入不足有关。
2. 知识缺乏　　与缺乏有关病毒性肝炎的知识有关。
3. 有产后出血的可能　　与肝功能受损有关。
4. 母乳喂养中断　　与保护性隔离有关。

六、预期目标

(1) 孕产妇获得自我保健及隔离的相关知识。
(2) 选择合适的喂养方式和避孕措施。
(3) 母儿一般情况良好，无并发症的发生。

七、护理措施

1. 妊娠期护理
(1) 注意休息避免劳累：每日保证10 h睡眠和适当的午睡，避免过强体力劳动。
(2) 加强营养：注意补充蛋白质，多食用优质蛋白质、新鲜水果和富含纤维素的蔬菜，注意保持大便通畅。
(3) 保肝治疗：遵医嘱使用保肝药物，如六合氨基酸等。避免应用可能损害肝脏的药物。
(4) 加强母儿监护。
(5) 避免交叉感染。
(6) 妊娠合并急重症肝炎患者的护理：限制蛋白质的摄入，增加糖类的摄入；保持大便通畅，减少和抑制肠道有毒物质的吸收，严禁肥皂水灌肠；有肝性脑病前驱症状者可用降氨药物，改善脑功能；预防和治疗DIC。

2. 分娩期护理
(1) 密切观察产程进展：缩短第二产程，必要时给予阴道助产，减少孕妇体力消耗。按医嘱应用缩宫素，防止宫缩乏力及产后出血。
(2) 防止交叉感染：产时严格执行消毒隔离制度，以减少母婴传播。

3. 产褥期护理
(1) 一般护理：保证足够的休息及营养，避免疲劳，并注意避孕。
(2) 病情观察：观察子宫收缩及恶露情况，预防产后出血。
(3) 预防感染。

4. 新生儿护理
(1) HBV母婴传播阻断：产后新生儿联合使用乙型肝炎疫苗和乙型肝炎免疫球蛋白，可有效阻断HBV母婴传播。
(2) 指导母乳喂养：关于母乳喂养问题，多年来一直争议较多，近年来一般认为新生儿经主、被动免疫后，母乳喂养是安全的。但HBsAg与HBeAg同时阳性的母亲进行母乳喂养是否安全，目前尚缺乏充分依据。

八、健康指导

指导产妇继续保肝治疗，指导避孕措施。

九、结果评价

(1) 孕妇及家属获得有关肝炎的自我保健知识。
(2) 母儿一般情况良好，无并发症的发生。

(3) 产妇能正确选择喂养方式和避孕措施。

第四节　妊娠期肝内胆汁淤积症

妊娠期肝内胆汁淤积症是妊娠期特有的并发症,发病率在0.1%～15.6%不等,有明显的地域和种族差异。其病因与发病机制目前尚不清楚,可能与女性激素、遗传及环境等因素有关。

一、临床表现

(一) 症状及体征

1. 瘙痒　　无皮肤损伤的瘙痒是ICP的首发症状,约80%患者在妊娠30周后出现。多于分娩后24～48 h缓解。

2. 黄疸　　10%～15%患者出现轻度黄疸,一般不随孕周的增加而加重。

3. 皮肤瘙痒　　四肢皮肤出现因瘙痒所致条状抓痕。

(二) 并发症

孕妇的主要并发症产后出血。对胎婴儿的影响是可发生胎儿窘迫、早产、羊水胎粪污染等。

(三) 实验室检查或其他辅助检查

1. 血清胆汁酸测定　　血清总胆汁酸(TBA)测定是诊断ICP的最主要实验室证据,也是监测病情及治疗效果的重要指标。无诱因的皮肤瘙痒及血清TBA>10 μmol/L可作ICP诊断,血清TBA≥40 μmol/L则提示病情较重。

2. 肝功能测定及病理检查　　血液中AST、ALT轻至中度升高。在诊断不明确而病情严重时可行肝组织活检。

(四) 鉴别诊断

需与非胆汁淤积所引起的瘙痒性疾病,如皮肤病、妊娠特异性皮炎、过敏反应、尿毒症性瘙痒。妊娠早期应与妊娠剧吐,妊娠晚期应与病毒性肝炎、胆石症、急性脂肪肝、子痫前期和HELLP综合征等鉴别。

二、诊断及治疗要点

1. 诊断要点　　根据典型临床症状和实验室检查结果,ICP诊断并不困难。但需排除其他导致肝功能异常或瘙痒的疾病。

2. 治疗要点　　缓解瘙痒症状,改善肝功能、降低血胆汁酸水平,加强胎儿状况监护,延长孕周,改善妊娠结局。

三、护理措施

1. 一般护理　　适当卧床休息,保持环境舒适,床单位整洁、干净,协助产妇去左侧卧位。

2. 症状、体征的护理　　加强营养,避免辛辣刺激性食物。每日保持皮肤清洁,皮肤瘙痒避免抓挠,预防感染。指导自测胎动的方法及意义,告知产妇如何及早发现胎儿窘迫。定期复检肝功能、血胆汁酸了解病情。

3. 用药护理　　一线用药为熊去氧胆酸,其他用药有S-腺苷蛋氨酸、地塞米松。辅助治疗包括维生素C、肌苷护肝治疗,炉甘石液、抗组胺药物改善瘙痒症状,维生素K预防产后出血等。对需要药物治疗的孕妇,应知道遵医嘱用药。

4. 胎儿监护　　把握终止妊娠时间,从妊娠34周开始每周进行NST试验,必要时行胎儿生物物理评分,及早发现隐形胎儿缺氧。ICP不是剖宫产指征。但因ICP容易发生胎儿急性缺氧及死

笔记栏

胎,多数学者建议妊娠 37~38 周引产,积极终止妊娠,产时加强胎儿监护。

第五节 妊娠合并缺铁性贫血

一、概述

孕妇外周血红蛋白<110 g/L 及血细胞比容<0.33 时为妊娠期贫血。50%以上孕妇合并贫血,而缺铁性贫血最为常见,占妊娠期贫血的 95%。不同程度的贫血均会导致孕妇机体抵抗力下降,对分娩、出血、手术和麻醉的耐受力差,产后容易发生产后出血和产褥感染;可造成胎儿生长受限、胎儿宫内窘迫、早产、死胎。

二、临床表现

轻者无明显症状,重者可出现乏力、头晕,心悸、气短、食欲减退等症状,有皮肤黏膜苍白、毛发干燥、指甲脆薄及口腔炎、舌炎等症状。

三、处理原则

补充铁剂,排除导致缺铁性贫血的原因。

四、护理评估

1. 健康史　评估妊娠早期恶心、呕吐等反应情况;既往有无胃肠道功能紊乱病史。
2. 身心状况　孕妇的年龄、身高和孕前体重,贫血的治疗经过、使用药物等情况。
3. 实验室检查　外周血涂片检查呈现小红细胞、低血红蛋白性贫血特点:Hb 低于 110 g/L,血细胞比容<0.33,红细胞计数<3.5×10^{12}/L,血清铁<6.5 μmol/L。

五、常见护理诊断/问题

1. 活动无耐力　与贫血引起的疲乏有关。
2. 营养失调:低于机体需要量　与铁的需要量增加、含铁食物摄入不足等有关。
3. 知识缺乏　与缺乏相关人体营养需求的知识有关。

六、预期目标

(1) 孕妇及家属了解合理饮食的重要性并积极配合。
(2) 母儿顺利度过妊娠期、分娩期,一般状况良好。

七、护理措施

1. 妊娠期
(1) 饮食护理:摄取高铁、高蛋白质及高维生素 C 食物,如动物肝脏、瘦肉、蛋类、葡萄干及菠菜、甘蓝等深色蔬菜。纠正偏食、挑食等不良习惯。
(2) 正确服用铁剂:铁剂的补充应首选口服制剂。
(3) 加强母儿监护:注意胎儿宫内生长发育状况。
2. 分娩期　中、重度贫血产妇临产前遵医嘱给予维生素 K_1、维生素 C 等药物,并应配血备用。严重贫血者遵医嘱输血治疗,严密观察产程,加强胎心监护,第二产程酌情给予阴道助产,积极预防产后出血,严格无菌操作。

笔记栏

3. 产褥期

(1) 密切观察子宫收缩及阴道流血情况,按医嘱补充铁剂,应用抗生素预防和控制感染。

(2) 指导母乳喂养,增加休息和营养。

八、结果评价

(1) 孕妇及家属了解合理饮食的重要性并积极配合。

(2) 母儿顺利度过妊娠期、分娩期,一般状况良好。

某孕妇,G_1P_0 孕 34 周,发现血清总胆汁酸升高 1 天,皮肤瘙痒 2 天入院,血清总胆汁酸 18 μmol/L,ALT 50 U/L,AST 48 U/L。目前,孕妇腹部及双下肢见散在的皮肤抓痕,给予丁二磺酸腺苷蛋氨酸(思美泰)、熊去氧胆酸治疗,监测胎儿宫内情况。

【问题】

(1) 应给予孕妇哪些护理措施?

(2) 若孕妇主诉小腹胀痛,护士床边测得胎心率 80~90 次/分,扪及宫缩 1 次,强度弱,持续 15 s,此时应该如何处理?

【分析与解答】

(1) 护理措施:参见本章第四节"妊娠肝内胆汁淤积症"相关内容。

(2) 处理措施:① 左侧卧位,持续低流量吸氧;② 立即汇报床位医生;③ 遵医嘱予持续胎心监护;④ 观察宫缩、阴道流血、流水情况;⑤ 遵医嘱予剖宫产术前准备,备皮、备血,协助穿手术衣裤,禁食指导等;⑥ 向孕妇做好解释,使其能积极配合。

小 结

1. 妊娠 32~34 周后、分娩期和产后 3 d 是心脏负荷较重时期应加强监护,警惕心力衰竭发生	妊娠期:32~34 周心率增加 15~20 次/分,血容量增加 40%~50%,达高峰 分娩期:血流动力学变化、机体能量及氧消耗增加 产褥期:体循环血量增加
2. 妊娠合并糖尿病妇女的护理措施	饮食控制 运动治疗方法 血糖自测 防止新生儿低血糖
3. 妊娠合并病毒性肝炎妇女的护理措施	妊娠期:休息、营养、保肝 分娩期:防止交叉感染及产后出血 产褥期:预防 HBV 母婴垂直传播
4. 妊娠合并缺铁性贫血妇女的护理	缺铁性贫血最为常见,占妊娠期贫血的 95% 饮食护理 包括摄取高铁、高蛋白质及高维生素 C 食物 预防产后出血及感染

5. 妊娠期肝内胆汁淤积症 {
 妊娠中晚期主要临床表现：皮肤瘙痒和黄疸
 特异性实验室证据：血清胆汁酸升高
 加强胎儿监护，把握终止妊娠时机
 主要危害胎儿，使围生儿病死率增高

【思考题】

（1）简述妊娠合并急性病毒性肝炎的护理要点。

（2）简述妊娠合并缺铁性贫血的护理要点。

（王方方　张　颖）

第十一章 异常分娩妇女的护理

学习要点

- **掌握**：① 第一产程异常的护理评估、护理措施；② 第二产程异常的护理评估、护理措施。
- **熟悉**：持续性枕后位、脐带脱垂的护理措施。
- **了解**：臀位、肩难产、瘢痕子宫的护理措施。

异常分娩 影响产妇分娩的主要因素有产力、产道、胎儿和精神心理因素，这些因素在分娩过程中相互影响，其中任何一个或一个以上因素发生异常，或几个因素间不能互相协调、适应而使分娩进程受阻。

第一节 第一产程异常护理

一、概述

产程延长的诊断标准是初产妇潜伏期正常约需 8 h，最大时限 16 h，超过 16 h 称为潜伏期延长。初产妇活跃期一般约需 4 h，最大时限 8 h，超过 8 h 称活跃期延长。

二、护理评估

1. **健康史** 评估产妇是否真正临产、能否适应产痛、是否有焦虑紧张，给予支持性护理，协助改变体位、提供非药物镇痛方法，如沐浴、按摩等。

2. **身心状况**

(1) 宫缩评估

1) 如果产妇情况良好，胎儿情况正常，胎头没有出现严重变形等，就认为产程进展是正常的，那么产妇的宫缩就是正常。

2) 如果进入活跃期，产程进展缓慢，宫缩持续低于 40 s 和（或）每 10 s 内少于 2 次，认为宫缩乏力，应加强宫缩。

3) 如果宫缩频率和强度表现"正常"（每 10 min 内至少 2 次收缩，每次持续 40 s），但产程不进展，为无效宫缩。可能因为头盆不称或产妇精神紧张引起，应给予产妇精神支持、减轻产痛、体位改

笔记栏

变或按摩等或给予药物镇痛,并评估胎儿情况。

(2) 胎儿评估:密切观察胎心变化;进行腹部触诊和阴道检查,评估宫口开大、胎方位、骨盆大小、胎头下降程度等,判断有无头盆不称。

1) 判断胎位,如果为横位应剖宫产。如为臀位,应报告医生检查后决定分娩方式。如为头位,应进一步阴道检查判断胎方位。

2) 胎儿的大小:胎儿过大,胎头变形严重,表现为颅缝明显重叠,胎头水肿产瘤,腹部触诊胎头未完全入盆,大于2/5的头部耻骨上可触及。

3) 胎头是否衔接入盆:如胎头的3/5或以上的部分在腹部可触及,胎头变形严重,为胎头未衔接头盆不称的表现,汇报医生剖宫产。

三、常见护理诊断/问题

1. 有体液不足的危险　　与产妇疼痛进食不足有关。
2. 有围生儿受伤的危险　　与产程延长有关。
3. 焦虑　　与担心自身及胎儿、新生儿的安全有关。

四、预期目标

(1) 孕妇保持生理与心理平衡状态。
(2) 胎儿无并发症发生。
(3) 产妇能够正确应对产程异常。

五、护理措施

1. 加强监护　　寻找原因排除头盆不称及胎方位异常;加强支持性照顾,鼓励自由体位活动;宫缩乏力,排除禁忌证后,可考虑应用缩宫素加强宫缩,加强监护。

2. 支持性护理　　良好的精神支持与饮食活动支持,口服补充能量与电解质,如不能进食可按医嘱静脉补充液体。

3. 改变体位　　促进产妇不断更换体位、晃动骨盆,有助于纠正胎方位异常和胎头不均倾,使相对性头盆不称或倾斜度不均等情况得到纠正而纠正难产。同时要报告医生检查,排除产道异常、头盆不称或其他情况导致产程延长。

4. 麻醉药物的使用　　停止应用或减量使用麻醉药物。

5. 人工破膜　　如果产妇活跃期产程进展迟缓,行人工破膜有可能加速产程进展。由医生检查后决定是否实施并完成操作。助产士做好术中配合、胎心评估、产程观察记录。

6. 缩宫素促进宫缩　　潜伏期宫缩乏力者应以观察等待和休息支持照顾,纠正母体生理和心理状态为主要方法。如果活跃期延长并且宫缩乏力,可按医嘱应用缩宫素加强宫缩。缩宫素滴注原则是以最小浓度获得最佳宫缩,用0.9%生理盐水500 mL静脉滴注,每分钟4～5滴开始,然后加入缩宫素2.5 U,摇匀,每隔15～30 min观察一次宫缩、胎心、血压和脉搏,并予记录。滴速一般每分钟不超过60滴,专人监护,随时调节剂量、浓度和滴速。应用缩宫素期间,增加剂量的间隔时间不能短于30 min。应用缩宫素4 h后,如果检查宫口扩张小于2 cm,要进一步评估,考虑剖宫产;如果宫口扩张大于2 cm,继续观察,再次阴道检查评估。应用缩宫素的孕产妇要进行持续性胎心监护。

六、健康指导

告知产妇潜伏期延长的常见原因,指导其休息时行左侧卧位;鼓励产妇及家属表达出担心或不适感;指导产妇对分娩进展作出正确的判断。

七、结果评价

(1) 产妇得到了良好的支持性照顾。

(2) 产程进展正常顺利分娩,母儿结局好。
(3) 异常情况及时发现处理。

第二节　第二产程异常护理

一、概述

宫口开全到胎儿娩出超过 2 h(硬膜外麻醉无痛分娩时超过 3 h)为第二产程延长。出现第二产程延长要认真评估母子情况,如果母子情况良好,胎头没有严重变形,不应单纯因为时间原因而进行助产或剖宫产术。

二、护理评估

1. 健康史　　评估产妇一般情况、精神状态、水电解质平衡情况、饮食摄入情况、排尿情况、产痛情况,关注家属的精神状况。

2. 身心状况

(1) 评估宫缩情况:评估产妇体力消耗情况,宫缩的强度与间隔时间,有无异常压痛。观察子宫下段有无异常病理性缩复环,有无血尿。

(2) 评估胎儿情况:密切观察胎心变化。若宫口开全 1 h 产妇未开始屏气用力或屏气用力后 1 h 未见胎头娩出,进行腹部和阴道检查,评估胎头下降程度和胎方位。

(3) 评估产妇及家属的精神支持及对产程进展、胎儿相关知识的了解情况。

三、常见护理诊断/问题

1. 有脱水酸中毒危险　　与没有及时进食有关。
2. 有围生儿受伤的危险　　与产程延长、分娩体位相关。
3. 焦虑　　与担心自身及胎儿、新生儿的安全有关。

四、预期目标

(1) 产妇保持水电解质能量平衡。
(2) 胎儿无并发症发生。
(3) 产程异常得到及时处理。

五、护理措施

1. 寻找原因　　排除头盆不称、胎方位异常。
2. 支持性护理　　及时补充能量和水电解质,必要时静脉输液;给予产妇支持性护理,协助产妇活动;及时告知产妇产程进展情况和胎儿情况。应等待胎儿下降到盆底后再用力(晚用力,产妇自主的用力),增加自然分娩率。
3. 改变体位　　让没有进行麻醉镇痛的产妇在直立位或侧卧位用力(不是在平卧位或截石位),能够降低手术助产率。在蹲位和手膝俯卧位时,骨盆出口径线较平卧位、截石位时增大,并且能够充分利用胎儿的重力作用,可能纠正因胎方位不正、倾度不均导致的产程进展迟缓。尝试让产妇采用不同的体位来促进胎头的下降,如手膝俯卧位、晃动骨盆、侧卧或不对称的体位、弓箭步等。
4. 手法复位　　对于持续性的枕后位或其他异常胎位,手法复位增加顺产率,减少手术产率。

一般应在宫口开全后进行,协助医生进行操作。

5. 加强宫缩　　宫缩乏力引起产程停滞,按医嘱应用缩宫素加强宫缩。

6. 严密监测胎心变化　　如果出现了胎心减速首先考虑改变产妇体位,并准备新生儿复苏抢救,必要时给予手术助产或剖宫产。

7. 清理呼吸道　　胎头娩出后手法或洗耳球清理呼吸道。如果羊水是清的,或羊水混浊但新生儿有活力,不必要常规吸引呼吸道。如果有窒息需要复苏操作,可保留脐循环,不要立即割断脐带,立即在床边开始复苏。

8. 考虑是否应用阴道助产或剖宫产　　如果产程有进展,如胎儿在下降,没有明显的头盆不称,产瘤没有明显增大,胎儿骨缝未重叠,而胎儿情况良好,不严格限制第二产程时间为 2 h 而进行阴道助产或者剖宫产。但如果第二产程延长同时胎儿情况不良,应及时手术助产或剖宫产。协助做好手术配合准备,协助新生儿科做好新生儿抢救准备。

六、结果评价

(1) 第二产程延长的产妇得到了良好的支持性护理。

(2) 第二产程延长者能够及时发现和处理。

第三节　第三产程异常护理

第三产程延长指胎儿娩出到胎盘娩出超过 30 min。处理原则如下。

(1) 如果胎儿娩出后 30 min 胎盘未娩出,但产妇没有阴道流血,做如下处理:协助产妇排空膀胱;开始母儿接触和早吸吮,刺激子宫收缩;轻轻牵拉脐带,同时在子宫体部给予反向的对抗力;等待脐带搏动停止后,钳夹断脐。在胎盘侧脐静脉内注射给 20 U 缩宫素混合 20 mL 生理盐水;脐静脉注射缩宫素后,如果 30 min 后胎盘仍未娩出,或者产妇的情况出现变化,要告知产妇可能需要人工剥离胎盘。如果出现阴道流血增多,报告医生,按相关措施处理。

(2) 如果经过另一个 30 min(即分娩后 1 h)胎盘仍未能娩出,尝试徒手取出胎盘:建立静脉通道;给予恰当的镇痛,忌粗暴野蛮操作,如果产妇痛感剧烈,应停止操作进行相应处理;预防性应用抗生素;不可过度用力牵拉脐带和用力挤压或下推子宫试图娩出胎盘;如果 1 h 内未能娩出胎盘,给予 20 U 缩宫素,30 滴/分持续滴注并转诊产妇到上级医院。

第四节　产程中其他异常分娩护理

在分娩过程中,产力、产道及胎儿任何一种或两种以上因素的改变都会发生异常而导致难产。产程中发生异常情况,应根据具体情况作出正确判断和紧急处理。

一、持续性枕后位

持续性枕后位是产科常见的并发症。70%～90%的枕后位,以左枕后入盆,但当到达产程后期,宫口近开全后一段时间,多可转为枕前位分娩。有些可能持续处于枕后位,产程进展迟缓,或者在枕后位分娩,这种情况成为持续性枕后位。

1. 一般处理　　给予支持性照顾,协助产妇改变体位和饮食支持。产程中密切观察母亲和胎儿情况并做好记录。

2. 利用产妇体位改变协助胎方位的改变

(1) 鼓励产妇在产程中保持自由活动。

(2) 侧卧：产妇可以先躺向一侧，再转向另一侧，以利于胎儿转动。

(3) 胸膝支持或手膝俯卧位时胎儿重力作用朝向产道，有利于胎头的下降和旋转。

(4) 骨盆的晃动：除了产妇体位的改变，如手膝俯卧位，可晃动臀部帮助胎头的转动。

(5) 在枕后位或横位产妇，徒手协助胎头旋转成枕前位是一种有效的方法。方法：产妇排空膀胱；取仰卧位（截石位）；在两次宫缩之间，操作者轻轻置两手指（如果可能整个手掌）进入阴道至于胎儿耳后，左手用于左枕后、横，右手用于右枕后、横；在子宫收缩并且产妇开始用力时，操作者用手指协助胎头向枕前位旋转，使枕骨朝向耻骨前方。在操作过程中，要持续监测胎心，发现异常停止操作。

(6) 枕后位用产钳助娩或用产钳转成枕前位后分娩。

二、肩难产

胎头娩出后，肩部不能顺利娩出，需要用非常规的方法帮助娩出肩部者。

(1) 等待娩肩原则：在所有的阴道分娩中，自然分娩和阴道助产遵循在胎头娩出后，等待至少一次宫缩的原则，能够明显降低肩难产的发生率，并对新生儿安全有利。

(2) 鼓励产妇在非平卧位分娩，推荐手膝卧位。该体位时骨盆的径线增大，有助于预防肩难产发生。如果在其他体位发生有肩难产可能，可首先让孕妇改为手膝俯卧体位，让陪伴人员协助产妇保持这个姿势。体位的变化有可能让嵌顿的肩部松解，自然娩出。

(3) HELPERR 肩难产处理口诀：H 寻求帮助；E 评估产妇，向产妇和家属解释发生的情况准备抢救新生儿；L 产妇双腿屈曲至胸部；P 助手在耻骨上向腹部侧方加压，协助胎肩旋转入盆（由有经验医生谨慎进行，注意手法和加压方向，注意有新生儿骨折可能）；E 评估是否需要做会阴侧切（如果接产者手能够容易地进入阴道，没有必要常规侧切）；R 协助产妇改为手膝俯卧位（跪位），向产妇解释她可能需要更换另外的姿势（如果原来是在其他体位接产如平卧或侧卧。单纯这个姿势的变化，有可能让嵌顿的肩部松解，自然娩出）；R 如果不成功，可尝试旋转娩出后肩，肩部娩出后，常规娩出胎儿。如果不成功，迅速转诊。需要注意的是，在处理肩难产的过程中，任何时候都要切记不可过度用力地牵拉胎头，尤其不要侧向地牵拉胎头并加压。无论如何，不要腹部宫底部加压，增加新生儿产伤，并使肩部更加嵌顿。

> **知识拓展**
>
> ### 分娩过程中的等待*
>
> 在全部的阴道分娩中（顺产和阴道助产），遵循胎头娩出后等待至少 1 次宫缩（胎肩自然娩出）的原则，可明显地降低肩难产的发生，获得更好的新生儿结局。胎头娩出后，发现有脐带绕颈时，尽可能不要切断脐带，试着滑下脐带或绕过头部娩出胎儿，除非脐带非常紧。即使必须切断脐带，也要等待，直到确定胎肩已经下降能够立即娩出。最不想看到的事情，就是切断脐带后，发现是肩难产！
>
> * 引自：Hart G. Waiting for shoulders. Midwifery Today Childbirth Educ, 1997(42)：32-34.

三、脐带脱垂

如果在胎儿娩出前脐带出现于阴道外，或能够在阴道内触摸到脐带低于胎儿先露部，称脐带脱垂。

(1) 如果孕产妇在家中或者在社区医院，指导产妇取臀部高过肩部跪趴位，迅速转运至医院。

(2) 如果产妇处于分娩的早期，上推胎头或胎儿先露部分退出骨盆，并在腹部耻骨之上握住先露部分保持这一位置，直到剖宫产开始；如果不能迅速转运，让产程继续。

(3) 在分娩晚期,寻求帮助,准备新生儿复苏;协助产妇取直立位或者蹲位,加快分娩;鼓励产妇用力协助胎儿快速娩出;告知产妇或者家属胎儿的情况可能不太好,有可能会发生死亡。

四、臀先露

最常见的异常胎位,腹部检查时,发现胎儿头部位于宫底部,阴道检查时触及胎儿腿部或臀部,或在阴道外见到臀部、腿或足先露,称臀先露。

1. **妊娠期** 妊娠30周前臀位多可自行旋转为头位,若30周后仍为臀先露应予矫正。
2. **分娩期** 应根据产妇年龄、胎产次、骨盆类型、胎儿大小、胎儿是否存活、臀先露类型及有无合并症,于临产初期决定分娩方式。
3. **阴道分娩的条件** 孕龄≥36周;单臀先露;胎儿体重为2 500～3 500 g;无胎头仰伸;骨盆大小正常;无其他剖宫产指征等。
4. **阴道分娩的处理**

(1) 产妇行侧卧位,不宜站立走动。宫口开大4～5 cm时,为使宫颈、阴道充分扩张,应消毒外阴后充分"堵"外阴。宫口近开全时做好接产和抢救新生儿窒息的准备。

(2) 接产方式:自然分娩(极少见);臀位助产,当胎臀自然娩出至脐部后,胎肩及后出胎头由接产者协助娩出。脐部娩出后,应在2～3 min娩出胎头,最长不超过8 min;臀牵引术,胎儿全部由接产者牵拉娩出,一般情况下禁止使用。

(3) 如果胎头不能娩出且胎儿已经死亡,在胎儿足部给予1 kg的重量牵引,等待宫口开全;宫口开全后按上述方法娩出胎儿。

五、瘢痕子宫的阴道分娩

瘢痕子宫的阴道分娩要警惕子宫破裂的危险性,尤其是在那些应用宫缩素或者其他制剂引产和加强宫缩的病例。瘢痕子宫后阴道分娩,医生要向孕产妇提供信息,指导其权衡利害关系,医疗机构应当有规范的剖宫产后顺产的实践指导,建立健全的评估监测和评估系统。

1. **剖宫产术后阴道试产的禁忌证**
(1) 前次古典式或T形状的子宫切口,或其他经过宫底部的子宫手术。
(2) 骨盆狭窄。
(3) 有产科并发症或其他情况不能阴道分娩。
(4) 医院没有进行急症剖宫产的条件。

2. **护理措施**
(1) 剖宫产后阴道分娩,开始试产(产程开始)后,要进行持续性胎心监护。
(2) 观察子宫破裂的征象:包括胎心变慢、宫缩增强、出现阴道出血、胎位不能触及、子宫其他部位出现异常的、剧烈的疼痛。
(3) 注意应用缩宫素引产或加强宫缩会增加子宫破裂的危险。

知识拓展

家庭或院外分娩紧急接产处理原则

① 接产应在干净的表面上进行(如新的布、油布)。接产者应用肥皂和流动水洗手。鼓励产妇在非平卧位(推荐跪趴俯卧位或侧卧位)完成分娩。② 自然娩出胎头,等待至少1次宫缩,让胎肩自然娩出。③ 新生儿娩出后评估呼吸情况,必要时清理呼吸道,抱在母亲怀中。④ 等待胎肩自行娩出。不可强行牵拉胎盘,不要切断脐带,胎盘置于防漏水的清洁袋子内或容器内,送医院处理。⑤ 产妇分娩后保持温暖,评估检查产妇一般情况、宫缩及阴道流血。检查外阴阴道裂伤,有裂伤较重者按解剖层次缝合。⑥ 入院后按无菌原则对新生儿断脐进行结扎脐带,评估新生儿情况,必要时给予破伤风免疫注射。

产妇回顾自己剖宫产的经历,"我当时宫口开全了,已经见到头了。胎心80次/分左右,自己抱脚生,助产士站在1m外指引,让我用力,产床没有扶手,当时是凌晨12点多,是一年中最冷的那几天,医生护士出入都不关门,我下身全露,上身只是单薄的一件衬衫,然后就不断有人动员我老公,说再生不出,胎儿危险,一定要我剖宫产。检查宫口的时候很痛,我眼泪都流下来了。最后说胎心不好,就紧张地剖了!"

【问题】

该产妇的经历中,有哪些不正确的做法,护理服务有哪些需要改进的地方?

【分析与解答】

不足之处:缺少人文关怀,未关注产妇心理,缺少医务人员的陪伴,环境设施条件差,操作前后未解释,产程进展未及时告知。

改进环节:增添空调、产床等设施;增加医务人员的人文关怀;操作前做好解释工作,动作轻柔;产程进展及时告知、沟通,知情同意。

小　结

异常产程的类型,诊断标准和处理措施

产 程 类 型	诊 断 标 准		首选处理	特 殊 处 理
	初产妇	经产妇		
产程延长 (潜伏期延长)	>16 h	>8 h	卧床休息	有紧急情况时使用缩宫素或剖宫产
产程迟滞 1. 活跃期宫颈扩张停滞 2. 胎先露下降停滞		<1.5 cm/h <2 cm/h	期待和支持治疗	有头盆不称时剖宫产
产程停滞 1. 减速期停滞 2. 继发性的宫颈扩张停滞 3. 先露下降停滞 4. 先露不能下降	>3 h >2 h >1 h 减速期或第二产程先露没有下降	>1 cm/h >2 h >1 h	无头盆不称时可以使用缩宫素 有头盆不称时剖宫产	如果疲劳可以休息 剖宫产

【思考题】

简述异常分娩的影响因素及其相应护理措施。

(李　霖)

第十二章

分娩并发症妇女的护理

学习要点

- **掌握**：①先兆子宫破裂的护理评估和护理措施；②产后出血和羊水栓塞的定义、护理评估及护理措施。
- **熟悉**：子宫破裂、产后出血、羊水栓塞的病因、临床表现。
- **了解**：羊水栓塞的病理生理变化。

第一节 产后出血

一、概述

胎儿娩出后 24 h 内出血量超过 500 mL,剖宫产时超过 1 000 mL 者称产后出血,是分娩期的严重并发症,居我国产妇死亡原因之首。发生产后出血的病因包括：子宫收缩乏力,胎盘残留包括胎盘粘连、植入和穿透,还有造成大部分早期产后出血的软产道裂伤等,以及凝血功能障碍可加重上述情况的出血。

二、临床表现

1. **症状**　宫缩乏力者表现为胎盘剥离延缓,阴道流血呈间歇性,色暗红,有凝血块;软产道裂伤者表现为出血发生在胎儿娩出后,血液鲜红能自凝;胎盘因素者表现为胎儿娩出后胎盘剥离或娩出延迟,伴有阴道大量流血;阴道持续流血且血不凝,应考虑凝血功能障碍。

2. **体征**　宫缩乏力者表现为子宫软,轮廓不清,摸不到宫底或宫底升高。软产道裂伤者表现为子宫收缩良好。凝血功能障碍者表现为胎盘剥离或产道有损伤时,出现凝血功能障碍,血不凝。

三、护理评估

1. **健康史**　了解有无不良孕产史、流产史,泌尿生殖道感染史,本次分娩有无产程延长,是否应用缩宫素,有无宫腔内操作史,有无阴道内操作史,手转胎头、扩张宫颈等,有无腹部加压、宫底加压等。有无应用麻醉、镇静剂等,胎盘娩出情况,是否完整,软产道情况。

2. **身心状况**　评估产后出血量,评估出血所导致症状和体征的严重程度。测量生命体征与中心静脉压。

3. **实验室检查**　了解产妇血型,血常规,出、凝血时间,凝血酶原时间,纤维蛋白原测定等。

四、常见护理诊断/问题

1. 组织灌注不足　　与失血过多有关。
2. 有感染的危险　　与失血后抵抗力降低及手术操作有关。

五、预期目标

（1）产妇的血容量能尽快得到恢复，血压、脉搏、尿量正常。
（2）体温正常，恶露、伤口无异常。

六、护理措施

（1）观察生命体征，发现早期休克，做好记录，去枕平卧，保暖、吸氧。
（2）呼叫相关人员，建立有效静脉通道，及时快速扩容，纠正低血压；有条件的医院应做中心静脉压指导补液。
（3）必要时配血、输血。
（4）产后在产房2h内严密观察产妇的宫缩、阴道流血和会阴伤口情况。
（5）产后鼓励产妇及时排空膀胱，不能排空者应予导尿。
（6）早期哺乳可刺激子宫收缩，减少阴道流血量。

七、结果评价

（1）做好预防性护理，产后出血的发生率下降。
（2）及时发现产后出血。
（3）产妇体温正常，恶露、伤口无异常。

第二节　子宫破裂

一、概述

子宫破裂可发生在妊娠晚期尚未临产时，但大多数发生在临产过程中分娩遇有困难时，表现为产程延长，胎头或胎先露部不能入盆或受阻于坐骨棘平面或以上。原因如下。

1. 梗阻性难产　　当骨盆狭窄、头盆不称、软产道阻塞、胎位异常、巨大胎儿、胎儿畸形等，均可导致胎先露下降受阻，而发生子宫破裂。
2. 子宫本身因素　　曾行剖宫产或者子宫肌瘤剔除术者在妊娠晚期或分娩期，子宫瘢痕可自发破裂。
3. 缩宫剂使用不当　　胎儿娩出前缩宫剂使用指征或剂量不当，或未正确使用前列腺素类制剂，均可导致宫缩过强，造成子宫破裂。
4. 手术损伤　　不适当或粗暴的阴道助产手术、毁胎或穿颅术等均可引起子宫破裂。

二、临床表现

1. 症状

（1）先兆子宫破裂：子宫强直性或痉挛性过强收缩，产妇烦躁不安、呼叫、呼吸脉搏加快，下腹剧痛难忍，少量阴道流血。在临产的过程中，当胎儿先露部下降或受阻时，强有力的阵缩使子宫下段逐渐变薄而宫体增厚变短，当子宫体部肌层增厚而子宫下段变薄，两者间形成明显的环状凹陷，

笔记栏

此凹陷会逐渐上升达脐平甚至脐上,称病理缩复环(图12-1)。此时子宫下段膨隆,压痛明显。膀胱受胎先露部压迫充血,出现排尿困难、血尿。宫缩过强、过频,胎儿触不清,胎心率改变或听不清。

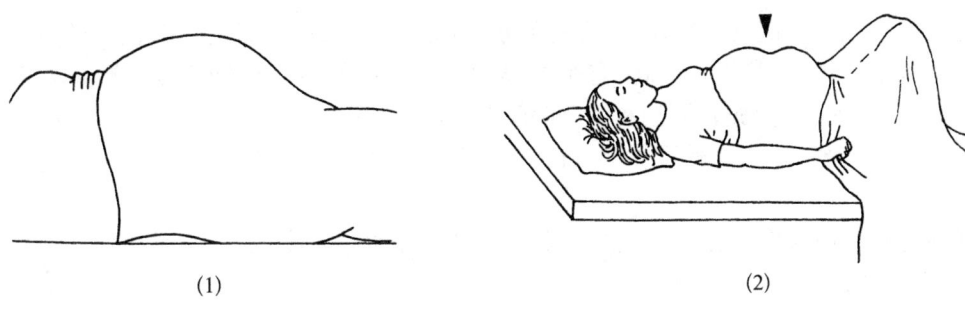

图 12-1 正常孕妇腹型与病理缩复环
(1)正常孕妇腹型;(2)病理缩复环

(2)子宫破裂:① 不完全性子宫破裂:子宫肌层全部或部分破裂,浆膜层尚未穿破,宫腔与腹腔未相通,胎儿及其附属物仍在宫腔内。多见于子宫下段剖宫产切口瘢痕破裂,常缺乏先兆症状,仅在不全破裂处有压痛,体征也不明显。② 完全性子宫破裂:指宫壁全层破裂,使宫腔与腹腔相通。子宫破裂瞬间,产妇感腹部撕裂样疼痛,破裂后产妇感觉腹痛骤减,宫缩停止,但不久腹痛又呈持续性,脉搏加快、微弱,呼吸急促,血压下降,可有血尿。

2.体征

(1)腹部检查:先兆子宫破裂时腹部有病理缩复环,子宫圆韧带被拉长极度紧张,可明显触及并有压痛;子宫破裂有全腹压痛及反跳痛,在腹壁下可清楚扪及胎体,子宫缩小位于胎儿侧方,胎心消失,阴道可能会阴鲜血流出。

(2)自发性破裂:瘢痕子宫,前次子宫损伤严重者,有时会发生自发性隐性破裂。患者症状体征不明显,或不典型。触诊子宫形态可消失,或可触及胎体。

三、护理评估

1.健康史 详细询问产次、有无剖宫产史、子宫手术史;重点了解此次妊娠有无胎位异常、头盆不称;产程中是否有阴道助产、手术操作史。

2.身心状况

(1)详细评估产妇子宫收缩的强度、间歇时间、腹痛程度、性质,有无排尿困难,有无病理缩复环,监测胎儿情况。

(2)产妇及家属会担心产妇、胎儿的生命,出现恐慌、恐惧。评估产妇及家属的心理反应。

3.实验室检查与其他辅助检查 血常规检查可见血红蛋白值下降,白细胞计数增加,尿常规检查可有红细胞或肉眼血尿及腹腔穿刺、超声检查等。

四、常见护理诊断/问题

1.疼痛 与强直性子宫收缩、病理性缩复环或子宫破裂血液刺激腹膜有关。
2.组织灌注量不足 与子宫破裂后大量出血有关。
3.预感性悲哀 与切除子宫及胎儿死亡有关。

五、预期目标

(1)强直性子宫收缩得到抑制,产妇疼痛减轻。
(2)产妇低血容量得到纠正和控制。
(3)产妇情绪得到调整,哀伤程度减低。

六、护理措施

1. 预防

(1) 健全三级预防保健网,宣传孕妇保健知识,加强产前检查,及时发现横位等胎位异常。

(2) 严密观察产程,尤其对先露高、有胎位异常的试产产妇更应仔细观察。严格掌握缩宫素引产指征,产前应用缩宫素,要先行阴道检查,了解骨产道、软产道有无异常。

(3) 对于有子宫瘢痕、子宫畸形的产妇试产,要严密观察,试产时间不宜过长,应放宽剖宫产指征。

(4) 谨慎行宫腔内操作;人工剥离胎盘困难时,严禁用手强行挖取。

2. 防止子宫破裂

(1) 发现先兆子宫破裂,应立即上报医生并停止缩宫素引产及一切操作,同时监测产妇的生命体征,按医嘱抑制宫缩,并做好剖宫产术准备。

(2) 一旦确诊子宫破裂,无论胎儿是否存活,均应抢救休克同时及时手术治疗,以抢救产妇生命。无论有无感染,术后均应给予抗生素预防感染。

3. 心理支持　　向产妇及家属解释子宫破裂的治疗计划及对再次妊娠的影响。对胎儿已死亡的产妇,要帮助其度过悲伤阶段,允许其表现悲伤情绪。为产妇及家属提供舒适的环境,帮助产妇尽快调整情绪接受现实。

七、结果评价

(1) 住院期间产妇的血容量及时得到补充,手术过程顺利。

(2) 出院时产妇伤口愈合且无并发症。

(3) 出院时产妇情绪稳定。

第三节　羊水栓塞

一、概述

羊水栓塞是指在分娩过程中羊水突然进入母体血循环引起急性肺栓塞、过敏性休克、弥散性血管内凝血、肾衰竭等一系列病理改变的严重分娩并发症。其病因如下。

(1) 由胎粪污染的羊水中的有形物质进入母体血循环所引起,宫缩强、胎膜破裂和子宫颈或宫体损伤处有静脉或血窦开放,是发生羊水栓塞的基本条件。羊膜腔穿刺、大月份钳刮术也可使羊水进入母体血循环。

(2) 羊水进入母体血液循环,会促发一系列病理生理变化。

1) 肺动脉高压:羊水内有形物质经肺动脉进入肺循环,阻塞小血管引起肺动脉高压。

2) 过敏性休克:羊水有形物质成为致敏原作用于母体引起Ⅰ型变态反应,导致过敏性休克。

3) 弥散性血管内凝血(DIC):羊水中存在多量促凝物质,进入母血后产生大量的微血栓,大量凝血物质消耗,而发生 DIC。

4) 急性肾衰竭:由于休克和 DIC,肾急性缺血导致肾功能障碍和衰竭。

二、临床表现

1. 典型症状　　以骤然的血压下降、组织缺氧和消耗性凝血病为特征的急性综合征。一般经过三个阶段。

笔记栏

(1) 心肺功能衰竭和休克：在分娩过程中，尤其是刚破膜不久，产妇突感寒战，出现呛咳、气急、烦躁不安、呕吐等先兆症状，继而出现呼吸困难、发绀、抽搐、昏迷、脉搏细数、血压下降、心率加快、肺底部出现湿啰音。病情严重者，产妇仅惊叫一声或打一哈欠或抽搐一下后，呼吸心搏骤停，于数分钟内死亡。

(2) 凝血功能障碍：若患者度过第一阶段，继之发生难以控制的全身广泛性出血，大量阴道流血、切口渗血、全身皮肤黏膜出血，甚至出现消化道大出血等。

(3) 急性肾衰竭：羊水栓塞后期患者出现少尿或无尿和尿毒症的表现。

2. 不典型症状　　有些病情发展缓慢，症状隐匿。缺乏急性呼吸循环系统症状或症状较轻；有些产妇羊水破裂时突然一阵呛咳，之后缓解，未在意；也有些仅表现为分娩或剖宫产时的一次寒战，几小时后才出现大量阴道流血，无凝血块，伤口渗血、酱油色血尿等，并出现休克症状。

三、护理评估

1. 健康史　　重点了解导致羊水栓塞的可能病因。

2. 身心状况　　评估产妇有无呼吸困难、呛咳、发绀，血压、心率情况，意识状态；皮肤黏膜有无出血点、针眼、切口有无渗血，有无消化道出血，产后阴道流血量，血液是否凝固；肺部有无湿啰音，咳出痰性状；注意尿量、有无尿等。

3. 实验室检查与其他辅助检查

(1) X 线检查：床边摄片可见肺部双侧弥漫性点状、片状浸润影。

(2) 心电图：提示右侧房室扩大。

(3) 血涂片：可查出羊水中的有形物质。

(4) 凝血障碍检查：弥散性血管内凝血各项检查阳性。

四、常见护理诊断/问题

1. 气体交换受损　　与肺动脉高压、肺水肿有关。
2. 组织灌注量不足　　与弥散性血管内凝血及失血有关。
3. 有胎儿窘迫的危险　　与羊水栓塞、母体呼吸循环功能衰竭有关。

五、预期目标

(1) 产妇胸闷，呼吸困难症状有所改善。
(2) 产妇能维持体液平衡，并维持最基本的生理功能。
(3) 胎儿或新生儿安全。

六、护理措施

(1) 加强产前检查，注意诱发因素，及时发现前置胎盘、胎盘早剥等并发症并及时处理。

(2) 严密观察产程进展，正确掌握催产素的使用方法，防止宫缩过强；严格掌握破膜时间；中期引产者羊膜穿刺次数不应超过 3 次。

(3) 严密监测产妇的生命体征，定时测量并记录，发现异常如产妇突诉胸闷、憋气、寒战等，立即汇报医生。准确记录液体出入量，防止发生肾衰竭。

(4) 立即取半卧位，加压给氧。迅速建立静脉通道，如滴注缩宫素应立即停止。

(5) 用药护理：遵医嘱给予解痉、抗过敏药，使用大剂量肾上腺皮质激素，维持呼吸功能。

1) 罂粟碱为首选药物，与阿托品合用扩张肺小动脉效果更佳，30~90 mg 加于 10%~25% 葡萄糖液 20 mL 中缓慢静脉推注，每日量不超过 300 mg，能松弛平滑肌，扩张肺、脑血管及冠状动脉。

2) 阿托品 1 mg 加于 10%~25% 的葡萄糖注射液 10 mL，每 10~30 min 静脉推注一次，直至患者面色潮红,微循环改善为止。

3) 氨茶碱松弛支气管平滑肌及冠状动脉血管,250 mg 加于 25% 葡萄糖液 20 mL 中缓慢静脉推注。

4) 地塞米松 20 mg 加于 25% 葡萄糖液静脉推注,以后依病情继续静脉滴注维持;也可用氢化可的松 100～200 mg 加于 5%～10% 葡萄糖液 50～100 mL 快速静脉滴注,以后静脉滴注 500 mg 维持。

(6) 积极补充血容量,增加有效循环血量,遵医嘱使用低分子右旋糖酐及新鲜血和血浆。

(7) 为产妇提供心理支持,增强其信心,理解家属并耐心解答询问。

七、结果评价

(1) 实施处理方案后,患者胸闷,呼吸困难症状改善。

(2) 患者血压及尿量正常,阴道流血量减少,全身皮肤、黏膜出血停止。

(3) 胎儿或新生儿无生命危险,患者出院时无并发症。

知识拓展

分娩护理中有害或无用应禁止的护理措施

分娩护理中证明有害或无用应禁止的护理措施包括:① 常规灌肠,常规剃除阴毛;② 进入产程后常规输液;③ 常规采用仰卧分娩;④ 在第二产程中,持续地直接向下用劲;⑤ 经直肠检查(肛诊);⑥ 利用 X 线做骨盆测量;⑦ 胎儿娩出前,在催产素的作用还不能控制时就盲目给药;⑧ 第二产程中,按摩和扩张会阴;⑨ 在第三产程,为了预防和控制出血,给予口服麦角新碱片;⑩ 娩出后常规冲洗子宫,产后常规修正子宫(手法探查)。

某孕妇,36 岁,身高 145 cm,G_2P_1,现妊娠 40 周。10 h 前出现规律腹痛,到私人诊所分娩,4 h 前宫口开全未见胎儿头发,1 h 后胎儿仍未娩出。接产人员将 10 U 宫缩剂加入 5% 葡萄糖液 500 mL 内静脉点滴,30 min 后产妇感下腹疼痛难忍,查体见下腹出现一凹陷,胎心音 108 次/分。接产人员用力按压产妇腹部,试图协助胎儿娩出,但产妇突然感到剧烈疼痛,大呼一声,随即腹痛感减轻,继之出现持续性腹痛,全身冷汗。测血压 80/40 mmHg,脉搏 120 次/分,呼吸 24 次/分。产妇脸色苍白,表情淡漠,全腹压痛明显,腹壁下可触及胎儿肢体,未闻胎心,阴道少量鲜血流出。

【问题】

(1) 请写出该孕妇目前主要的临床诊断。

(2) 请写出该孕妇目前应采取的护理措施。

【分析与解答】

(1) 主要临床诊断:完全性子宫破裂。

(2) 护理措施:① 及时了解产妇及家属的心理反应,尽快稳定产妇及家属情绪,解释治疗方案;② 迅速建立静脉通路,抢救休克并准备剖宫取胎术以尽快止血;③ 密切观察产妇生命体征、液体出入量,急查血常规,评估失血量等;④ 术后给予大剂量抗生素预防,以控制感染;⑤ 术后加强心理护理,指导产妇退奶。

小 结

分娩期并发症妇女的护理 { 产后出血：病因、临床表现、护理评估及急救护理措施
子宫破裂：先兆子宫破裂征象、子宫破裂的临床表现及护理措施
羊水栓塞：典型症状及抢救原则

【思考题】
(1) 简述宫缩乏力所致产后出血的护理措施。
(2) 简述产后出血的病因及相应预防措施。
(3) 简述子宫破裂的病因及相应预防措施。

(李 霖)

第十三章

产褥期并发症妇女的护理

学习要点

- **掌握**：① 产褥感染的护理措施；② 晚期产后出血的临床表现。
- **熟悉**：① 产褥感染的临床表现及处理原则；② 产后抑郁症的临床表现与护理要点。
- **了解**：泌尿系统感染的临床表现与护理要点。

第一节 产褥感染

一、概述

产褥感染是指在产褥期内生殖道受病原体侵袭而引起局部或全身感染，发病率约为6%。

二、临床表现

发热、疼痛、异常恶露为产褥期感染主要症状。由于感染部位、程度、扩散范围不同，其临床表现也不同。

1. **急性外阴、阴道、宫颈炎** 急性外阴炎多由分娩时会阴部损伤或手术产伤引起，表现为伤口边缘红肿，局部疼痛、下坠感，甚至形成脓肿。阴道若有感染，表现为黏膜充血、水肿、溃疡、脓性分泌物增多。子宫颈裂伤感染向深部蔓延，引起盆腔结缔组织炎。产妇可有轻度发热、畏寒等全身症状。

2. **急性子宫内膜炎、子宫肌炎** 表现为子宫内膜充血、坏死，恶露量多且有臭味。若为子宫肌炎，高热、寒战、心率增快、白细胞增多，下腹疼痛、子宫复旧不良，子宫压痛明显。

3. **急性盆腔结缔组织炎、急性输卵管炎** 病原体沿淋巴或血液扩散到子宫周围组织而引起盆腔结缔组织炎、累及输卵管时可引起输卵管炎。表现为下腹痛伴肛门坠胀，伴有持续高热，寒战、速脉、头痛等全身症状。下腹明显压痛、反跳痛、肌紧张、宫旁一侧或两侧结缔组织增厚、触及炎性包块，子宫复旧差，严重者整个盆腔形成"冰冻骨盆"。

4. **急性盆腔腹膜炎及弥漫性腹膜炎** 炎症进一步扩散至腹膜，可引起盆腔腹膜炎甚至弥漫性腹膜炎。患者出现全身中毒症状，如高热、恶心、呕吐、腹胀，检查发现腹部压痛、反跳痛、肌紧张。

5. **血栓性静脉炎** 盆腔静脉炎病变单侧居多，产后1~2周多见，表现为反复高热、寒战。下肢静脉炎多继发于盆腔静脉炎，表现为弛张热，下肢持续疼痛，局部静脉压痛或触及硬索状，使血量回流受阻，引起下肢水肿，皮肤发白，习称"股白肿"。

6. **脓毒血症和败血症** 感染血栓进入血液循环可引起脓毒血症，随后并发感染性休克和迁

笔记栏

徙性脓肿。若病原体大量进入血液循环并繁殖形成败血症,表现为寒战、高热、全身明显中毒症状,可危及生命。

三、处理原则

改善全身情况,清除感染灶,控制感染,积极抢救感染性休克等。

四、护理评估

1. 健康史　　询问产妇是否有贫血、营养不良或生殖道、泌尿道感染的病史,了解本次妊娠有无妊娠合并症与并发症、分娩时是否有胎膜早破、产程延长、手术助产、软产道损伤、产前出血、产后出血史及产妇的个人卫生习惯等。

2. 身心状况　　评估产妇全身状况、子宫复旧及伤口愈合情况。检查宫底高度、子宫软硬度、有无压痛及其疼痛程度,观察会阴部有无疼痛、局部红肿、硬结及脓性分泌物,并观察恶露量、颜色、性状、气味等。用窥阴器检查阴道、宫颈及分泌物的情况,双合诊检查子宫颈有无举痛、子宫一侧或双侧是否扪及包块。

观察产妇的情绪与心理状态,是否存在心理沮丧、烦躁与焦虑情绪。

3. 实验室检查与其他辅助检查

(1) 血液检查:检查白细胞计数增高,尤其是中性粒细胞计数升高明显;血沉加快。

(2) 细菌培养:通过宫腔分泌物、脓肿穿刺物、后穹窿穿刺物做细菌培养和药物敏感试验,确定病原体及其敏感的抗生素。

(3) B超、CT及磁共振检查:对产褥感染形成的炎性包块、脓肿及静脉血栓做出定位及定性诊断。

五、常见护理诊断/问题

1. 体温过高　　与感染因素的存在及产后机体抵抗力下降有关。
2. 疼痛　　与产褥感染有关。
3. 焦虑　　与反复发热、疼痛等有关。

六、预期目标

(1) 产妇感染得到控制,体温正常,舒适感增加。

(2) 产妇疼痛减轻至缓解。

七、护理措施

1. 一般护理　　保证产妇获得充足休息,半卧位,加强营养,增强抵抗力。鼓励多饮水。对患者出现高热、疼痛、呕吐时按症状进行护理。

2. 心理护理　　让产妇及家属了解病情和治疗护理情况,增加治疗信心,解除疑虑。

3. 病情观察　　密切观察产后生命体征的变化,尤其体温,每4 h测1次。观察是否有恶心、呕吐、全身乏力、腹胀、腹痛等症状。观察记录恶露的颜色、性状与气味,子宫复旧情况及会阴伤口情况。

4. 治疗配合　　根据医嘱进行支持治疗。配合脓肿引流、清宫术、后穹窿穿刺术等的术前准备及护理。

八、健康指导

(1) 教会产妇自我观察,会阴部要保持清洁干净;治疗期间不要盆浴。

(2) 指导患者采取半卧位或抬高床头,促进恶露引流。

(3) 产褥期结束后返院复查。

九、结果评价

（1）出院时，产妇体温正常、疼痛减轻、舒适感增加。
（2）出院时，产妇产褥感染症状消失，无并发症发生。

第二节 泌尿系统感染

一、概述

产后有 2‰~4‰ 的产妇会发生泌尿系统感染，引起感染的病原体绝大部分为革兰阴性杆菌，以大肠埃希菌多见。感染途径主要为上行性感染。膀胱炎和肾盂肾炎最为常见。

二、临床表现

1. 膀胱炎 症状多发生在产后 2~3 d，患者有尿频、尿急、尿痛，排尿时有烧灼感或排尿困难；也有尿潴留或膀胱部位压痛或下腹部胀痛不适；可伴有低热。
2. 肾盂肾炎 感染多由下泌尿道上行所致，较常发生在右侧，也可能两侧均受累，表现为一侧或两侧腰部疼痛、高热、寒战、恶心、呕吐等，同时伴有尿频、尿急、尿痛。

三、处理原则

用广谱抗生素抗感染，并保证液体入量以便冲洗膀胱。

四、护理评估

1. 健康史 评估患者是否有泌尿系统感染的病史，本次分娩是否有产程过长、排尿困难、手术助产、导尿经历；了解产后第一次自解小便时间、尿量、膀胱功能恢复情况。
2. 身心状况 评估患者体温、排尿形态的改变及全身症状。是否有发热、尿频、尿急、尿痛及尿潴留等；是否局限于下泌尿道膀胱炎，还是已经上行感染发生肾盂肾炎。
3. 实验室检查及其他辅助检查 尿常规检查可见脓细胞、白细胞、红细胞；可有蛋白尿、管型尿；中尿培养细菌数 $\geqslant 10^5/\text{mL}$。做血尿素氮及肌酐检查，以确定肾功能有无受损。

五、常见护理诊断/问题

1. 排尿障碍 与泌尿系统感染有关。
2. 知识缺乏 与缺乏预防泌尿系统感染的相关知识有关。

六、预期目标

（1）患者泌尿系统感染得到控制，症状消失，排尿功能恢复到正常。
（2）患者能讲述预防泌尿系统感染的相关知识。

七、护理措施

1. 一般护理
（1）评估产妇产后子宫底的高度、恶露量并识别尿潴留的临床表现。采取各种方法促使产妇自解小便。
（2）指导产妇保持会阴部的清洁，每次便后清洗会阴部，以防逆行感染。

笔记栏

(3) 急性感染期患者卧床休息,摄取营养丰富、易消化、少刺激的食物。鼓励多饮水,每日需饮水3 000～4 000 mL。

2. 执行医嘱　按医嘱给予敏感有效的抗生素,按医嘱必要时使用抗痉挛药和止痛药,以缓解患者不适,对发热及其他症状给予对症护理。

八、健康指导

(1) 指导产妇养成定时排尿的习惯,摄入充足液体量。
(2) 督促产妇不大于4 h 1次定时排空膀胱,有助于除去感染尿液,避免膀胱过度膨胀。

九、结果评价

(1) 出院时,患者恢复到正常排尿功能。
(2) 出院时,患者尿液检查和细菌培养阴性。

第三节　晚期产后出血

一、概述

分娩24 h后,在产褥期内发生的子宫大量出血,称为晚期产后出血。多见于产后1～2周。

二、临床表现

1. 阴道流血　胎盘胎膜残留、蜕膜残留引起的流血多在产后10 d发生。胎盘附着部位复旧不良常发生在产后2周左右,可以反复多次阴道流血,也可以突然大量阴道流血。剖宫产子宫切口裂开或愈合不良所致的阴道流血,多在术后2～3周发生,常常是子宫大量出血,可导致失血性休克。

2. 腹痛和发热　常合并感染,伴恶露增加,恶臭。
3. 全身症状　继发性贫血,严重者因失血性休克危及生命。
4. 体征　子宫复旧不佳可扪及子宫增大、变软,宫口松弛,有时可触及残留组织和血块,伴有感染时子宫明显压痛。

三、处理原则

包括抗感染、促进子宫收缩等;大量出血时需要手术治疗。

四、护理评估

1. 健康史　了解本次分娩情况,是否有产程延长,胎盘、胎膜组织处残留,产后感染,同时了解本次分娩方式。
2. 身心状况　评估产妇全身状况、子宫复旧及剖宫产切口愈合情况。检查宫底高度、质地、有无压痛及其疼痛程度,观察恶露量、颜色、性质、气味等。
观察产妇的情绪与心理状态,是否存在心理沮丧、烦躁与焦虑情绪。
3. 实验室检查与其他辅助检查
(1) 血常规:了解贫血和感染情况。
(2) B超检查:了解子宫大小、宫腔有无残留物及子宫切口愈合情况。
(3) 病原菌和药敏试验:宫腔分泌物培养、发热时行血培养,选择有效的广谱抗生素。

(4) 血 HCG 测定：有助于排除胎盘残留及绒毛膜癌。
(5) 病理检查：宫腔刮出物或切除子宫标本，应送病理检查。

五、常见护理诊断/问题

1. 潜在并发症：出血性休克
2. 有感染的危险　　与恶露持续时间长或多次宫腔操作有关。
3. 活动无耐力　　与晚期产后出血引起的贫血有关。

六、预期目标

(1) 产妇的血容量能尽快得到恢复，血压、脉搏、尿量正常。
(2) 产妇生命体征平稳，无感染发生。

七、护理措施

(1) 加强营养，纠正贫血，以增强孕妇抵抗力。
(2) 应加强分娩及产褥期护理，如有组织残留时，应行清宫术，同时给予子宫收缩剂。
(3) 遵医嘱使用抗生素预防感染，保持外阴清洁。
(4) 加强生活护理，预防晕倒、摔伤。

八、结果评价

(1) 产妇恶露正常。
(2) 子宫大小与产后周数相符。
(3) 产妇全身状况良好。

第四节　产后抑郁症

一、概述

产后抑郁症是指产妇在产褥期出现抑郁症状，是产褥期非精神病性精神综合征中最常见的一种类型。

二、临床表现

(1) 情绪改变，心情压抑、沮丧、情绪淡漠，甚至焦虑、恐惧、易怒，夜间加重。
(2) 自我评价较低，自暴自弃、自罪感，对身边的人充满敌意，与家人、丈夫关系不协调。
(3) 创造性思维受损，主动性降低。
(4) 对生活缺乏信心，觉得生无意义，出现厌食、睡眠障碍、易疲倦、性欲减退。严重者甚至绝望、自杀或杀婴倾向，有时陷于错乱或昏睡状态。

三、处理原则

心理治疗为重要的治疗手段，药物治疗适用于中重度患者及心理治疗无效者。

四、护理评估

1. 健康史　　询问有无抑郁症、精神病的个人史和家族史，有无重大精神创伤史。了解本次妊

笔记栏

娠过程及分娩情况是否顺利、有无难产、滞产、手术产及产时产后的并发症、婴儿健康状况、婚姻家庭关系及社会支持系统等因素识别诱因。

2. 身心状况　　观察产妇的情绪变化、食欲、睡眠、疲劳程度及集中能力。观察产妇的日常活动和行为,如自我照顾能力与照顾婴儿能力。观察母婴之间的接触和交流的情况,了解产妇对婴儿的喜恶程度及对分娩的体验与感受。评估产妇的人际交往能力与社会支持系统,判断病情的严重程度。

3. 辅助检查　　产后常规进行自我问卷调查对早期发现和诊断很有帮助。

五、常见护理诊断/问题

1. 家庭运行中断　　与无法承担母亲角色有关。
2. 有对自己实施暴力的危险　　与产后严重的心理障碍有关。

六、预期目标

（1）产妇的情绪稳定,能配合护理人员和家人采取有效应对措施。
（2）产妇能进入母亲角色,能关心爱护婴儿。
（3）产妇的生理、心理行为正常。

七、护理措施

（1）倾听产妇诉说心理问题并给予相应的指导,减少或避免精神刺激,教会产妇处理情绪问题的方法和技巧。
（2）促进产妇适应母亲角色,指导产妇与婴儿进行交流、接触,为婴儿提供照顾,培养产妇的自信心。
（3）发挥社会支持系统的作用,指导家属对产妇多关心照顾,改善夫妻关系。
（4）重症者需请心理医生或精神科医生协助治疗;遵医嘱指导产妇用药。
（5）高度警惕产妇的伤害性行为,注意产妇自身及婴儿安全保护,家人24 h陪伴。

八、健康指导

（1）加强围生期保健。
（2）避免不良刺激:对有精神疾患家族史的妇女,避免一切不良刺激。
（3）发挥丈夫及社会支持系统的重要作用。
（4）讲解有关产褥期抑郁症知识。

九、结果评价

（1）住院期间产妇的情绪稳定,能配合诊治方案。
（2）产妇与婴儿健康安全。
（3）产妇能示范正确护理新生儿的技巧。

> **知识拓展**
>
> **EPDS量表**
>
> 产后抑郁心理评估常用的量表有:爱丁堡孕产期抑郁量表(EPDS)、产后抑郁筛查量表(PDSS)、医院焦虑抑郁量表(HADS)、贝克抑郁量表(BDI)、抑郁自评量表(SDS)、汉密尔顿抑郁量表(HAMD)、蒙哥马利抑郁量表(MADRS)。
>
> 目前多采用EPDS,该表包括10项内容,于产后6周进行调查。每项内容分4级评分(0～

3分),总分相加≥13分者可诊断为产褥期抑郁症。

在过去的7天

1. 我能够笑并观看事物有趣的方面　　如我能够做到那样多,0分;现在不是那样多,1分;现在肯定不多,2分;根本不,3分。

2. 我期待着享受事态　　如我曾做到那样多,0分;较我原来做的少,1分;肯定较原来做的少,2分;全然难得有,3分。

3. 当事情做错,我多会责备自己　　是,大多时间如此,3分;是,有时如此,2分;并不经常,1分;不,永远不,0分。

4. 没有充分的原因我会焦虑或苦恼　　不,总不,0分;极难得,1分;是,有时,2分;是,非常多,3分。

5. 没有充分理由我感到惊吓或恐慌　　是,相当多,3分;是,有时,2分;不,不多,1分;不,总不,0分。

6. 事情多我来说总是发展到顶点　　是,大多数情况下我全然不能应付,3分;是,有时我不能像平时那样应付,2分;不,大多数时间我应付得相当好,1分;我应付与过去一样好,0分。

7. 我难以入睡,很不愉快　　是,大多数时间如此,3分;是,有时,2分;并不经常,1分;不,全然不,0分。

8. 我感到悲伤或痛苦　　是,大多数时间如此,3分;是,相当经常,2分;并不经常,1分;不,根本不,0分。

9. 我很不愉快,我哭泣　　是,大多数时间,3分;是,相当常见,2分;偶然有,1分;不,根本不,0分。

10. 出现自伤想法　　是,相当经常,3分;有时,2分;极难得,1分;永不,0分。

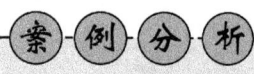

某产妇,30岁,自然分娩后10 d,上厕所时一阵阴道流血多于月经量,色鲜红。产妇感腹痛入院。入院测生命体征 T 38.0℃,P 90次/分,R 20次/分,BP 96/60 mmHg。

【问题】
(1) 可能的临床诊断是什么?
(2) 需要做哪些辅助检查?

【分析与解答】
(1) 晚期产后出血。
(2) 还需检查血、尿常规,了解感染与贫血情况。宫腔分泌物培养或涂片检查。超声检查子宫大小,宫腔内有无残留物。查 HCG 排除胎盘残留和滋养细胞肿瘤。

小　结

1. 产褥感染的护理措施
   - 病情观察
     - 生命体征
     - 全身症状
     - 专科症状:子宫复旧、恶露、伤口感染
   - 一般护理:休息、半卧位、加强营养、多饮水
   - 治疗配合:支持治疗,配合脓肿引流术等术前准备及护理
   - 心理护理

2. 晚期产后出血的临床表现 $\begin{cases} 阴道流血 \\ 腹痛和发热,伴恶露增加、恶臭 \\ 继发性贫血,严重者因失血性休克危及生命 \\ 子宫复旧不佳,伴感染时子宫明显压痛 \end{cases}$

【思考题】

(1) 产褥感染的定义及护理措施。

(2) 产后抑郁症的临床表现和处理原则。

(丁玉琴)

第十四章

女性生殖系统炎症患者的护理

学习要点

- **掌握**：① 子宫颈炎性疾病的护理要点；② 盆腔炎性疾病的护理要点。
- **熟悉**：阴道炎症的护理要点。
- **了解**：女性生殖系统的自然防御功能。

第一节 概 述

女性生殖道的解剖和生理特点具有较完善的自然防御功能，主要有以下几个方面。

1. 外阴 外阴皮肤为鳞状上皮，抗感染力强，两侧大阴唇自然合拢，防止外界微生物污染。
2. 阴道 阴道口闭合，阴道前、后壁紧贴，酸性环境，pH 3.8～4.4，有自净作用。
3. 子宫颈 内口紧闭，分泌黏液栓，是机械屏障。
4. 子宫内膜 周期性剥脱，消除宫腔内的感染。
5. 输卵管 纤毛单向摆动，阻止病原体的侵入。
6. 生殖道的免疫系统 生殖道黏膜有淋巴组织及散在的淋巴细胞，均在局部有重要的免疫功能，发挥抗感染作用。

第二节 外阴炎症

一、非特异性外阴炎

（一）概述

非特异性外阴炎是由物理、化学因素而非病原体所致的外阴皮肤或黏膜的炎症。病因为阴道分泌物、经血、尿液、粪便、糖尿病患者糖尿等刺激；穿紧身化纤内裤、月经垫通透性差等可引起非特异性外阴炎。

（二）临床表现

外阴皮肤瘙痒、疼痛、红肿、灼烧感。检查见局部充血、肿胀、糜烂，常有抓痕，严重者形成溃疡或湿疹。慢性炎症者，局部皮肤或增厚、粗糙、皲裂，甚至苔藓样变。

笔记栏

（三）处理原则

包括病因治疗和局部治疗。积极寻找病因并处理。局部采用 1∶5 000 高锰酸钾溶液或聚维酮碘液坐浴急性期加用烤灯等物理治疗。

（四）护理要点

治疗指导：教会患者正确的坐浴方法，包括坐浴液的配制、坐浴液的温度、坐浴的时间及注意事项，月经期、阴道流血禁止坐浴。

（五）健康指导

做好会阴部卫生。勿使用刺激性药物或肥皂擦洗。

二、前庭大腺炎

（一）概述

病原体侵入前庭大腺引起的炎症。主要病原体为葡萄球菌、链球菌、大肠埃希菌、肠球菌等及性传播疾病的病原体。炎症急性发作时，病原体侵犯腺管，堵塞，脓液积存，形成脓肿，称前庭大腺脓肿。炎症消退，腺管口粘连闭塞，脓液转为清液，形成前庭大腺囊肿。

（二）临床表现

局部肿胀、疼痛、灼烧感，若形成脓肿，有波动感，可有发热等全身症状。如形成前庭大腺囊肿，可有外阴坠胀感或性交不适等。

（三）处理原则

选用敏感的抗生素抗感染，局部可用清热解毒中药热敷或坐浴。当脓肿/囊肿形成后可切开引流并造口术。

（四）护理要点

(1) 急性期，卧床休息，保持局部清洁；按医嘱给予敏感抗生素及止痛剂。
(2) 脓肿或囊肿切开术后，局部用引流条引流。

（五）健康指导

保持外阴清洁干燥，经期及产褥期禁止性生活。

第三节 阴 道 炎 症

一、滴虫性阴道炎

（一）概述

是由阴道毛滴虫感染引起的阴道炎。阴道毛滴虫适宜在温度 25～40℃、pH 5.2～6.6 的潮湿环境中生长。月经前后、妊娠期、产后等易于滴虫生长繁殖，引起炎症发作。

（二）传播途径

直接传播：性交传播为主要途径；间接传播：经污染用物等传播；医源性传播。

（三）临床表现

典型症状为稀薄泡沫状阴道分泌物增多及外阴瘙痒。分泌物可呈脓性、黄绿色、有臭味。

（四）处理原则

(1) 切断传播途径，杀灭阴道毛滴虫，保持阴道的自净功能。
(2) 采用全身及局部联合用药，甲硝唑、甲硝唑泡腾片阴道上药等。

（五）护理要点

1. 指导患者配合检查　做阴道分泌物检查，取分泌物前 24～48 h 避免性交、阴道灌洗或局

部用药。标本注意保暖,及时送检。

2. 指导患者正确用药　甲硝唑口服药物的治愈率为90%~95%。服药后偶见胃肠道反应,如恶心、呕吐等。勿空腹服用。此外,偶见头痛、皮疹、白细胞减少等,一旦发现应停药。用药期间及停药72 h内禁酒。阴道用药方法:先冲洗后塞药,月经期暂停坐浴、阴道冲洗及阴道用药。

(六)健康指导

宣传正规治疗的重要性。每次月经干净后复查白带,若连续3次检查均阴性,为治愈。性伴侣应同时治疗。内裤及洗涤用毛巾煮沸消毒。

二、外阴阴道假丝酵母菌病

(一)概述

外阴阴道假丝酵母菌病是由假丝酵母菌引起的外阴阴道炎症,也称外阴阴道念珠菌病。病原体主要为白假丝酵母菌。此菌为条件致病菌,妊娠、糖尿病、大量应用免疫抑制药及广谱抗生素等诱发因素,才引起炎症。

(二)传播途径

传播途径主要为内源性传染,寄生于阴道、口腔及肠道内;部分通过性交传染;少数经污染用物传染。

(三)临床表现

外阴奇痒难忍,典型的阴道分泌物为白色稠厚成凝乳状或豆渣样。

(四)处理原则

消除诱因,根据患者具体情况选择局部或全身用药。积极治疗糖尿病,停用抗生素、激素等。

(五)护理要点

教会患者正确的阴道冲洗及局部用药方法。在阴道用药前,应先用2%~4%碳酸氢钠冲洗阴道,月经期禁用。如妊娠期合并感染者,应坚持局部治疗,禁用口服唑类药。本病容易复发,嘱患者治疗后应随诊。

三、萎缩性阴道炎

(一)概述

萎缩性阴道炎是因体内雌激素水平降低,阴道黏膜萎缩,乳杆菌不再为优势菌,其他病原体过度繁殖或入侵而引起的阴道炎症。常见于自然绝经及人工绝经后的妇女,也可见于产后闭经或药物假绝经治疗的妇女。病因为:卵巢功能衰退,雌激素水平降低,阴道壁萎缩,局部抵抗力降低,致病菌容易入侵繁殖引起炎症。

(二)临床表现

临床表现主要为阴道分泌物增多、外阴瘙痒等,常伴有性交痛。妇科检查可见阴道呈萎缩性改变,若炎症分泌物引流不畅形成阴道积脓或宫腔积脓。

(三)处理原则

补充雌激素,增强阴道抵抗力,抑制病菌生长。

(四)护理要点

用药护理:讲解用药目的、方法与注意事项。用药前可用1%乳酸或0.5%醋酸冲洗阴道。

(五)健康指导

对围绝经期妇女积极宣传有关保健知识,保持会阴部清洁。指导卵巢切除、卵巢功能早衰、盆腔放射治疗后的患者遵医嘱给予激素替代疗法。

笔记栏

第四节 子宫颈炎症

一、概述

子宫颈炎症包括子宫颈阴道部炎症及子宫颈管黏膜炎症。临床多见的子宫颈炎是急性子宫颈管黏膜炎。如急性子宫颈炎不及时治疗或病原体持续存在,可导致慢性子宫颈炎。急性子宫颈炎指子宫颈发生急性炎症,包括局部充血、水肿、上皮变性、坏死,黏膜、黏膜下组织、腺体周围见大量中性粒细胞浸润,腺腔中可有脓性分泌物。慢性子宫颈炎指子宫颈间质内有大量淋巴细胞、浆细胞等慢性炎细胞浸润,可伴有子宫颈腺上皮及间质的增生和鳞状上皮化生。病原体主要为性传播疾病病原体和内源性病原体。主要见于性传播疾病的高危人群。

二、临床表现

大部分无症状。有症状者主要为阴道分泌物增多,经间期出血、接触性出血或合并尿路感染等。妇科检查可见子宫颈充血、水肿、有黏液脓性分泌物附着,宫颈管黏膜质脆,易诱发出血。慢性子宫颈炎患者有宫颈糜烂样改变、息肉或肥大。

三、处理原则

急性子宫颈炎针对病原体及时采用足量抗生素治疗,性伴侣同时治疗。慢性子宫颈炎排除宫颈上皮内瘤变和宫颈癌后,目前物理治疗是临床上最常用的有效方法。

四、护理要点

1. 一般护理　保持会阴清洁,按医嘱及时、足量、规范用药。
2. 物理治疗注意事项　治疗时间选在月经干净后3～7 d;有急性生殖道炎症者为禁忌;术后禁止性生活和盆浴4～8周;两次月经干净后3～7 d复查,出现异常随诊。
3. 随访症状持续存在者　治疗后症状持续存在者,应告知患者随诊。
4. 采取预防措施　积极治疗急性子宫颈炎;定期妇科检查;提高助产技术,避免子宫颈损伤。

第五节 盆腔炎性疾病

一、概述

盆腔炎症性疾病是指女性上生殖道的一组感染性疾病。主要包括子宫内膜炎、输卵管炎、输卵管卵巢脓肿、盆腔腹膜炎。以输卵管炎、输卵管卵巢炎最为常见。高危因素:年轻妇女易发;性活跃,性卫生不良;下生殖道感染;宫腔内手术操作后感染;邻近器官炎症直接蔓延;盆腔炎性疾病再次急性发作。

二、临床表现

轻者无症状或持续下腹痛,伴有消化或泌尿系统症状,可有恶心、呕吐、尿频、尿急等。重症者可出现寒战、高热等全身表现。月经期发病出现经量增多,经期延长。若有脓肿形成,可有下腹包

块及局部压迫刺激症状。妇科检查：子宫颈充血、水肿，大量脓性臭味分泌物，子宫颈举痛，宫体压痛等。

三、处理原则

主要为经验性、广谱、及时及个体化抗生素药物治疗，必要时手术治疗。对于盆腔炎性疾病后遗症者，多采用针对性的治疗方案，如导致不孕者，可采用辅助生殖方法帮助受孕。

四、护理要点

1. **对症护理**　取半卧位休息。给予高热量、高蛋白质、高维生素饮食；遵医嘱补充液体，高热者予以物理降温；减少不必要的盆腔检查以避免炎症扩散。
2. **用药护理**　选择高效敏感的抗生素。说明及时、足量应用抗生素的重要性，对需要手术治疗者，做好相应的护理措施。
3. **心理护理**　关心、倾听患者的诉说，增强其对治疗的信心。
4. **防治后遗症**　严格无菌操作，提供高质量的围术期护理；注意性生活卫生；对于被确诊为盆腔炎性疾病后遗症者，告知其采用中西医结合的综合性治疗方法有望缓解症状。

五、健康指导

做好经期、妊娠期及产褥期的卫生；经期禁止性交；接受抗生素治疗的患者，应在 72 h 内随诊以确定疗效。对沙眼衣原体及淋病奈瑟菌感染者，可在治疗后 4~6 周后复查病原体。

第六节　性传播疾病

性传播疾病（sexually transmitted disease，STD）是指主要通过性接触，类似性行为及间接接触传播的一组传染病。病原体包括细菌、病毒、螺旋体、支原体、衣原体、真菌、原虫、寄生虫 8 类。

一、淋病

（一）概述

淋病是由淋病奈瑟菌（简称淋菌）引起的以泌尿生殖系统化脓性感染为主要表现的性传播疾病。淋病主要通过性交直接传播，极少数污染衣物等间接传播。孕妇感染后可累及羊膜腔导致胎儿感染，新生儿可在分娩时通过产道传染。妊娠早期，淋病可致感染性流产与人工流产后感染；妊娠晚期易发生绒毛膜羊膜炎、胎膜早破等。胎儿可发生宫内感染和早产。分娩后易引起子宫内膜炎、输卵管炎，严重者可致播散性淋病。约 1/3 胎儿通过未治疗产妇软产道时感染，发生新生儿淋菌性结膜炎、肺炎，甚至出现淋菌败血症。

（二）临床表现

阴道脓性分泌物增多，外阴瘙痒或灼热，偶有下腹痛。妇科检查可见子宫颈充血、水肿等子宫颈炎表现，也可有尿道炎及前庭大腺炎等症状。

（三）处理原则

遵循及时、足量、规范用药的原则，目前首选药物以第三代头孢菌素为主。淋菌产妇分娩的新生儿，应尽快使用药物预防淋菌性眼炎，并预防性全身应用抗生素。

（四）护理要点

1. **心理护理**　保护患者的隐私，向患者强调及时、彻底治疗的重要性和必要性，帮助患者树立治愈疾病的信心。

2. **孕妇护理** 在淋病高发地区，孕妇产前应做常规筛查淋菌，以便及早确诊并彻底治疗。

3. **新生儿护理** 遵医嘱使用抗生素预防淋菌性眼炎等。

4. **随访指导** 治疗结束后 2 周内，在无性接触史情况下，符合下列标准为治愈：临床症状和体征全部消失；在治疗结束后 4~7 d 取子宫颈管分泌物涂片及培养复查淋菌，连续 3 次均阴性。

（五）健康指导

急性期：注意休息，严格床边隔离，患者内裤及洗涤用毛巾煮沸消毒。治疗期严禁性交。性伴侣应同时治疗。

二、尖锐湿疣

（一）概述

尖锐湿疣是由人乳头瘤病毒（HPV）感染引起的鳞状上皮疣状增生病变。HPV 主要经性接触传播，不排除间接传播可能，新生儿通过母婴垂直传播。妊娠期，尖锐湿疣生长迅速，巨大尖锐湿疣可阻塞产道且湿疣组织脆弱，阴道分娩时易致大出血。孕妇患尖锐湿疣有垂直传播的危险。少数情况下可引起婴幼儿呼吸道乳头状瘤。

（二）临床表现

临床症状不明显，可有外阴瘙痒或性交后疼痛等，病灶初为粉色或白色小乳头状疣，病灶增大后互相融合，呈鸡冠状或菜花状。好发于阴唇后联合、小阴唇内侧、尿道口等部位。

（三）处理原则

（1）妊娠 36 周前，位于外阴的小病灶，行局部药物治疗，若病灶大且有蒂，可行物理或手术治疗。

（2）妊娠近足月或足月，病灶局限于外阴者，可行冷冻或手术切除病灶，若病灶广泛或巨大病灶堵塞软产道，可行剖宫产。

（四）护理要点

1. **心理护理** 尊重患者，保护患者的隐私，接受正规诊断和治疗，帮助其树立治愈疾病的信心。

2. **孕妇护理** 做好妊娠期外阴护理，若病灶大，需行剖宫产者，提供相应的手术护理。新生儿出生后需彻底洗澡，如无窒息，则不用吸管清理呼吸道，以免损伤喉黏膜，导致日后婴幼儿喉乳头状瘤的发生。

（五）健康指导

保持外阴清洁，避免混乱的性关系。污染的衣物及时消毒。配偶或性伴侣同时治疗。治愈标准是疣体消失，但有复发可能，遵医嘱随访。

三、梅毒

（一）概述

梅毒是苍白密螺旋体感染引起的慢性全身性的性传播疾病。根据病程分为早期梅毒和晚期梅毒。分期有助于指导治疗和追踪。性接触为梅毒最主要的传播途径，未经治疗的患者在感染后 1 年内最具有传染性。偶有接触污染衣物等间接传播，少数通过输入传染性梅毒患者的血液感染等。孕妇通过母婴垂直传播。梅毒孕妇即使病期超过 4 年，螺旋体仍可通过胎盘感染胎儿。梅毒螺旋体经胎盘感染胎儿，易引起流产、死胎、早产或分娩先天梅毒儿；晚期者病死、致残率上升。

（二）临床表现

早期表现为硬下疳、硬化性淋巴结炎、全身皮肤黏膜损害（梅毒疹、扁平湿疣等）。晚期表现为

永久性皮肤黏膜损害并可侵犯心血管神经系统等。

(三) 处理原则

早期明确诊断,及时治疗,用药足量,疗程规范。首选青霉素,可同时治疗孕妇和胎儿。

(四) 护理要点

1. **心理护理** 保护患者的隐私,帮助其树立治愈疾病的信心。
2. **孕妇护理** 所有孕妇在初次产检时做梅毒血清学筛查,告知患有梅毒的孕妇用药目的、原则及注意事项,严格按医嘱及时、足量、规范完成治疗方案。

(五) 健康指导

治疗期间禁止性生活,性伴侣应同时进行检查及治疗。治疗后至少 2 年内不妊娠。应随访 2~3 年,第 1 年每 3 个月随访 1 次,以后每半年随访 1 次。

知识拓展

艾滋病医源性感染的控制研究*

艾滋病是由人类免疫缺陷病毒引起的一种获得性免疫缺陷综合征,可导致患者免疫系统受到严重破坏,传染性强、死亡率高。艾滋病的传播途径以性传播、血液传播和母婴传播等三种途径为主,其中医源性感染的途径以血液传播为主。由于目前临床尚无预防艾滋病的有效疫苗和有效的治疗药物,因此控制艾滋病蔓延的最有效措施为预防。医疗机构应重视对医护人员的培训和教育,使其对艾滋病的传播途径、医源性感染风险等有清醒的认识,增强其自我保护意识。在临床处理艾滋病患者时做好切实的防范措施,严格执行消毒隔离制度,避免不必要的体液接触,防止发生医疗器械刺伤,可有效避免艾滋病医源性感染的发生。

* 引自:杨忠,李玉林.艾滋病医源性感染的控制研究.中外医学研究,2015,13(3):158-159.

患者,女,26 岁已婚,人工流产术后 1 周,发热 4 天,右下腹痛 3 天,追问病史有术后性交史。查体:体温 39℃,血压 100/60 mmHg,心率 102 次/分,右下腹有压痛、反跳痛。妇科检查:阴道有脓性臭味分泌物,子宫颈举痛(+),宫口闭,子宫正常大,压痛明显,右附件稍增厚,压痛。实验室检查:WBC 16×10^9/L,中性粒细胞比例 85%。

【问题】

(1) 请列出该患者目前最可能的医疗诊断。
(2) 该患者目前存在的护理问题有哪些?
(3) 请列举该患者的护理措施。

【分析与解答】

(1) 最可能的医疗诊断:盆腔炎性疾病。诊断依据:宫腔操作史,有诱发盆腔炎性疾病的高危因素(人流术后 1 周内性交),子宫颈举痛,阴道脓性臭味分泌物,子宫压痛明显,右附件稍增厚、压痛,具备盆腔炎性疾病诊断的基本标准;发热,白细胞升高,提示有炎症的可能,提高盆腔炎性疾病诊断的特异性。

(2) 可能存在的护理问题:① 疼痛:与生殖器官及周围结缔组织炎症有关;② 体温过高:与盆腔感染有关;③ 知识缺乏:缺乏预防盆腔炎性疾病发生的知识。

(3) 护理措施:参见本章第五节"盆腔炎性疾病"相关内容。

小 结

1. 阴道炎症
   - 滴虫性阴道炎
     - 病因：阴道毛滴虫感染
     - 阴道分泌物：稀薄泡沫状
     - 处理原则：局部及全身用药，甲硝唑
   - 阴道假丝酵母菌病
     - 病因：阴道假丝酵母菌
     - 阴道分泌物：白色稠厚凝乳状或豆渣样
     - 处理原则：消除诱因，用2%~4%碳酸氢钠冲洗阴道
   - 萎缩性阴道炎
     - 病因：卵巢功能衰退，局部抵抗力降低
     - 阴道分泌物：稀薄，淡黄色
     - 处理原则：增加抵抗力，补充雌激素

2. 盆腔炎性疾病护理要点
   - 对症：半卧位、营养支持等
   - 用药护理：选择高效敏感的抗生素
   - 心理护理
   - 预防后遗症
   - 健康教育

【思考题】

(1) 女性生殖系统的自然防御功能有哪些？
(2) 阴道假丝酵母菌病的护理要点是什么？
(3) 盆腔炎性疾病的护理要点是什么？

(张小丽)

第十五章

生殖内分泌疾病患者的护理

学习要点

- **掌握**：① 功能失调性子宫出血的护理要点；② 接受性激素治疗功能失调性子宫出血患者的护理要点。
- **熟悉**：绝经综合征的护理措施。
- **了解**：经前期综合征的护理要点。

第一节 功能失调性子宫出血

一、概述

功能失调性子宫出血简称功血，指由于生殖内分泌轴功能紊乱造成的异常子宫出血。分无排卵性和有排卵性两大类。

二、临床表现

1. 无排卵性功血　子宫不规则出血，周期紊乱、经期长短不一、经量不定或增多，甚至大量出血。
2. 有排卵性功血　临床有月经过多和月经周期间出血两种类型。前者表现为月经周期规则，经期正常，但经量增多＞80 mL，后者包括黄体功能异常出血。围排卵期出血。

三、处理原则

1. 无排卵性功血
(1) 止血
1) 性激素：为首选，包括雌、孕激素联合用药、单纯雌激素、单纯孕激素治疗。96 h 以上仍不止血，应考虑有无器质性病灶。
2) 刮宫术：可迅速止血，且具有诊断价值。对无性生活史的青少年，仅适于大量出血且药物治疗无效需立即止血或检查子宫内膜组织学者，不轻易做刮宫术。
3) 辅助治疗：止血药、丙酸睾酮对抗雌激素、矫正贫血、抗感染治疗、矫正凝血功能等。
(2) 调节月经周期：应用性激素止血后，必须调整月经周期。方法有：雌、孕激素序贯法；雌、孕激素联合法；促排卵等。
(3) 手术治疗：对于药物治疗疗效不佳或不宜用药、无生育要求的患者考虑手术治疗。手术方法有子宫内膜切除、子宫切除术。

笔记栏

2. 排卵性功血

(1) 月经过多的治疗：止血药、宫内孕激素释放系统、复方短效口服避孕药等。

(2) 月经周期间出血的治疗：促进卵泡发育、黄体功能刺激疗法、口服避孕药等。

四、护理评估

1. 健康史　　询问年龄、月经史、婚育史、避孕措施、既往史、精神创伤史、目前阴道流血情况等。

2. 身心状况　　观察精神、营养状态，有无贫血貌、出血点、黄疸等。评估有无焦虑、恐惧等心理不适。

3. 实验室检查与其他辅助检查

(1) 妇科检查：排除器质性病灶。

(2) 诊刮：年龄≥35岁的已婚妇女的首选方法。刮出的组织送病理学检查，以便确诊。

(3) 宫腔镜检查：直接观察子宫内膜情况。

(4) 基础体温测定：无排卵性功血基础体温无上升改变而呈单相曲线。有排卵性功血则表现为基础体温呈双相，其中黄体期短者高温相小于11日；黄体萎缩不全者，则下降缓慢。

(5) 阴道脱落细胞涂片检查。

(6) 宫颈黏液结晶检查：经前出现羊齿植物叶状结晶提示无排卵。

(7) 激素测定：可测定血清孕酮或尿孕二酮，同时测定血催乳激素水平及甲状腺功能。

五、常见护理诊断/问题

1. 活动无耐力　　与子宫出血导致的贫血有关。

2. 知识缺乏　　与缺乏正确服用性激素的知识有关。

3. 有感染的危险　　与严重贫血，机体抵抗力下降有关。

六、预期目标

(1) 患者贫血症状改善，体力有所增加。

(2) 患者按规定正确服用性激素。

(3) 能及时发现感染的早期症状。

七、护理措施

1. 心理护理　　鼓励患者表达内心感受，解释病情，提供信息，缓解焦虑。

2. 补充营养　　可补充铁剂、维生素C和蛋白质，纠正贫血，增强体质。

3. 维持正常血容量　　观察并记录患者的生命体征、出入量、出血量。贫血严重者，遵医嘱做好配血、输血、止血措施。

4. 预防感染　　观察体温、脉搏、子宫体压痛等，监测血白细胞计数和分类，同时做好会阴护理，必要时遵医嘱应用抗生素。

5. 用药护理　　遵医嘱使用性激素。

(1) 按时按量正确服用性激素，不随意停服和漏服。

(2) 药物减量必须按医嘱在血止后才能开始，每3d减量1次，每次减量不得超过原剂量的1/3，直至维持量。

(3) 维持量服用时间：按停药后发生撤退性出血的时间，与患者上一次行经时间相应考虑。

(4) 治疗期间如出现不规则阴道流血，应及时就诊。

6. 手术护理　　需手术者，提供手术常规护理。

八、健康指导

(1) 患者应避免劳累，保证睡眠充足，外出活动时有人陪同。

(2) 多进食高蛋白质及含铁高的饮食。

(3) 保持会阴部清洁。出血期间禁性生活、禁盆浴。

九、结果评价

(1) 患者贫血症状得到纠正。

(2) 患者按规定正确服用性激素。

(3) 患者未发生感染。

米非司酮治疗围绝经期功能性子宫出血*

米非司酮是临床常用的一种抗孕酮甾体类药物，能够直接对子宫内膜作用，具有强有效孕激素拮抗作用，且其与子宫内膜之间的亲和力约为孕酮的5倍。米非司酮能够抑制卵巢及卵泡的发育，有效延迟排卵，并促进黄体溶解，促进卵泡的萎缩，使患者能够顺利度过绝经期。米非司酮治疗围绝经期功能性子宫出血疗效优于醋酸甲羟孕酮，且不良反应较少，是一种安全可靠的围绝经期功能性子宫出血的治疗药物。

* 引自：王飞. 米非司酮治疗围绝经期功能性子宫出血31例临床观察. 中国伤残医学，2015，23(1)：92.

案例分析

患者，女，20岁，因"月经紊乱1年，不规则阴道出血2周"入院，患者14岁初潮，既往月经规则，量中，无痛经。近1年来月经开始紊乱，周期不固定，周期20～90 d不等，经期12～20 d，量时多时少。LMP：2015-06-01(2周前)，开始量少，近3天出血量明显增加。入院T 36.8℃，P 96次/分，BP 90/65 mmHg，贫血貌，偶有心慌不适，全身皮肤黏膜无黄染及出血点。既往无手术外伤史，有性生活。实验室及影像学检查：妊娠试验阴性；血常规：Hb 65 g/L，PLT 218×10^9/L；凝血功能正常；B超：子宫及双侧卵巢未见异常。

【问题】

(1) 请列出该患者的临床诊断并说明处理原则。

(2) 介绍该患者性激素治疗的护理要点。

【分析与解答】

(1) 异常子宫出血（无排卵性）；继发贫血（中度）。处理原则：止血（首选性激素）、调整周期，有生育要求者需促排卵治疗。

(2) 性激素治疗的护理要点：① 按时按量服用性激素，不得随意停服或漏服；② 药物减量必须按规定在血止后才能开始，每3天减量1次，每次减量不得超过原剂量的1/3，直至维持量；③ 维持量服用时间，通常按停药后发生撤退性出血的时间与患者上一次行经时间相应考虑；④ 指导患者在治疗期间如出现不规则阴道流血应及时就诊。

第二节 闭 经

一、概述

闭经表现为无月经或月经停止。根据既往有无月经来潮分为原发性和继发性两类。① 原发性闭经:年龄超过14岁、第二性征未发育者;或年龄超过16岁、第二性征已发育,月经尚未来潮。② 继发性闭经:正常月经建立后月经停止6个月以上者,或按自身原来月经周期计算停经3个周期以上者。

二、处理原则

1. 全身治疗　　积极治疗全身性疾病,提高机体体质;运动性闭经适当减少运动量;精神因素所致闭经应进行心理治疗。
2. 激素治疗　　给予相应激素治疗以补充体内激素不足或拮抗剂过多,达到治疗目的。
3. 辅助生殖治疗　　参见第十九章第二节"辅助生殖技术"相关内容。
4. 手术治疗　　针对各种器质性病因,采用相应的手术治疗。

三、护理评估

1. 健康史　　回顾患者婴幼儿期生长发育过程,有无先天性缺陷或其他疾病。询问初潮年龄,月经周期、经期、经量、有无痛经,闭经前月经情况,闭经期限及伴随症状等。已婚妇女生育史及产后并发症。
2. 身心状况　　精神、心理状态、营养、全身发育状况,身高、体重、智力情况、第二性征发育情况等。
3. 实验室检查与其他辅助检查　　妇科检查、子宫功能检查、诊断性刮宫、子宫输卵管碘油造影、子宫镜检查、药物撤退试验、卵巢功能检查、垂体功能检查等。

四、常见护理诊断/问题

1. 功能障碍性悲哀　　与担心失去女性特征有关。
2. 焦虑　　与担心疾病对健康、性生活、生育的影响有关。
3. 自尊紊乱　　与长期闭经,不能正常月经来潮而出现自我否定等有关。

五、预期目标

(1)患者能够接受闭经的事实,客观地评价自己。
(2)患者能够主动诉说病情及担心。
(3)患者能够主动、积极地配合诊治方案。

六、护理措施

1. 心理护理　　闭经患者往往心理压力大,情绪低落,对治疗和护理无信心,反过来又加重闭经。因此,心理护理尤其重要。向患者讲解有关闭经的知识,增强患者治愈疾病的信心,解除患者担心疾病及其影响的心理压力,告知患者良好的情绪对治疗疾病的重要作用,并鼓励患者与社会交往。
2. 指导合理用药　　必须按医嘱用药和复诊,说明性激素的作用、用法、剂量、不良反应等。
3. 充足的营养　　告知患者维持标准体重可以治疗闭经,加强锻炼,增强体质。

七、结果评价

(1)患者主动积极配合诊治方案。
(2)患者了解病情,并能与病友交流病情和治疗感受。

第三节　痛　经

一、概述

痛经是指行经前后或月经期出现下腹部疼痛、坠胀,伴有腰酸等不适症状严重影响生活质量

者。分为原发性和继发性两类,前者指生殖器官无器质性病变;后者指由于盆腔器质性疾病引起的痛经。本节只叙述原发性痛经。

二、临床表现

青春期多见,初潮或其后 1~2 年内发病,行经第 1 日疼痛最剧烈,持续 2~3 d 后缓解,疼痛呈痉挛性可伴恶心、呕吐、腹泻等,严重者出现面色苍白、出冷汗。

三、处理原则

1. 一般治疗　　重视心理治疗,说明月经时轻度不适是生理反应,消除紧张和顾虑。
2. 药物治疗　　前列腺素合成酶抑制剂、口服避孕药。

四、护理评估

1. 健康史　　年龄、月经史与婚育史,与诱发痛经相关的因素,疼痛与月经的关系,疼痛发生的时间、部位、性质、程度及伴随症状等。
2. 身心状况　　精神紧张、怨恨、恐惧等。
3. 辅助检查　　妇科检查无阳性体征(注意经期无特殊需要不行妇科检查)。为排除盆腔病变,可做超声检查、腹腔镜、宫腔镜检查等。

五、常见护理诊断/问题

1. 疼痛　　与月经期子宫痉挛性收缩有关。
2. 恐惧　　与长期痛经造成的精神紧张有关。
3. 睡眠形态紊乱　　与痛经症状有关。

六、预期目标

(1) 患者的疼痛症状缓解。
(2) 患者月经来潮前及月经期无恐惧感。
(3) 患者在月经期得到足够的休息和睡眠。

七、护理措施

(1) 月经期间注意腹部保暖,经期禁忌生冷、刺激饮食。
(2) 服用止痛药,遵医嘱正确服用,防止成瘾。
(3) 药物处理,前列腺素合成酶抑制药为首选,应在月经痛发生前 1 日应用效果最好。
(4) 应用生物反馈法,增加患者的自我控制感使身体放松。

八、健康指导

重视精神心理护理,讲解有关痛经的生理知识,解除恐惧心理。经前期忌食生冷、寒凉食物,注意经期卫生,经期禁性生活。注意腹部保暖,合理休息,加强营养。

九、结果评价

(1) 患者自述疼痛症状减轻。
(2) 患者无恐惧的行为表现,在生理和心理上的舒适感增加。
(3) 患者自述在月经期睡眠良好。

第四节 经前期综合征

一、概述

经前期综合征是指反复在黄体期出现周期性以情感、行为和躯体障碍为特征的综合征。月经来潮后,症状自然消失。

二、临床表现

症状出现于月经前 1~2 周,表现为以下几点。

1. 躯体症状　头痛、肢体水肿、乳房胀痛、腹部胀满。
2. 精神症状　易怒、焦虑、情绪不稳定等。
3. 行为改变　注意力不集中等。周期性反复出现,为其临床特点。

三、处理原则

心理疏导及饮食治疗、调整生活状态、药物治疗(抗焦虑药、抗抑郁症药、利尿剂、溴隐亭及维生素 B_6 等)。

四、护理评估

1. 健康史　患者生理、心理疾病史,既往妇科、产科病史,排除精神病及心、肝、肾等疾病引起的浮肿。
2. 身心状况　月经前 7~14 d,出现周期性身体症状如乳房胀痛、水肿、体重增加、腹胀、头痛等。心理方面包括紧张、焦虑、不安、情绪起伏等,严重者自杀、叛逆等。
3. 辅助检查　全身检查有无浮肿、妇科检查常无异常。

五、常见护理诊断/问题

1. 焦虑　与周期性经前出现不适症状有关。
2. 疼痛　与精神紧张有关。

六、预期目标

(1) 患者在月经来潮前 2 周及月经期能够消除焦虑。
(2) 患者在月经来潮前 2 周及月经期减轻疼痛。

七、护理措施

1. 指导饮食　提倡均衡饮食,有水肿者限制盐分、糖分及刺激性食物,多摄取富含维生素 B_6 的食物,如猪肉、牛奶等。
2. 加强运动和锻炼　如慢跑、游泳等。
3. 应对压力的技巧　如腹式呼吸、渐进性肌肉松弛等。
4. 指导用药　抗抑郁症药,于黄体期口服,不超过 3 个周期。溴隐亭,随餐服用。

八、健康指导

指导患者记录月经周期,向患者和家属讲解可能造成经前期综合征的原因,帮助患者获得家人

的支持。

九、结果评价

(1) 消除焦虑感,月经来潮前未出现不适。
(2) 患者无头痛、腰痛等症状出现。

第五节 绝经综合征

一、概述

绝经综合征是指妇女在绝经前后由于性激素波动或减少所致的一系列躯体及精神心理症状。绝经分为人工绝经和自然绝经。人工绝经指两侧卵巢经手术切除或放射性照射等所致;自然绝经指卵巢内卵泡生理性耗竭所致。

二、临床表现

1. 近期症状
(1) 月经紊乱:表现无排卵性功血或闭经。
(2) 血管舒缩症状:是雌激素降低的特征性症状,表现为潮热。
(3) 精神神经症状:表现为情绪、记忆和认知功能障碍。
(4) 自主神经失调症状:表现为心悸、眩晕、头痛、失眠等。

2. 远期症状
(1) 心血管症状:动脉硬化冠心病的发病风险增加。
(2) 泌尿、生殖道症状:反复出现阴道感染、阴道干燥及尿路感染等。
(3) 骨质疏松:最常发生在椎体。
(4) 阿尔茨海默病:表现为痴呆、失语失认、失忆及性格行为异常。

三、处理原则

1. 一般治疗　　心理疏导;必要时可适量服用谷维素;坚持体育锻炼,摄取足量蛋白质及含钙丰富食物;严重睡眠障碍者可适量服用镇静药。

2. 激素补充治疗(HRT)
(1) 适应证
1) 缓解绝经相关心血管症状及睡眠障碍。
2) 绝经后期骨质疏松症。
3) 泌尿生殖道萎缩相关问题。
(2) 禁忌证
1) 已知或怀疑妊娠、原因不明阴道流血。
2) 目前患有或怀疑乳腺癌、子宫内膜癌等。
3) 半年内曾患有血栓性疾病。
4) 慎用:应用激素补充治疗子宫肌瘤、子宫内膜异位症、子宫内膜增生史等。
(3) 治疗:主要药物为雌激素,配合使用孕激素。可采用雌、孕激素联合用药或序贯给药:在雌激素治疗的后半期加用孕激素。

四、护理评估

1. **健康史** 了解患者的年龄、月经史、生育史、月经的改变、心血管疾病、内分泌腺体疾病等。
2. **身心状况** 卵巢功能减退及雌激素不足引起的症状；家庭及社会环境变化引起的表现，如心情不愉快、忧虑等；个性特点与精神因素引起的表现，如失眠、易激动等。
3. **实验室检查与其他辅助检查** 妇科检查、血液检查、尿常规、细菌学检查、子宫颈刮片、分段诊断性刮宫、心电图、B超等。

五、常见护理诊断/问题

1. **自我形象紊乱** 与围绝经期综合征症状有关。
2. **焦虑** 与围绝经期内分泌改变有关。
3. **有感染的危险** 与生殖系统的萎缩和抵抗力降低有关。

六、预期目标

(1) 患者能够正确评价自己，积极参与社会活动。
(2) 患者能以平和的心态对待自己的生理和心理上的变化。
(3) 患者围绝经期不发生泌尿、生殖系统感染。

七、护理措施

1. **心理护理** 提供心理支持并争取家属理解，相互配合，缓解患者症状。
2. **用药指导** 帮助患者了解用药目的、药物剂量、用药时可能出现的反应等，如雌激素剂量过大可引起乳房胀痛、白带多、头痛、水肿等。孕激素不良反应包括抑郁、易怒和水肿等。使用最小有效剂量和治疗目的相一致的最短时期。
3. **随访** 督促长期使用性激素者接受定期随访。随访时间：开始HRT后，于1～3个月复诊。以后间隔可为3～6个月，1年后间隔可为6～12个月。若出现异常阴道流血或其他不良反应随时复诊。

八、健康指导

(1) 介绍绝经发生的原因及绝经前后身体将发生的变化。
(2) 介绍绝经前后减轻症状的方法及预防措施，生活规律化，坚持锻炼，补充营养，适当地摄取钙质和维生素D。
(3) 帮助了解、消除焦虑恐惧，耐心解答问题，指导患者保持心情舒畅。
(4) 定期体检，防癌检查，积极防治糖尿病、高血压等，特别注意女性生殖道和乳腺肿瘤。
(5) 宣教雌激素补充疗法的知识。

九、结果评价

(1) 患者以乐观的态度对待自己，认识到绝经是女性正常生理过程。
(2) 围绝经期妇女无感染性疾病发生。

小 结

功能失调性子宫出血
- 分类
  - 有排卵性功能失调性子宫出血
  - 无排卵性功能失调性子宫出血
- 治疗原则（无排卵性）
  - 止血
  - 调整月经周期
  - 促进排卵
- 护理要点
  - 心理护理
  - 补充营养
  - 观察记录生命体征，维持正常血容量
  - 预防感染
  - 遵医嘱使用性激素

【思考题】

(1) 功能失调性子宫出血不同类型的治疗原则和护理要点有哪些？
(2) 接受性激素治疗功血患者的护理要点是什么？
(3) 试述绝经综合征的临床表现、处理原则及护理措施。

（张小丽）

第十六章

妊娠滋养细胞疾病患者的护理

学习要点

- **掌握**：① 葡萄胎术后随访内容及健康教育；② 化疗期间的观察及护理。
- **熟悉**：病灶转移的观察及护理。
- **了解**：滋养细胞瘤的典型临床表现。

妊娠滋养细胞疾病（gestational trophoblastic disease，GTD）是一组来源于胎盘绒毛滋养细胞的疾病。按组织学特点分为：葡萄胎、侵蚀性葡萄胎、绒毛膜癌。

第一节 葡萄胎

一、概述

葡萄胎（hydatidiform mole）因妊娠后胎盘绒毛滋养细胞增生、间质水肿，而形成大小不一的水泡，水泡间借蒂相连成串，形如葡萄而名之，也称水泡状胎块。葡萄胎是滋养细胞的良性病变，可分为完全性葡萄胎和部分性葡萄胎。

二、临床表现

1. 停经后阴道流血　　最常见，停经 8~12 周开始。
2. 子宫异常增大、变软　　约有半数以上的患者子宫大于停经月份，并伴有 HCG 水平异常升高，1/3 患者子宫与停经月份相等，另有少数子宫小于停经月份。
3. 妊娠呕吐　　较正常妊娠时间早且持续时间长，多发生于子宫异常增大和 HCG 水平异常升高者。
4. 妊娠期高血压疾病征象　　患者较早出现高血压、水肿、蛋白尿等症状及相应体征。
5. 卵巢黄素化囊肿　　大量绒毛膜促性腺激素（HCG），刺激卵巢卵泡内膜细胞发生黄素化。
6. 黄素囊肿　　黄素囊肿常在葡萄胎清宫后 2~4 个月自行消退。
7. 腹痛　　表现为阵发性下腹痛，一般不剧烈，能够忍受，常发生于阴道流血之前。
8. 甲亢征象　　心动过速、皮肤潮湿、震颤。血清 T_3、T_4 水平异常升高，约有 7% 患者可出现。

三、处理原则

一旦确诊,及时清除子宫腔物内容物和定期 HCG 测定随访。

四、护理评估

1. 健康史　　滋养细胞疾病史,月经史,生育史,妊娠反应,阴道流血,水泡状物。
2. 身心状况　　停经后反复不规则阴道流血;担心、恐惧。
3. 实验室检查与其他辅助检查
(1) 产科检查:子宫大于停经月份、较软,腹部检查扪不到胎体。
(2) 多普勒胎心测定:只听到子宫血流杂音、无胎心音。
(3) 人绒毛膜促性腺激素测定:异常增高持续不降,超出正常妊娠水平。
(4) 超声检查:"落雪状"、水泡较大则呈"蜂窝状"。

五、常见护理诊断/问题

1. 焦虑　　与担心清宫手术及预后有关。
2. 自尊紊乱　　与分娩的期望得不到满足及对将来妊娠担心有关。
3. 有感染的危险　　与长期阴道流血、贫血造成免疫力下降有关。

六、预期目标

(1) 患者能掌握减轻焦虑的技能,积极配合刮宫手术。
(2) 患者能接受葡萄胎及流产的结局。
(3) 患者能陈述随访的重要性和具体方法。

七、护理措施

1. 心理护理　　评估患者心理承受能力,向患者讲解葡萄胎的相关知识,增强其信心并给予配合。
2. 严密观察病情　　腹痛、阴道流血,流血较多时观察生命体征。
3. 配合治疗　　刮宫:① 术前:备血、开放静脉,准备好缩宫素,抢救药品和物品;② 术中:观察患者脉搏、面色及神志的改变;③ 术后:刮出物送检(选取靠近宫壁葡萄状组织),保持会阴部清洁,观察体温变化,必要时遵医嘱给予抗生素治疗。

八、健康指导

鼓励患者摄取高蛋白质、富含维生素 A、易消化的食物,适当活动,睡眠充足。刮宫术后 1 个月内禁性生活和盆浴,保持会阴部清洁预防感染。严格避孕 1 年,首选避孕套或是口服避孕药。葡萄胎恶变率达 10%～25%,患者要定期随访,随访内容时间如下。

1. 内容　　① HCG 定量测定;② 妇科检查、盆腔 B 超、X 胸片、CT 检查等;③ 询问病史,包括月经情况,有无阴道流血、咳嗽、咯血等症状。
2. 时间　　葡萄胎清宫后,每周查一次血、尿 HCG(清晨血和尿标本),直至连续 3 次阴性,后每月一次,持续半年,然后再每 2 个月一次,共 6 个月,自第一次血、尿 HCG 检查阴性后共计 1 年。

九、结果评价

(1) 患者和家属能理解清宫手术的重要性,配合医护人员顺利完成刮宫术。
(2) 患者情绪稳定,焦虑减轻,治愈疾病的信心增加。
(3) 患者和家属了解随访的重要性,并能正确地参与随访全过程。

案例分析

患者,女,32岁。葡萄胎清空术后6个月,现停经2个月,阴道不规则流血10 d,咳嗽、痰中带有血丝1周,经抗感染治疗不见好转。检查子宫增大、变软,尿β-HCG阳性,B超显示子宫腔未见胚囊,肺部X线检查有棉球状阴影。

【问题】
(1) 该患者最可能的临床诊断是什么?
(2) 说出主要治疗原则。
(3) 简述护理要点。

【分析与解答】
(1) 最可能的临床诊断:侵蚀性葡萄胎。
(2) 治疗原则:化疗为主,手术为辅。
(3) 护理要点:① 鼓励患者进食,给予高蛋白质、高维生素、低脂肪饮食;② 必要时应用镇静剂及静脉补液;③ 定时测量体重;④ 注意观察化疗的不良反应。

第二节　妊娠滋养细胞肿瘤

一、概述

妊娠滋养细胞肿瘤60%继发于葡萄胎妊娠,30%继发于流产,10%继发于足月妊娠或异位妊娠,其中侵蚀性葡萄胎(invasive mole)全部继发于葡萄胎妊娠,绒癌(choriocarcinoma)可继发于葡萄胎妊娠也可继发于非葡萄胎妊娠,换言之,葡萄胎妊娠后可继发侵蚀性葡萄胎或绒癌而非葡萄胎妊娠只继发绒癌。侵蚀性葡萄胎一般恶性程度不高,大多数仅造成局部侵害,绒癌恶性程度极高,发生转移早而且广泛。

二、临床表现

1. 无转移滋养细胞肿瘤
(1) 阴道不规则流血:葡萄胎排空后、流产或足月产后,量多少不定。
(2) 子宫不能如期复旧,4~6周仍未恢复正常大小。
(3) 卵巢黄素化囊肿可持续存在。
(4) 腹痛。
(5) 假孕症状。

2. 转移性妊娠滋养细胞肿瘤
(1) 肺:最常见的转移部位,典型表现为胸痛、咳嗽、咯血及呼吸困难,少数情况造成急性肺梗死。
(2) 阴道转移:常位于阴道前壁及穹窿,紫蓝色结节,破溃可引起出血。
(3) 肝转移:右上腹部或肝区疼痛、黄疸等。
(4) 脑转移:是致死主要原因。
(5) 其他转移:包括脾、肾、膀胱、消化道、骨等。

三、处理原则

以化疗为主,手术和放疗为辅的综合治疗。

四、护理评估

1. 健康史　　葡萄胎,阴道流血的病史,HCG,转移灶,化疗。
2. 身心状况　　阴道不规则流血,腹腔内出血及腹痛;转移灶症状。
3. 实验室检查与其他辅助检查

(1) 妇科检查:子宫增大、质软,发生阴道转移时局部可见紫蓝色结节。

(2) 血、尿 HCG:① HCG 测定 4 次高水平呈平台状态(±10%),并持续 3 周或更长时间;② HCG 测定 3 次上升;③ >10%,并至少持续 2 周或更长时间。

(3) 胸部 X 线检查:诊断肺转移的重要检查方法。

(4) B 超检查:子宫正常大小或呈不同程度增大,肌层内可见高回声或回声不均。

(5) CT 和磁共振成像:CT 对肺部小病灶和脑等部位的转移灶有较高的诊断价值。磁共振可诊断脑、肝、盆腔病灶。

(6) 组织学诊断:侵蚀性葡萄胎在子宫肌层或子宫外转移灶中见到绒毛结构或退化的绒毛阴影;绒癌仅见大量的滋养细胞浸润和坏死出血,未见绒毛结构。

五、常见护理诊断/问题

1. 角色紊乱　　与较长时间住院和接受化疗有关。
2. 潜在并发症:肺转移、阴道转移、脑转移

六、预期目标

(1) 患者能主动参与治疗护理活动。
(2) 患者适应角色改变。

七、护理措施

1. 心理护理　　提供安静舒适的环境,减少患者陌生感。告知患者滋养细胞肿瘤是肿瘤中对化疗效果最好的一种,树立战胜疾病的信心。

2. 严密观察病情　　严密观察患者腹痛及阴道流血情况,记录出血量,出血多时密切观察生命体征,动态观察血 HCG 的变化情况,识别转移灶。

3. 减轻不适　　应对疼痛和化疗的不良反应,满足患者合理要求。

4. 转移灶的护理

(1) 阴道转移:卧床休息,减少局部刺激;配血备用;大出血时,取长纱布条压迫(24~48 h 内取出)。

(2) 肺转移:休息,吸氧;减少消耗;给予镇静剂及化疗药物;对症护理:咯血者取头低患侧卧位,保持呼吸道通畅。

(3) 脑转移:卧床休息,严密观察,以防瘤栓期的一过性症状发生;遵医嘱予静脉补液,预防颅内压增高;采取护理措施防止跌倒、压疮等发生;配合 HCG 测定、腰穿等检查;昏迷、偏瘫患者给予相应的护理。

八、健康指导

(1) 营养:保证摄入量。
(2) 休息:减少消耗。
(3) 预防感染。
(4) 随访指导:治疗结束后严密随访,第一次在出院后 3 个月,然后每 6 个月一次至 3 年,此后每年一次直至 5 年,以后可每 2 年一次。随访期间应严格避孕。
(5) 避孕措施:首选避孕套,化疗停止≥12 个月可妊娠。

笔记栏

九、结果评价

(1) 住院期间患者能主动配合治疗方案。
(2) 患者获得一定的化疗自我护理知识、技能。
(3) 能较好地处理与家人的关系,诊治过程中表现出积极的行为。

> **知识拓展**
>
> **胎盘部位滋养细胞肿瘤***
>
> 胎盘部位滋养细胞肿瘤(placental site trophoblastictumor, PSTT)是起源于胎盘部位中间滋养细胞的罕见肿瘤,可继发于葡萄胎。多发生于生育期妇女,罕见发生于绝经后。其主要临床症状为异常阴道流血或继发性闭经。PSTT 的发生多数与前次妊娠间隔时间不超过 5 年,少数可以有较长的间隔期。PSTT 来源于胎盘部位中间滋养细胞,超过一半的患者病变局限于子宫,产生较少的 β-HCG,对化疗也更不敏感,因此,手术切除子宫是主要的治疗方式。尽管针对 PSTT 目前尚无确定有效的化疗方案,但 EMA-CO 及 EI-EMA 是目前最常用的化疗方案。尽管 PSTT 较绒毛膜癌产生较少的 β-HCG,但 β-HCG 仍是监测患者对治疗反应及随访的最好指标。
>
> * 引自:何艳梅,江炜,李雷.胎盘部位滋养细胞肿瘤 13 例临床病理分析.四川大学学报(医学版),2017,48(4):647-649.

> **案例分析**
>
> 患者,女性,27岁,生育史 0-0-1-0,停经 3 个月余,B超提示:宫腔内见"弥漫分布的光点",血 HCG>200 万 mIU/mL,诊断"葡萄胎",行吸宫术,术后病理提示"水泡状胎块;滋养液细胞中度增生",二次清宫术后 3 个月复查血 HCG 仍波动在正常范围以上,否认术后有性生活史,复查 B 超"宫腔见直径 0.4 cm 细长型中回声,子宫后壁见稍丰富血流信号",妇科检查见阴道前壁 1.2 cm×2 cm 紫蓝色结节,肺部 CT 提示"左肺下叶多发结节",门诊拟"滋养细胞肿瘤"收入院后行 EMA-CO 方案治疗。
>
> 【问题】
> (1) 该葡萄胎患者的观察要点和护理措施有哪些?
> (2) 该患者的心理护理措施有哪些?
>
> 【分析与解答】
> 参见本章第二节"妊娠滋养细胞肿瘤"相关内容。

第三节 化疗患者的护理

一、概述

化学药物治疗(简称化疗)指对于肿瘤的化学药物治疗,已成为治疗恶性肿瘤的主要方法之一。滋养细胞肿瘤是所有肿瘤中对化疗最敏感的一种。化疗的作用机制:① 影响 DNA 合成;② 干扰 RNA 复制;③ 干扰转录、抑制 mRNA 合成;④ 阻止纺锤丝形成;⑤ 阻止蛋白质合成。

二、化疗药物种类、化疗方案、给药方法及常见药物不良反应

1. 化疗药物种类
(1) 烷化剂：抗瘤新芥、消瘤芥。
(2) 抗代谢药物：甲氨蝶呤、氟尿嘧啶。
(3) 抗肿瘤抗生素：放线菌素 D。
(4) 抗肿瘤植物药：长春碱、长春新碱。

2. 化疗
(1) 单一化疗：甲氨蝶呤、氟尿嘧啶、放线菌素 D 等。
(2) 联合化疗：以氟尿嘧啶为主和 EMA-CO 方案。

3. 给药方法　　静脉滴注、肌肉注射、口服给药、腹腔内给药、动脉插管局部灌注、靶向治疗等。

4. 常见药物不良反应
(1) 骨髓抑制：外周白细胞和血小板。
(2) 消化道反应：恶心、呕吐、口腔溃疡。
(3) 神经系统损害：指、趾端麻木，复视。
(4) 药物中毒性肝炎：血转氨酶升高，偶见黄疸。
(5) 泌尿系统损伤：肾功能正常者可用。
(6) 其他：皮疹、脱发。

三、护理评估

1. 健康史　　肿瘤疾病史、化疗史及药物过敏史，了解本次的化疗方案。
2. 身心状况　　了解患者的一般情况（意识状态、发育、营养、面容与表情），生命体征；了解患者的日常生活规律；心理状态。
3. 实验室检查与其他辅助检查　　血尿常规、肝肾功能，如有异常暂缓化疗。

四、常见护理诊断/问题

1. 营养失调　　与化疗所致的消化道反应有关。
2. 自我形象紊乱　　与化疗所致头发脱落有关。
3. 有感染的危险　　与化疗引起的白细胞减少有关。

五、预期目标

(1) 患者能满足机体的营养需要。
(2) 患者能接受自己形象的改变。
(3) 患者未发生严重感染。

六、护理措施

1. 心理护理　　倾听患者诉说、取得患者信任；鼓励患者克服化疗不良反应。
2. 健康教育　　讲解化疗护理的常识，教会患者化疗时的自我护理。
3. 用药护理
(1) 准确测量并记录体重，早上空腹排空大小便后测量。遵医嘱严格执行三查八对制度，正确溶解和稀释药物，做到现配现用。积极使用 PICC 及输液港，注意药物外渗的处理。
(2) 药物不良反应的护理
1) 口腔护理：保持口腔清洁，给予温凉的流质饮食。
2) 止吐护理：采取有效的措施轻恶心、呕吐，化疗前可给予止吐剂。

3) 骨髓抑制的护理：WBC<$1.0×10^9$/L 者进行保护性隔离。

4. **病情观察** 观察体温，判断感染情况。观察出血情况，腹痛、恶心、腹泻等肝脏损害症状和体征；观察尿频、尿急、血尿等膀胱炎症状；观察有无皮疹等皮肤反应；观察有无肢体麻木、偏瘫神经系统症状。

七、结果评价

(1) 患者能坚持进食，保证摄入量，未发生水电解质紊乱。
(2) 患者血管未发生意外损伤。
(3) 患者能以平和的心态接受自己形象的改变。
(4) 患者住院期间未出现严重感染，病情好转或痊愈。

小 结

1. 葡萄胎
   - 典型临床表现：停经后阴道流血和子宫异常增大
   - 辅助检查：超声检查和血清 HCG 测定
   - 处理原则：及时清宫和定期 HCG 测定

2. 妊娠滋养细胞肿瘤
   - 临床表现：异常阴道流血
   - 诊断依据：HCG 值异常升高
   - 治疗原则：以化疗为主

【思考题】

(1) 患者化疗期间复查血常规，护士接到化验室电话，患者白细胞 $0.9×10^9$/L，护士应如何处理？
(2) 患者腹腔化疗后如何进行观察和护理？
(3) 患者阴道局部有紫蓝色结节，在护理中应重点注意哪些？患者入院后第 3 天突然出现阴道流血约 200 mL，如何处理？
(4) 妊娠滋养细胞肿瘤患者入院后，如何观察病情？

(彭晓燕)

第十七章

腹部手术患者的护理

学习要点

- **掌握**：①妇科腹部手术患者的术前准备及术后护理；②腹部手术常见并发症及护理。
- **熟悉**：子宫肌瘤、宫颈癌、子宫内膜癌、卵巢肿瘤的临床表现及治疗原则。
- **了解**：子宫肌瘤、宫颈癌、子宫内膜癌、卵巢肿瘤的病理特点及辅助治疗方法。

第一节 腹部手术患者的一般护理

一、手术前准备

1. **术前指导**　术前应全面评估患者，告知患者切除子宫与卵巢对生活的影响，用通俗的语言讲解手术及麻醉情况、术后活动及术后并发症的预防指导，指导患者摄入高蛋白质、高维生素、高热量、低脂肪的饮食，以保证机体处于最佳的营养状况。

2. **手术前一日护理**

(1) 皮肤准备：顺毛、短刮。范围：上自剑突下，下至两大腿上 1/3，两侧至腋中线，外阴部（注意肚脐）。

(2) 消化道准备：术前一日灌肠 1~2 次，根据需要进行清洁灌肠；术前 8 h 禁食，4 h 禁饮；手术涉及肠道者：术前 3 日进无渣半流饮食，肠道抑菌药物，清洁灌肠。

(3) 给予镇静剂，保证睡眠。

(4) 做好皮试、配血等。

3. **手术日护理**

(1) 手术当日晨，测量患者生命体征，一旦发现月经来潮，及时通知医生。

(2) 取下义齿、首饰等贵重物品交家属妥善保管。

(3) 术前留置导尿管保持通畅。

(4) 行全子宫切除阴道冲洗后，于宫颈处涂甲紫做手术标记。

(5) 给基础麻醉药：苯巴比妥、阿托品术前半小时肌内注射，缓解患者紧张，减少唾液分泌，防止支气管痉挛。

(6) 病房护理人员与手术室人员做好患者交接，手术用药，病历，核对患者信息。

(7) 备好麻醉床及术后用品。

4. **手术后护理**

(1) 患者返病房后，护理人员应与麻醉师做好床边交班：麻醉类型、手术范围、术中用药情

笔记栏

况等。

(2) 全麻患者清醒前去枕平卧,头偏向一侧;蛛网膜下腔麻醉者:去枕平卧 12 h;硬膜外麻醉:去枕平卧 6~8 h。

(3) 每 15~30 min 观察生命体征一次并记录。

(4) 术后 24 h 内疼痛最明显,进行疼痛评估,遵医嘱给予止痛剂或镇痛泵,缓解疼痛。

(5) 观察切口有无渗血、阴道出血情况:并做好记录及交班。腹部用沙袋压迫 6~8 h,防止出血。

(6) 留置管道的观察

1) 保持静脉通路通畅,根据病情调整滴速。

2) 盆腔或腹腔引流管,妥善固定,观察引流量、色、性质,24 h 一般不超过 200 mL。

3) 留置尿管时间 24~48 h,观察引流量、色、性质,并保持通畅,术后尿量应>50 mL/h。宫颈癌根治术+盆腔淋巴结清扫术的患者留置时间为 7~14 d。

二、术后常见并发症及护理

1. **腹胀** 根据病情早期下床多活动,腹部热敷(伤口无渗血),生理盐水低位灌肠;"1、2、3 灌肠",肛管排气,针刺足三里,皮下或肌内注射新斯的明。

2. **泌尿系统感染** 尿潴留多数患者因不习惯卧床排尿、机械刺激、麻醉止痛剂引起,鼓励定期排尿,增加液体入量,通过听流水声、拔尿管前定时夹管,以训练膀胱功能。如上述措施无效则导尿,放尿一次不可超过 1 000 mL。术后出现尿频、尿急等症状,应做尿培养。

3. **伤口血肿、感染、裂开** 如果切口有出血或压痛明显肿胀、检查有波动感,应考虑为切口血肿。血肿极易感染,遇到异常情况应及时通知医生,协助处理。年老体弱或过度肥胖,可出现切口裂开,应送手术室协助缝合处理。

三、出院准备

患者出院后应适当体育锻炼,避免受寒、感冒。选择高蛋白质、高维生素饮食,同时多吃水果蔬菜。2 个月内避免提举重物避免从事增加盆腔充血的活动,如跳舞、久站,未经医生同意,避免阴道冲洗和性生活。出现阴道流血、异常分泌物及时就诊。定期复诊,解答患者和家属疑问。

第二节 子宫颈癌

一、概述

子宫颈癌(cervical cancer)是最常见的妇科恶性肿瘤。高发于 50~55 岁,近年来其发病有年轻化的趋势。根据国际妇产科协会(Federation International of Gynecology and Obstetrics, FIGO)2009 年修订的标准分期(表 17-1)。

表 17-1 子宫颈癌临床分期(FIGO,2009 年)

Ⅰ期	肿瘤局限在子宫颈(扩展至宫体将被忽略)
ⅠA	镜下浸润癌(所有肉眼可见的病灶包括表浅浸润,均为ⅠB期)
	间质浸润深度<5 mm,宽度≤7 mm
ⅠA1	间质浸润深度≤3 mm,宽度≤7 mm
ⅠA2	间质浸润深度>3 mm 且<5 mm,宽度≤7 mm

(续表)

ⅠB	临床癌灶局限于子宫颈,或者镜下病灶＞ⅠA
ⅠB1	临床癌灶≤4 cm
ⅠB2	临床癌灶＞4 cm
Ⅱ期	肿瘤超越子宫,但未达骨盆壁或未达阴道下1/3
ⅡA	肿瘤侵犯阴道上2/3,无明显宫旁浸润
ⅡA1	临床可见癌灶≤4 cm
ⅡA2	临床可见癌灶＞4 cm
ⅡB	有明显宫旁浸润,但未达到盆壁
Ⅲ期	肿瘤已扩展到骨盆壁,在进行直肠指诊时,在肿瘤和盆壁之间无间隙。肿瘤累及阴道下1/3,由肿瘤引起的肾盂积水或肾无功能的所有病例,除非已知道由其他原因所引起
ⅢA	肿瘤累及阴道下1/3,没有扩展到骨盆壁
ⅢB	肿瘤扩展到骨盆壁,或引起肾盂积水或肾无功能
Ⅳ期	肿瘤超出了真骨盆范围,或侵犯膀胱和(或)直肠黏膜
ⅣA	肿瘤侵犯邻近的盆腔器官
ⅣB	远处转移

二、临床表现

早期,无明显症状,也无明显体征,与慢性宫颈炎患者无明显区别。出现症状者,主要表现为以下几点。

1. 阴道流血　　早期表现为性交后或双合诊检查后有少量的出血,为接触性出血(典型症状)。
2. 阴道排液　　多发生在阴道流血后,有白色或血性、稀薄如水样或米泔样排液,伴有腥臭味。
3. 晚期　　疼痛,表示子宫颈旁已有明显浸润。

三、处理原则

根据患者年龄、临床分期和全身情况,综合分析后确定。以手术和放疗为主、化疗为辅的综合治疗方案。

1. 手术治疗　　适于ⅠA～ⅡA的早期患者。
2. 放射治疗　　适用于各期患者。优点是疗效高,危险少。
3. 手术及放射综合治疗　　适用于子宫颈旁局部病灶较大者,术前进行放疗待病灶缩小后再行手术。
4. 化学药物治疗　　晚期或复发转移者,也有采用化疗作为手术和放疗的辅助治疗以缩小病灶,也用于放疗增敏。

四、护理评估

1. 健康史　　注意询问婚育史、性生活史、慢性子宫颈炎史、高危男性接触史、遗传因素等情况。
2. 身心状况
(1) 阴道出血:最早期表现为接触性出血。
(2) 阴道排液:最初量不多,白色或血性,随着癌组织破溃,排液增多呈米泔样,有臭味。
(3) 疼痛:为晚期主要症状。
(4) 早期局部无明显表现,或呈慢性子宫颈炎表现。随病情发展,妇科检查可见外生型、内生型、溃疡型病变,盆腔两侧结缔组织增厚,结节状。
(5) 患者在不同时期会出现"否认—愤怒—妥协—忧郁—接受"等心理状况。
3. 实验室检查及其他辅助检查
(1) 盆腔检查:通过双合诊或三合诊可见不同临床分期患者的局部体征。

(2) 子宫颈刮片细胞学检查：是普查子宫颈癌的常用方法，早期筛查主要方法。

(3) 碘试验：不着色区即病变区，确定活检部位。

(4) 阴道镜检查：子宫颈刮片Ⅲ级以上者，可用阴道镜发现病变部分，确定活检区。

(5) 子宫颈及颈管活组织检查：是确诊子宫颈癌的依据。常在子宫颈外口鳞—柱上皮交界处3、6、9、12点处活检。

(6) 子宫颈锥切术：适用于子宫颈刮片检查多次阳性而子宫颈活检阴性者，或子宫颈活检为原位癌需要确诊者。

五、常见护理诊断/问题

1. 恐惧　　与确诊子宫颈癌需要进行手术治疗有关。
2. 排尿异常　　与子宫颈癌根治术后影响膀胱正常张力有关。

六、预期目标

(1) 患者住院期间，能接受与本疾病有关的各种诊断、检查和治疗方案。

(2) 出院时，患者恢复正常排尿功能。

(3) 患者适应术后生活方式。

七、护理措施

1. 心理护理　　主动关心患者，向患者及家属介绍子宫颈癌发生、发展过程及预后，许多患者通过治疗是可以治愈的，使其放下思想包袱，正确对待疾病。每1~2年普查1次，>30岁已婚妇女门诊常规子宫颈刮片检查。

2. 随访　　协助患者接受各种诊治方案，介绍有关医学常识，诊治过程、不适及应对方法。确诊为CINⅠ级按炎症处理/随访。确诊CINⅡ级应选用局部物理疗法/随访。确诊CINⅢ级多主张子宫全切术。对有生育要求的年轻患者可行子宫颈锥切术，手术后定期随访。

3. 手术护理

(1) 术前准备：同腹部手术前护理内容。因子宫颈癌组织脆性大容易引起阴道大出血，做术前阴道准备时，动作应轻柔，避免损伤。有活动性出血者，用消毒纱条填塞止血，按时取出或更换。肠道按清洁肠道准备。

(2) 术后护理：同腹部手术后护理内容。记录生命体征及出入量，保持导尿管、引流管通畅，并做好记录，按医嘱术后48~72 h去除引流管，术后7~14 d拔除尿管，防止尿潴留的发生。拔除尿管前3 d，定时夹放尿管的膀胱功能锻炼，协助卧床患者进行床上肢体活动，预防并发症。需接受放疗、化疗者按有关内容进行护理。

4. 做好出院指导　　手术患者见到病理报告单方可决定是否出院告知随访时间及重要性：第一年内，1次/第1个月(首次)，1次/(2~3)个月。第二年内，1次/(3~6)个月。第三~五年，1次/6个月。第六年，1次/1年。如出现症状应及时随访。饮食、锻炼、性生活指导。

5. 子宫颈癌合并妊娠者的护理　　治疗方案需经患者家属充分讨论确定，原位癌者严密随访，至妊娠足月时行剖宫产结束分娩，产后继续随访。浸润癌者，应立即终止妊娠并接受相应的治疗。

八、结果评价

(1) 患者住院期间能以积极态度配合诊治全过程。

(2) 患者出院时已恢复正常排尿功能。

(3) 患者能介绍出院后个人康复计划内容。

> **知识拓展**
>
> **HPV 疫苗**[*]
>
> 子宫颈癌是目前中国女性生殖道癌症中发生率和死亡率最高的恶性肿瘤之一。病毒疫苗是肿瘤防治领域内最重要的研究方向之一,HPV 疫苗的研究进展概述如下。
>
> 接种年龄:青春期是接种 HPV 疫苗的最佳年龄。HPV 疫苗适用年龄范围之外的接种效果尚需进一步观察。尽管美国 FDA 并不推荐对于 25 岁以上女性接种 HPV 疫苗,但是 3 期的多国、双盲、随机对照研究发现,对于 25 岁以上女性 HPV 疫苗依然能够有效预防感染和子宫颈异常,并具有 HPV31、HPV45 的交叉保护效应。
>
> | 疫苗 | HPV 类型 | 减少疾病 | 预防效果 |
> | --- | --- | --- | --- |
> | 二价 | 16 和 18 | HPV16 和 18 相关的宫颈癌,CIN1,CIN2/3 和宫颈原位腺癌 | HPV16 和 18 相关的病变,98.1% |
> | 四价 | 6、11、16 和 18 | HPV6,11,16 和 18 相关的宫颈癌、外阴癌和阴道癌;CIN1;CIN2/3;原位腺癌;VIN2/3;阴道上皮内瘤变 2/3 级;男性阴茎上皮内瘤变 1/2/3 级和阴茎癌;男性和女性的疣,肛门上皮内瘤变和肛门癌 | HPV6,11,16 和 18 相关病变,最高至 100%;男性外生殖道疾病,90.4% |
> | 九价 | 6、11、16、18、31、33、45、52 和 58 | HPV6,11,16,18,31,33,45,52 和 58 相关的子宫颈癌、外阴癌和阴道癌;CIN2/3;原位腺癌;VIN2/3;阴道上皮内瘤变 2/3 级;男性阴茎上皮内瘤变 1/2/3 级和阴茎癌;男性和女性的疣,肛门上皮内瘤变和肛门癌 | HPV6,11,16 和 18 相关病变,超过 99%;HPV31,33,45,52 和 58 相关的病变,96.7% |
>
> [*] 引自:李雷,郎景和. 人乳头瘤病毒疫苗研究进展. 中国实用妇科与产科杂志,2017,33(7): 769-772.

案例分析

患者,女性,39 岁,2 年前无明显诱因同房后阴道流血,量少,未检查和治疗。1 个月前因"阴道流血量增多",妇科检查见菜花状肿块,行子宫颈活检病理提示"子宫颈低分化腺癌Ⅰ期"收住入院,入院后完善各项检查,在全麻下行广泛全子宫切除术+双侧附件切除术+盆腔淋巴结清扫术,术中出血约 300 mL,术后给予抗炎、补液治疗,腹腔引流管 1 根,留置尿管,术后第 3 天肛门排气。

【问题】
(1) 简述该宫颈癌患者围手术期护理。
(2) 子宫颈癌患者术后需留置尿管 14 d,如何指导患者膀胱功能锻炼?

【分析与解答】
参见本章第二节"子宫颈癌"相关内容。

第三节 子宫肌瘤

一、概述

子宫肌瘤(uterine myoma)是女性生殖器官中最常见的一种良性肿瘤,由平滑肌及结缔组织组成,常见于30~50岁的妇女,20岁以下少见。确切病因尚不清楚,可能与雌激素长期刺激、神经中枢活动、遗传因素等有关。子宫肌瘤分类如下。

1. **按肌瘤生长部位分类** 子宫体部肌瘤(90%)、子宫颈部肌瘤。
2. **按肌瘤与子宫肌壁的关系** ① 肌壁间肌瘤:位于子宫肌壁间。② 浆膜下肌瘤:肌瘤向子宫浆膜面生长,并突出于子宫表面,由浆膜层覆盖,约占总数的20%。③ 黏膜下肌瘤:肌瘤向宫腔方向生长,表面由子宫黏膜层覆盖。

子宫肌瘤常为多发性,有时几种类型的肌瘤可以同时发生在同一子宫上,称为多发性子宫肌瘤。

二、临床表现

(1) 月经改变导致贫血:经量过多、经期延长、周期缩短,多见于黏膜下肌瘤、肌壁间大肌瘤。
(2) 下腹部肿块:多见于浆膜下肌瘤,肌瘤逐渐增大致使子宫超过妊娠3个月大小,患者可于下腹正中扪及块物。
(3) 白带增多。
(4) 腹痛、腰酸、下腹坠胀:浆膜下肌瘤发生蒂扭转时可出现急性腹痛,肌瘤红色样变时腹痛剧烈。
(5) 压迫症状:尿频、尿急、便秘。
(6) 不孕或流产。

三、处理原则

根据患者的年龄、症状、肌瘤大小和数目、生长部位,身体状况、生育需求选择治疗方案。

1. **保守治疗**
(1) 随访观察:肌瘤小,症状轻,近绝经期,3~6个月定期复查。
(2) 药物治疗:肌瘤<孕2月,症状轻,近绝经,不能耐受手术,排除子宫内膜癌。
(3) 雄激素:丙酸睾酮注射液25 mg肌注,每5 d 1次,每月总量不宜超过300 mg,以免男性化。
(4) 抗雌激素药物:三苯氧胺。
(5) 促性腺激素释放激素类似物。

2. **手术治疗(目前主要治疗方法)**
(1) 适应证:月经过多致继发贫血,药物治疗无效;严重腹痛、性交痛或慢性腹痛、有蒂肌瘤扭转引起的急性腹痛;有膀胱、直肠压迫症状;能确定肌瘤是不孕或反复流产的唯一原因者;肌瘤生长较快,怀疑有恶变者。
(2) 肌瘤切除术:有生育需求,排除癌前病变。
(3) 子宫切除术:肌瘤大、个数多、临床症状明显者,保守治疗效果不明显、又无须保留生育功能。

四、护理评估

1. **健康史** 月经史、生育史或长期使用雌激素的情况;患者发病后的月经变化及治疗。
2. **身心状况** 与肌瘤生长部位、大小、数目及并发症有关。
3. **辅助检查** 妇科检查、B超检查等。

五、常见护理诊断/问题

1. **知识缺乏** 与缺乏子宫切除术后保健知识有关。
2. **个人应对无效** 与选择子宫肌瘤治疗方案的无助感有关。

六、预期目标

(1) 患者能陈述子宫肌瘤的性质,出现症状的诱因。
(2) 患者能确认可利用的资源及支持系统。

七、护理措施

1. 心理护理　告知患者肌瘤多为良性肿瘤。
2. 积极处理,缓解不适　出血多者应观察生命体征,评估出血量,遵医嘱止血、补液、抗感染,手术治疗者做好腹部、阴道手术准备,按妇科手术前后护理常规进行。
3. 提供随访及出院指导　护理人员应告知随访目的,明确随访时间、地点、目的,每3~6个月复查一次,如不适及时就诊。对应用激素的患者,要使患者了解用药名称、目的、剂量、方法、不良反应及应对。同时要做好性生活及日常活动指导。
4. 子宫肌瘤合并妊娠者的护理　及时就诊,前期易引起流产,中、晚期定期孕检,产褥期要预防产后出血,如发生难产要做好剖宫产术前及术后的护理。

八、结果评价

(1) 患者在诊疗全过程表现出积极行为。
(2) 患者能列举可利用的资源及支持系统。
(3) 患者出院时生活完全自理。

知识拓展

超声聚焦技术治疗不同类型子宫肌瘤*

子宫肌瘤是女性生殖器官常见的良性肿瘤,发病率为20%~50%,为妇科第一瘤,是导致子宫切除的最主要原因。传统手术剔除较大肌瘤或切除子宫的方法破坏了女性盆底结构的完整性,导致盆底组织结构松弛、生殖器官脱垂、压力性尿失禁等,手术创伤大、术后恢复时间长,而现代微创手术费用高、技术要求高。超声聚焦(HIFU)是近年来无创治疗子宫肌瘤的研究热点,大量的离体实验和动物实验,证实了HIFU技术治疗子宫肌瘤的可行性及有效性,目前已应用于临床治疗子宫肌瘤。超声聚焦技术无创早期治疗宫肌瘤患者安全、有效、并发症少,对患者术后的康复更有优势,不失为一种安全有效、治疗时间短的妇科微创治疗方法。

* 引自:谭敏华,许华英,麦金莲.超声聚焦技术治疗不同类型子宫肌瘤的临床研究.江西医药,2016,51(10):1080-1082.

第四节　子宫内膜癌

一、概述

子宫内膜癌(endometrial carinoma)发生于子宫体内膜层的一组上皮性恶性肿瘤,以来源于子宫内膜腺体的腺癌最为常见。又称为宫体癌。女性生殖道常见三大恶性肿瘤之一,发病率有上升趋势。目前,对非手术及术前化疗患者,临床仍采用FIGO 1982年修订的分期表,对于手术治疗的患者采用手术—病理分期(FIGO,2009)(表17-2)。

笔记栏

表 17-2　子宫内膜癌 2009 FIGO 分期

Ⅰ 肿瘤局限于子宫体	Ⅲc 盆腔淋巴结和(或)腹主动脉旁淋巴结转移
Ⅰa 肿瘤浸润深度<1/2 肌层	Ⅲc1 盆腔淋巴结阳性
Ⅰb 肿瘤浸润深度≥1/2 肌层	Ⅲc2 腹主动脉旁淋巴结和(或)盆腔淋巴结阳性
Ⅱ 肿瘤侵犯宫颈间质,但无宫体外蔓延	Ⅳ 肿瘤侵及膀胱及和(或)直肠黏膜,和(或)远处转移
Ⅲ 肿瘤局限和(或)区域扩散	Ⅳa 肿瘤侵及膀胱及和直肠黏膜
Ⅲa 肿瘤累及浆膜层和(或)附件	Ⅳb 远处转移,包括腹腔内和(或)腹股沟淋巴结转移
Ⅲb 阴道和(或)宫旁受累	

二、临床表现

1. 阴道流血　　绝经后:不规则阴道流血;未绝经:经量多,经期长,月经紊乱(典型症状)。
2. 阴道排液　　浆液性/血性,合并感染时有恶臭。
3. 疼痛　　晚期疼痛。

三、处理原则

1. 手术治疗　　首选"子宫+双附件",双侧淋巴结清扫。
2. 放射治疗　　适用于已有转移或可疑淋巴结转移及复发的内膜癌患者。
3. 药物治疗
(1) 孕激素:晚期或癌症复发者,不能手术切除或年轻、早期、要求保留生育功能者。
(2) 抗雌激素抑制:适应证与孕激素相同。
(3) 化学药物:适用于晚期不能手术或治疗后复发者。

四、护理评估

1. 健康史　　高危因素,老年、肥胖、绝经期推迟、不育、少育,以及停经后接受雌激素补充治疗等病史,家族史,详细询问并记录发病经过有关检查治疗及出现症状后机体反应。
2. 身心状况　　绝经后阴道出血是最为典型的症状,持续或者间歇性出血;阴道排液早期为浆液或血性白带,晚期多为脓血性、恶臭;晚期出现贫血、消瘦、恶病质等。
3. 实验室检查与其他辅助检查
(1) 妇科检查:早期,无明显异常,子宫增大,质软;晚期,偶见癌组织自宫颈口脱出,质脆,触之易出血。
(2) 分段诊断性刮宫:环刮宫颈管—探宫腔—搔刮宫腔内膜,最常用且最有价值的诊断。
(3) 其他:细胞学检查、宫腔镜检查、B 超检查等。

五、常见护理诊断/问题

1. 焦虑　　与住院、需接受的诊治方案有关。
2. 知识缺乏　　与缺乏术前常规、术后康复知识有关。
3. 睡眠型态紊乱　　与环境改变有关。

六、预期目标

(1) 住院期间,患者将能主动参与诊断性检查过程。
(2) 手术前,患者能示范术后锻炼等方面的知识。
(3) 患者能叙述妨碍睡眠的因素,并列举应对措施。

七、护理措施

1. 提供疾病知识,缓解焦虑　　通过和患者交谈,介绍疾病有关知识,让患者正确认识疾病,增加

笔记栏

信心。介绍病室环境,提供良好的休养环境,保证患者睡眠。鼓励患者选用积极有效的应对方式。

2. 协助患者配合治疗

(1) 手术治疗者：执行腹部及会阴部手术护理,注意阴道出血情况。

(2) 化疗者的护理按化疗患者的护理常规进行。

(3) 接受放疗的护理：术前缩小病灶,术后辅助治疗,降低局部复发,提高生存率。

(4) 药物治疗的护理：对采用孕激素治疗者,应解释此类药剂量大、周期长需耐心配合。

3. 出院指导　患者完成治疗后,应定期随访：术后2年内,每3～6个月1次;术后3～5年内,每6～12个月1次。随访中注意复发病灶,根据病情调整随访间期。子宫根治术、服药及放疗后可有阴道分泌物减少、性交痛等,提供咨询指导。

八、结果评价

(1) 住院期间,患者主动参与治疗过程并表现出积极配合的行为。

(2) 出院时,患者如期恢复体能并能生活自理。

患者,女,61岁,婚后未育,绝经8年;曾患胆囊炎。近来消瘦,食欲不佳,自感乏力、头晕。因近15日再现阴道不规则流血入院。检查：贫血貌;阴道通畅,子宫颈光滑,子宫体稍大、软,活动度良好,双侧附件(一)。收入院后准备行手术治疗。患者担心手术费用大、手术疼痛、手术后生活不能自理,要求开药带回去治疗。

【问题】

(1) 写出目前最主要的临床诊断与其诊断依据。

(2) 列出入院后该患者首选的辅助检查方法及理由。

(3) 说明该患者的处理原则。

(4) 列条说明手术前的主要准备。

(5) 列条说明护理人员进行出院指导的主要内容。

【分析与解答】

(1) 最主要的临床诊断：子宫内膜癌。诊断依据：患者为61岁老年已婚妇女,绝经8年后出现阴道不规则流血入院,且患者未育(不孕不育是子宫内膜癌的高危因素),检查发现子宫体稍大,软。

(2) 首选的辅助检查方法：分段诊断性刮宫。理由：分段诊断性刮宫是目前早期诊断子宫内膜癌最常用器而最有价值的诊断方法。

(3) 处理原则：手术治疗是该患者的首选治疗方案,通过手术切除病灶,同时进行手术—病理分期,以便进一步确定下一步治疗方案。

(4) 术前准备：按腹部及阴道手术患者进行术前准备,并列条描述,参见本书相关内容。

(5) 出院指导的主要内容：参见本章第四节"子宫内膜癌"相关内容。

第五节　卵巢肿瘤

一、概述

卵巢肿瘤(ovarian tumor)：卵巢是较小的器官,却是肿瘤的好发部位,是妇产科常见的恶性肿瘤之一。卵巢恶性肿瘤的临床分期见表17-3。

表 17-3 原发性卵巢恶性肿瘤分期(FIGO, 2000)

Ⅰ期	肿瘤局限于卵巢
ⅠA	肿瘤局限于一侧卵巢,包膜完整,卵巢表面无肿瘤;腹腔积液中未找到恶性细胞
ⅠB	肿瘤局限于双侧卵巢,包膜完整,卵巢表面无肿瘤;腹腔积液中未找到恶性细胞
ⅠC	肿瘤局限于单侧或双侧卵巢并伴有如下任何一项:包膜破裂,卵巢表面有肿瘤,腹腔积液或腹腔冲洗液有恶性细胞
Ⅱ期	肿瘤累及一侧或双侧卵巢,伴有盆腔扩散
ⅡA	扩散和(或)转移至子宫和(或)输卵管
ⅡB	扩散至其他盆腔器官
ⅡC	ⅡA或ⅡB,伴有卵巢表面有肿瘤,或包膜破裂,或腹腔积液或腹腔冲洗液有恶性细胞
Ⅲ期	肿瘤侵犯一侧或双侧卵巢,并有组织学证实的盆腔外腹膜种植和(或)局部淋巴结转移;肝表面转移;肿瘤局限于真骨盆,但组织学证实肿瘤细胞已扩散至小肠或大网膜
ⅢA	肉眼见肿瘤局限于真骨盆,淋巴结阴性,但组织学证实腹腔腹膜表面存在镜下转移,或组织学证实肿瘤细胞已扩散至小肠或大网膜
ⅢB	一侧或双侧卵巢肿瘤,并有组织学证实的腹腔腹膜表面肿瘤种植,但直径≤2 cm,淋巴结阴性
ⅢC	盆腔外腹膜转移灶直径>2 cm 和(或)区域淋巴结转移
Ⅳ期	肿瘤侵犯一侧或双侧卵巢,伴有远处转移。有胸腔积液且胸腔肿瘤细胞阳性为Ⅳ期;肝实质转移为Ⅳ期

二、临床表现

1. 卵巢良性肿瘤　　初期较小多无症状,增大时可感腹胀或扪及肿块,较大占满盆腔时可出现压迫症状,如尿频、便秘、气急、心悸等。

2. 卵巢恶性肿瘤　　早期多无自觉症状。晚期主要症状为腹胀、腹部肿块、腹水及消化系统症状,部分患者有消瘦、贫血等恶病质现象。与肿瘤的大小、位置、转移、并发症和组织学类型有关,出现症状时一般已到晚期。

三、并发症

1. 蒂扭转　　最常见并发症,典型症状是体外改变后突然发生一侧下腹部剧痛。常伴恶心,甚至休克。
2. 破裂　　外伤性、自发性,破裂后引起剧烈腹痛及不同程度的腹膜刺激征。
3. 感染　　少见,常有肿瘤蒂扭转或破裂后与肠管粘连引起高热、腹痛及腹膜炎的表现。
4. 恶变　　当肿瘤迅速增大尤其是双侧性的,应疑为恶变。

四、处理原则

卵巢肿瘤一经确诊后应行手术,手术中必要时做冰冻切片组织学检查以明确诊断,卵巢良性肿瘤可行腹腔镜手术,恶性肿瘤一般采用经腹手术。根据组织学类型、手术病理分期等决定是否接受辅助性治疗,主要是化疗。

五、护理评估

1. 健康史　　早期病史无特殊,通常于妇科普查中发现。收集与发病相关的高危因素。
2. 身心状况　　体积小的卵巢肿瘤不易早期诊断,注意恶性肿瘤临床特征。
3. 实验室检查与其他辅助检查　　熟悉妇科检查、B超检查、腹腔镜检查、细胞学检查、细针穿刺活检、放射学诊断、肿瘤标志物:CA125、β-HCG、性激素等检查结果。

六、常见护理诊断/问题

1. 营养失调:低于机体需要量　　与癌症、化疗药物的治疗反应等有关。

2. 身体意象紊乱　　与切除子宫、卵巢有关。

3. 焦虑　　与发现盆腔包块有关。

七、预期目标

(1) 患者能用语言表达对丧失子宫及附件的看法,并积极接受治疗。

(2) 患者能说出影响营养摄取的原因,并列举出应对措施。

(3) 患者能够诉说焦虑情绪,并主动寻求解除焦虑的方法。

八、护理措施

1. 提供支持,协助患者应对压力　　为患者提供表达情感的机会,评估患者焦虑的程度和应对压力的技巧,耐心向患者讲解病情,解答患者的疑问,鼓励患者参加护理活动,鼓励家属参与照顾患者。

2. 协助患者接受检查和治疗　　向患者及家属介绍手术经过、各种检查,取得配合。协助医生完成操作检查,严密观察生命体征,放腹水速度宜缓慢,一次放腹水 3 000 mL 左右,不宜过多,以免腹压骤降,引起虚脱。

3. 术前准备和术后护理　　按腹部手术护理内容做好术前准备和术后护理,巨大肿瘤患者需准备沙袋,腹部加压,以防腹压骤降出现休克。为放化疗者提供相关护理活动。

4. 随访　　卵巢非赘生性肿瘤<5 cm,应 3~6 个月检查一次,良性肿瘤术后 1 个月常规检查。恶性肿瘤长期随访:术后 1 年内,每月 1 次;术后第 2 年,每 3 个月 1 次;术后 3~5 年视病情每 4~6 个月 1 次;5 年以上者每年 1 次。随访内容包括:临床症状、体征、全身检查、肿瘤标志物测定、B 超检查、必要时做 CT 或 MRI。

九、健康指导

大力宣传卵巢癌高危因素饮食,加强高蛋白质、高维生素 A 饮食,避免高胆固醇饮食。高危妇女:预防性口服避孕药,半年体检一次。卵巢实性肿瘤或囊性肿瘤直径>5 cm 者及时行手术切除,凡乳腺癌、子宫内膜癌、胃肠癌等患者,术后定期妇科检查。

十、结果评价

(1) 患者在住院期间,能与同室成员或护士交流,积极配合各种诊治。

(2) 患者在治疗期间,能努力克服化疗药物的治疗反应,摄入足够热量,维持化疗前体重。

(3) 患者能描述造成压力、引起焦虑的原因,并表示用积极方式面对现时健康问题。

知识拓展

预防性输卵管切除术对卵巢功能的影响*

卵巢上皮性恶性肿瘤约占女性恶性肿瘤的 3%,在引起女性死亡的肿瘤疾病中位居第 5 位。因卵巢癌的浸润性强,且 75% 的患者发现较晚,故卵巢癌成为妇科恶性肿瘤中死亡率最高的疾病。目前,卵巢癌仍无有效的早期筛查方法,因此,预防性输卵管卵巢切除术被认为是能够降低卵巢癌发病率和死亡率的唯一可行办法。患有子宫良性疾病的围绝经期女性行开腹全子宫切除术同时预防性切除双侧输卵管可以降低盆腔恶性肿、盆腔良性肿瘤及盆腔炎性疾病的发病率;与单纯子宫切除术比较,其不增加手术时间、术中出血量、排气时间及住院时间,对卵巢功能的影响也不明显。因此,预防性切除双侧输卵管是安全可行的预防卵巢癌的方法。

*引自:赫东芸,王立岩,盛敏佳. 预防性输卵管切除术对卵巢功能的影响及其对盆腔疾病的预防作用. 吉林大学学报(医学版),2017,43(3):635-639.

患者,女,47岁,已婚,生育史:1-0-0-1。3年前体检发现右侧附件肿物,未予重视,1个月前无明显诱因出现胸闷、腹胀不适,门诊就诊。B超提示:胸腹腔大量积液,右卵巢肿瘤;CT提示:卵巢肿瘤恶性可能性大。入院后测生命体征平稳,患者主诉"睡眠差,平卧困难",完善各项检查给予患者放腹水,查腹水及胸水中见肿瘤细胞,行"全子宫＋双附件切除＋大网膜切除术＋盆腔淋巴清扫术",术中予顺铂腹腔灌注化疗,术毕回室,腹腔引流管根夹闭,尿管在位通畅,尿色清,予禁食,现生命体征平稳。术后病理提示:卵巢低分化腺癌,次日行静脉化疗。

【问题】
(1) 卵巢肿瘤最常见的并发症是什么?
(2) 患者腹腔化疗后如何进行观察和护理?
(3) 根据提供的病例,列举患者术前存在的护理问题及相应的护理措施。

【分析与解答】
(1) 蒂扭转。
(2) 注意患者的情绪,给予心理安慰;定时巡视患者;嘱患者进高营养、易消化的食物;注意观察患者不良反应等。
(3) 参见本章"卵巢肿瘤"患者护理的相关内容。

小 结

腹部手术患者的护理
- 子宫颈癌　早期症状:接触性出血
- 子宫肌瘤　临床表现:子宫出血、盆腔包块、下腹疼痛、不孕和流产、压迫症状
- 子宫内膜癌　常见症状:异常阴道流血
- 卵巢肿瘤
  - 临床表现:早期常无症状;晚期有消化道症状,但非特异性
  - 并发症:蒂扭转、破裂、感染和恶变

【思考题】
(1) 妇科腹部手术患者术后第3天,护士巡视病房时,患者主诉下肢胀痛,警惕可能出现什么情况?应采取哪些护理措施?
(2) 妇科肿瘤患者胸腹腔大量积液伴胸闷、呼吸困难,护理的重点是什么?放腹水有哪些注意事项?
(3) 术后腹腔引流管夹管期间如何护理?
(4) 腹部手术患者术后第3天,腹胀,叩诊鼓音,听诊无肠鸣音,肛门未排气,晨06:00呕吐淡绿色胃内容物量约500 mL后仍觉腹胀。查血钾2.07 mmol/L,腹部伤口干燥无渗血。请问该患者可能出现哪些病情变化?如何护理?

(彭晓燕)

第十八章

会阴部手术患者的护理

学习要点

- **掌握**：① 外阴、阴道手术前准备及术后护理；② 外阴、阴道手术后的出院指导。
- **熟悉**：① 外阴癌、子宫脱垂及尿瘘的病因；② 子宫脱垂的临床分度。
- **了解**：外阴癌、子宫脱垂及尿瘘的临床表现及处理原则。

第一节 会阴部手术患者的一般护理

一、术前准备

1. **心理准备** 应理解患者，以亲切和蔼的语言耐心解答患者疑问，消除其紧张情绪，保护患者隐私，减少患者羞怯感，同时做好家属的工作，让其理解患者的感受。

2. **全身情况准备** 详细了解患者全身脏器功能，评估有无高血压、心脏病、糖尿病等内科合并症，观察患者生命体征，有无月经来潮，术前做药敏试验、备血等。

3. **阴道准备** 术前3d开始阴道准备阴道擦洗，每日2次，常用溶液：0.1%的碘伏。

4. **皮肤准备** 术前24h内行皮肤准备，备皮范围上至耻骨联合上10cm，两侧至腋中线，下至外阴部、肛门周围、臀部及大腿内侧上1/3。备皮后洗净皮肤。

5. **肠道准备** 术中可能涉及肠道的患者，术前3d：进无渣半流饮食，按医嘱给肠道抗生素，肥皂水灌肠一次或20%甘露醇250mL加等量水口服；术前1d禁食，给予静脉补液；术前日晚及术晨清洁灌肠。

6. **健康教育** 解释术前准备的内容、目的、方法及主动配合的技巧，讲解基本相关知识、术后保持外阴阴道清洁的重要性，术后卧床时间长，术前要练习床上使用便器排便。讲解常用体位及术后维持相应体位的重要性，教会患者床上肢体锻炼的方法，预防术后并发症。

二、术后护理

1. **体位** 根据手术采取不同体位手术后护理措施。外阴根治术后应采取平卧位，双腿外展屈膝，膝下垫软垫，以减少腹股沟及外阴的张力，盆底修补术后应平卧位，禁止半卧位，以降低外阴、阴道张力。处女膜闭锁及先天性无阴道：患者术后取半卧位，有利于经血流出。

2. **切口的护理** 外阴阴道肌肉组织少，切口张力大，切口不易愈合。因此，要随时观察伤口有无渗血、红肿热痛等炎性反应；局部皮肤颜色、温度、湿度，有无皮肤或皮下组坏死；要观察阴道分泌物的量、性质、颜色及有无异味。保持外阴清洁干燥，每日外阴擦洗2次，排便后同法处理外阴。

笔记栏

外阴包扎阴道内纱条一般在术后 12～24 h 内出,注意核对数目。术后 3 d 外阴局部可行烤灯照射,保持干燥,促进血液循环。有引流的患者要保持引流通畅,观察引流的量及性质。

3. 尿管的护理　　根据不同手术范围,尿管留置 2～10 d。术后要保持尿管通畅,观察尿色、尿量,特别是尿瘘修补术的患者。拔尿管前训练膀胱功能,拔除尿管后嘱患者尽早排尿,排尿困难给予诱导、热敷等措施,必要时重新导尿。

4. 肠道护理　　控制首次排便时间,控制在手术 5 d 后,避免对伤口的污染和牵拉。涉及肠道的手术应在排气后抑制肠蠕动,常用鸦片酊 5 mL 加水至 100 mL 口服,3 次/d,每次 10 mL。术后第 5 天服用缓泻剂,以软化大便。

5. 减轻疼痛　　会阴部神经末梢丰富,对疼痛特别敏感,根据个体差异采用不同方法,如保持环境安静、分散患者注意力、保证患者休息、更换体位、遵医嘱给予止痛药物等措施。

6. 出院指导　　外阴部手术后伤口愈合较慢,应保持外阴清洁,注意休息,避免重体力劳动及增加腹压,术后 1 个月、3 个月门诊复查,病情变化及时随诊,经医生确定伤口愈合后方可恢复性生活。

第二节　外阴、阴道创伤

一、病因

1. 分娩　　主要原因。
2. 非分娩因素　　外伤,初次性生活等。创伤可伤及阴道或穿过阴道损伤尿道、膀胱直肠;幼女受到强暴可致软组织损伤;初次性生活偶见裂口延至小阴唇,阴道或伤及穹隆,引起大量阴道流血,导致失血性贫血或休克。

二、临床表现

1. 疼痛　　主要症状,可出现疼痛性休克。
2. 局部血肿/水肿　　常见表现,如处理不及时可形成巨大盆腔血肿。
3. 外出血　　少量或大量鲜血自阴道流出。
4. 其他　　失血性休克,感染,伤及膀胱、直肠。局部疼痛常使患者坐立不安,行走困难。

三、处理原则

止痛、止血、抗休克、抗感染。

四、护理评估

1. 健康史　　分娩情况,性生活后阴道出血。
2. 身心状况　　评估患者及家属对损伤的反应,识别其异常的心理反应。
3. 实验室检查与其他辅助检查
(1) 实验室检查:出血多红细胞计数及血红蛋白下降;感染者白细胞数目增高。
(2) 妇科检查:外阴或阴道裂伤的部位、程度,观察血肿大小、部位,是否有脓性分泌物。此外,注意有无穿透膀胱、直肠甚至腹腔。

五、常见护理诊断/问题

1. 恐惧　　与突发创伤事件有关。

2. 疼痛　与外阴、阴道创伤有关。
3. 潜在并发症：失血性休克

六、预期目标

(1) 患者恐惧程度减轻。
(2) 住院期间，患者疼痛逐渐减轻。
(3) 患者在治疗期间未发生失血性休克。

七、护理措施

1. 心理护理　鼓励患者面对现实，心情平静，积极配合治疗。
2. 保守治疗患者的护理　小于 5 cm 的血肿，立刻进行冷敷，使血管收缩，可用"丁"形带加压包扎，防止血肿增大。嘱患者健侧卧位，保持外阴清洁干燥，每天外阴冲洗 2～3 次，按医嘱及时止血、止痛治疗。观察生命体征、血肿情况，24 h 内冷敷，24 h 后热敷或外阴部烤灯，促进水肿或血肿吸收。
3. 手术患者的护理　严密观察生命体征，出血多或较大血肿者，立即使患者平卧、吸氧、开放静脉通路，做好血常规及配血、输血准备。配合医生迅速对其进行缝合止血。术后积极止痛；观察疼痛有无加剧阴道或肛门有无坠胀等症状，保持外阴清洁、干燥；按医嘱给予抗生素。

八、结果评价

(1) 患者在住院期间无明显疼痛。
(2) 患者在治疗 24 h 内生命体征正常。
(3) 住院期间患者和家属能积极配合治疗。

第三节　外阴癌

一、概述

外阴癌(carcinoma of vulva)是女性外阴肿瘤中最常见的一种，约占 90%，占女性生殖系统肿瘤的 3%～5%，多见于 60 岁以上妇女，以外阴鳞状细胞癌最常见，约占 95%，约 2/3 发生在大阴唇。尚不完全清楚，可能与外阴色素减退疾病，子宫颈癌，阴道癌外阴慢性、长期刺激合并存在，单纯疱疹病毒Ⅱ型、人乳头状瘤病毒、巨细胞病毒感染等有关。

二、临床表现

1. 局部肿物　不易治愈的外阴瘙痒；不同形态的外阴赘生物；大阴唇最多见。
2. 疼痛　晚期病例可表现为疼痛、渗液、血性恶臭分泌物。
3. 其他　侵犯直肠或尿道的相应症状，如尿频、尿急、尿痛、血尿、便秘、便血等。

目前外阴癌临床分期采用 FIGO 分期法(表 18-1)。

表 18-1　外阴癌分期(FIGO,2009)

Ⅰ 肿瘤局限于外阴和(或)会阴,淋巴结未转移
ⅠA 肿瘤局限于外阴或会阴,最大径线≤2 cm,间质浸润≤1 mm
ⅠB 肿瘤最大径线＞2 cm 或局限于外阴或会阴,间质浸润＞1 mm
Ⅱ 肿瘤侵犯以下任何部位,下 1/3 尿道、下 1/3 阴道、肛门,淋巴结未转移
Ⅲ 肿瘤有或无侵犯以下部位,下 1/3 尿道、下 1/3 阴道、肛门,腹股沟—股淋巴结转移

(续表)

ⅢA (i) 1个淋巴结≥5 mm,或(ii) 1～2个淋巴结转移<5 mm
ⅢB (i) ≥2个淋巴结转移≥5 mm,或(ii) ≥3个淋巴结转移<5 mm
ⅢC 阳性淋巴结伴囊外扩散
Ⅳ 肿瘤侵犯其他区域(上2/3尿道,上2/3阴道)或远处转移
ⅣA (i) 肿瘤侵犯以下任何部位,上尿道和(或)阴道黏膜、膀胱黏膜和直肠黏膜,或固定在骨盆壁,或(ii) 腹股沟—股淋巴结出现固定或溃疡形成
ⅣB 任何部位(包括盆腔淋巴结)的远处转移

注:浸润深度指肿瘤从接近最表皮乳头上皮—间质连接处至最深浸润点的距离。

三、处理原则

手术治疗为主:一般采取外阴根治术及双侧腹股沟深浅淋巴清扫术,早期患者尽量缩小手术范围。放疗与化疗为辅。

四、护理评估

1. 健康史　　外阴瘙痒史,外阴赘生物史。
2. 身心状况　　患者烦躁、工作及参与活动能力下降。
3. 实验室检查与其他辅助检查
(1) 妇科检查:外阴丘疹、溃疡、硬结、赘生物。
(2) 特殊检查:1%甲苯胺蓝染色1%醋酸脱色,蓝染部位活检。

五、常见护理诊断/问题

1. 疼痛　　与晚期癌肿侵犯神经有关。
2. 自我形象紊乱　　与外阴切除有关。
3. 有感染的危险　　与患者年龄大、抵抗力低下、手术创面大及邻近肛门等有关。

六、预期目标

(1) 住院期间患者疼痛程度逐渐减轻。
(2) 手术后患者有正确的自我认识。
(3) 住院治疗期间患者无感染发生。

七、护理措施

1. 心理护理　　耐心解释外阴癌相关知识,指导患者采取积极应对方式,提高自信心,积极配合治疗。
2. 术前准备　　按外阴、阴道手术前一般准备,外阴癌一般多为老年人,积极救治内科合并症。指导患者练习深呼吸、咳嗽、床上翻身等,如需外阴需植皮者,对植皮部位皮肤剃毛消毒后无菌治疗巾包裹,消毒棉垫、绷带、各种引流管等术后备用。
3. 术后护理　　除按外阴、阴道手术后护理外,术后取平卧外展屈膝体位,并在腘窝垫一软垫,注意观察切口、引流情况:有无红、肿、热、痛,引流液量、色、性状等,按医嘱给予抗生素,合理膳食、鼓励上半身及上肢活动,外阴切口术后5 d开始间断拆线,腹股沟术后7 d拆线,每天会阴擦洗,保持局部清洁干燥;可以红外线照射促进愈合,术后第5天服缓泻剂软化粪便。
4. 放疗患者的皮肤护理　　放疗后8～10 d出现皮肤反应(表18-2)。
5. 出院指导　　告知患者外阴癌术后3个月复诊,以全面评估手术后恢复情况。放疗患者随访时间:第1年:1～6个月每月1次,7～12个月每月2次;第2年:每3个月1次;第3～4年每半年1次,第5年及以后每年1次。

表 18-2 放疗后患者的皮肤反应及护理

	轻度	中度	重度
表现	红斑、干性脱屑	水泡、溃烂、组织皮层丧失	溃疡
护理	保护皮肤,继续照射	停止放疗,待其痊愈	停止照射,消炎止痛,保持清洁干燥

八、结果评价

(1) 住院期间,患者诉说疼痛可以忍受。
(2) 患者用语言或行为表达接受外表的改变。
(3) 治疗期间,患者无感染发生。

> **知识拓展**
>
> **前哨淋巴结活检术应用于外阴癌***
>
> 　　腹股沟淋巴结清扫一直被认为是根治性外阴癌手术的重要组成部分,但手术损伤大,术后伤口裂开、感染及下肢淋巴水肿等并发症的发生率高,严重影响患者的生活质量。前哨淋巴结活检术为外阴癌手术范围的选择提供了新的方法。前哨淋巴结活检术借助生物活性染料及核素示踪,术中先对前哨淋巴结进行识别、活检,对于前哨淋巴结病理检查阳性者可继续行常规手术,而前哨淋巴结阴性者则可免施进一步淋巴清扫术。
>
> * 引自:李斌,吴令英,刘琳,等. 前哨淋巴结活检术应用于外阴癌的初步研究. 中华妇产科杂志,2009,44(5):364-368.

第四节 处女膜闭锁

一、概述

处女膜闭锁(imperforate hymen)又称无孔处女膜,临床较常见,系泌尿生殖窦上皮未能贯穿阴道前庭部所致。青春期少女月经来潮时经血无法排除,多周期后逐渐发展至子宫腔积血,甚至引起输卵管或腹腔积血。

二、临床表现

(1) 月经来潮前无症状。
(2) 青春期后出现进行性加重的周期性下腹部疼痛而无月经来潮。
(3) 严重者可出现便秘、肛门坠胀、尿频或尿潴留等压迫症状。

三、处理原则

确诊后手术,粗针头穿刺,抽出积血确诊后,于处女膜处做"X"形切口,引流积血后剪去多余处女膜,缝合切口边缘黏膜,使切口呈圆形。

四、护理评估

1. **健康史**　询问患者年龄,有无月经来潮及周期性下腹痛,肛门、外阴胀痛等症状。
2. **身心状况**　评估患者的紧张、羞怯及对处理方案的疑虑等心理反应。

笔记栏

3. 辅助检查

(1) 妇科检查：处女膜向外膨出，表面呈紫蓝色，无阴道开口。

(2) 肛查：阴道呈长形肿物，有囊性感。

(3) 盆腔超声：能发现子宫及阴道内有积液。

五、常见护理诊断/问题

1. 疼痛　　与经血潴留有关。

2. 恐惧　　与不了解疾病及缺乏应对能力有关。

3. 情景性自尊低下　　与青春期闭经有关。

六、预期目标

(1) 住院期间患者疼痛逐渐减轻。

(2) 住院后患者恐惧感逐渐消失。

(3) 患者自尊逐渐恢复。

七、护理措施

1. 心理支持　　和蔼对待患者及家属，减少患者紧张情绪，术后认真倾听患者感受，肯定患者应对能力。

2. 术后体位与活动　　头高脚低或半卧位，便于积血排出。保持阴道引流通畅，防止创缘粘连，12 h 以后可下床活动。

3. 外阴护理　　保留尿管 1～2 d，每日外阴擦洗 2 次直至积血排尽，指导患者使用消毒卫生垫，抗生素防感染。

4. 出院指导　　外阴清洁、干燥，患者注意下次月经经血是否通畅，1 个月后复查，如有下腹部及肛门坠胀，及时就诊。

八、结果评价

(1) 术后患者自述疼痛减轻或消失。

(2) 住院期间，患者能了解病情，积极配合治疗护理。

(3) 患者能逐步确认自我的积极方面，处理威胁自尊的因素。

第五节　先天性无阴道

一、概述

先天性无阴道(congenital absence of vagina)为双侧副中肾管发育不全的结果，多合并无子宫或始基子宫，卵巢一般正常。

二、临床表现

一般无症状，多数患者系青春期后无月经来潮或婚后性交困难而就诊，部分为青春期宫腔积血而出现周期性下腹部疼痛。

三、处理原则

1. 手术纠正　　行人工阴道形成术。

2. 手术时间的选择
(1) 子宫正常者,在月经初潮时。
(2) 无子宫者,婚前 6～12 个月。

四、护理评估

1. 健康史　　大多数唯一症状为青春期后无月经来潮,已婚者均有性生活困难和不孕史。
2. 身心状况　　评估患者就诊时的心情、家庭情况等,已婚或准备结婚者要评估丈夫对生育的态度。
3. 辅助检查
(1) 妇科检查:无阴道口或在阴道外口处有一浅窝;肛诊时未见子宫或仅有较小的始基子宫。
(2) 超声检查:了解是否有子宫、卵巢,有无增大子宫及积血。

五、常见护理诊断/问题

1. 疼痛　　与宫腔积血、手术创伤或更换阴道模型有关。
2. 自尊低下　　与不能生育有关。

六、预期目标

(1) 手术以后患者疼痛减轻,并逐步消失。
(2) 患者能接受不能生育的现实,自尊得到恢复。

七、护理措施

1. 心理护理　　同情并理解患者,积极鼓励患者,取得患者家属支持。
2. 术前准备　　按外阴、阴道手术前准备,另适当的阴道模型、丁字带、游离皮瓣阴道成形术者,应准备一侧大腿中部皮肤,涉及肠道的手术如乙状结肠阴道成形术,应做好肠道准备。
3. 术后护理　　按外阴手术后护理,同时患者每天更换阴道模型,表面涂润滑剂,若疼痛明显,需在更换前半小时用止痛药。
4. 出院指导　　鼓励患者坚持使用阴道模型,指导掌握阴道模型的消毒及放置方法,术后复查。

八、结果评价

(1) 手术 24 h 以后,患者自诉腹痛症状缓解。
(2) 患者能积极面对现实,正确消毒、放置阴道模型。

第六节　尿　瘘

一、概述

尿瘘(urinary fistula)指生殖道和泌尿道之间形成的异常通道,患者无法自主排尿,表现为尿液不断外流。

二、病因

1. 产伤　　按原因分为坏死型、创伤型。

2. 妇科手术损伤　　误伤膀胱、尿道、输尿管。
3. 其他　　结核、癌症,长期放置子宫托等。

三、临床表现

1. 漏尿　　为主要临床表现。坏死型尿瘘在产后 3~7 d 坏死组织脱落后开始漏尿;手术损伤者术后立即出现。根据部位不同,又可分为持续性漏尿、体位性漏尿、压力性尿失禁或膀胱充盈性漏尿。
2. 外阴皮炎　　尿液长期刺激导致湿疹、皮炎、溃疡、灼痛、行走不便。
3. 尿路感染　　尿频、尿急、尿痛。
4. 闭经　　可能与精神创伤有关。
5. 不孕　　阴道狭窄致性交困难,闭经和精神抑郁致不孕。

四、处理原则

1. 手术治疗为主　　根据漏孔类型及部位选择经腹、经阴道或阴道腹部联合手术。
2. 保守治疗　　分娩或术后 1 周出现漏尿者,通过长时间留置尿管、变换体位,部分可自愈。

五、护理评估

1. 健康史　　注意发病相关因素,详细了解漏尿发生时间及表现。
2. 身心状况　　自卑、失望,膀胱充盈时漏尿,漏尿同时有自主排尿,取某种体位时漏尿。
3. 辅助检查
(1) 外阴湿疹面积,有无溃疡;阴道检查评估漏孔位置等。
(2) 亚甲蓝试验:鉴别膀胱阴道瘘、膀胱宫颈瘘、输尿管阴道瘘。将亚甲蓝溶液经尿道注入膀胱,根据溢出部位判断尿瘘类型。
(3) 靛胭脂试验:靛胭脂 5 mL 注入静脉。10 min 内如看见蓝色液体流入阴道,可确诊输尿管阴道瘘。

六、常见护理诊断/问题

1. 皮肤完整性受损　　与尿液刺激所致外阴皮炎有关。
2. 社交孤独　　与长期漏尿,不愿与人交往有关。
3. 自我形象紊乱　　与长期漏尿引起精神压力有关。

七、预期目标

(1) 住院期间,患者外阴皮炎得到控制。
(2) 患者逐渐恢复正常的人际交往。
(3) 患者理解漏尿引起的身体变化,增强治愈的信心。

八、护理措施

1. 心理护理　　了解患者的感受,耐心解释和安慰患者,不能因异常气味而疏远患者。
2. 饮水护理　　每日饮水≥3 000 mL,必要时静脉输液,以稀释尿液、自身冲洗膀胱,从而减少酸性尿液对皮肤的刺激。
3. 体位　　小漏孔留置尿管保守治疗者,采取使漏孔高于尿液面的卧位。
4. 术前准备　　按外阴、阴道手术前准备,尿路感染者先控制感染再手术。外阴有湿疹者坐浴、红外线照射,涂抹氧化锌软膏或阴道用含雌激素促进上皮增生。
5. 术后护理　　是手术成功的关键,按外阴、阴道手术前准备。根据漏孔位置决定,漏孔在膀胱后底部者应取俯卧位;漏孔在侧面者应健侧卧位,使漏口居于高位,避免尿液对伤口的浸泡。保

留尿管 7~14 d,保持通畅,拔管前训练膀胱。积极预防咳嗽、便秘等避免增加腹压的动作。每日补液不少于 3 000 mL,达到膀胱冲洗的目的。

6. 出院指导　　出院后继续服用抗生素和雌激素药物,3 个月内禁止性生活及重体力劳动,手术失败者的护理,应教会患者保持外阴清洁,避免外阴皮肤的刺激,帮助患者树立信心。让患者有信心下次再手术。

九、结果评价

(1) 出院时,患者外阴、臀部皮疹消失。
(2) 患者能与其他人进行正常的沟通与交流。
(3) 患者自我肯定,积极配合。

第七节　子宫脱垂

一、概述

子宫脱垂(uterine prolapsw)指子宫从正常位置沿阴道下降,宫颈外口达坐骨棘水平以下,甚至子宫全部脱出阴道口外,常伴有阴道前后壁膨出。病因:① 分娩损伤,最主要原因,特别是阴道助产或第二产程延长者;② 产褥期过早进行重体力劳动,影响盆底组织张力的恢复;③ 长期腹压增加,如久站、久蹲、超重负荷、排便困难、腹腔巨大肿瘤;④ 盆底组织发育不良或退行性变,先天发育不良或营养不良;⑤ 老年患者雌激素水下降,盆底组织萎缩退化。

子宫脱垂临床分度如下。
(1) Ⅰ度轻型:宫颈外口距处女膜<4 cm,但未达处女膜缘。
(2) Ⅰ度重型:宫颈外口已达处女膜缘,但未超出,在阴道口可以看到宫颈。
(3) Ⅱ度轻型:宫颈已脱出阴道口外,但宫体还在阴道内。
(4) Ⅱ度重型:宫颈和部分宫体已脱出阴道口外。
(5) Ⅲ度:宫颈和宫体全部脱出阴道口外。

二、临床表现

Ⅰ度患者多无自觉症状,Ⅱ、Ⅲ度表现如下。
1. 下坠感及腰背酸痛　　久站、走路、蹲位后加重。
2. 阴道有肿物脱出　　长期暴露摩擦,宫颈和阴道壁可见溃疡。
3. 排便异常　　并发膀胱、尿道、直肠膨出者。

三、处理原则

加强、恢复盆底组织及子宫周围韧带的支持作用。有症状者可采用保守或手术治疗,以安全简单和有效为原则。非手术治疗:用于Ⅰ度轻型子宫脱垂、年老不能耐受手术或需生育者。包括子宫托治疗、盆底肌肉锻炼。手术治疗:用于非手术治疗无效或Ⅱ、Ⅲ度子宫脱垂。常见术式:阴道前后壁修补术,阴道前后壁修补加主韧带缩短及宫颈部分切除术(Manchester 手术),经阴道全子宫切除术,阴道纵隔成形术,阴道及子宫悬吊术等。

四、护理评估

1. 健康史　　分娩过程、其他系统健康状况,如咳嗽、盆腹腔肿瘤。

2. 身心状况　　了解患者有无下腹坠胀、腰痛症状,是否有大小便困难。
3. 辅助检查
(1) 妇科检查:患者屏气增加腹压时可见子宫。
(2) 脱出并伴有膀胱、直肠膨出,注意有无阴道前后壁膨出。
(3) 压力性尿失禁的检查。

五、常见护理诊断/问题

1. 焦虑　　与长期的子宫脱出影响正常生活及不能预料手术效果有关。
2. 慢性疼痛　　与子宫下垂牵拉韧带、宫颈,阴道壁溃疡有关。

六、预期目标

(1) 患者能表达焦虑的原因,并能有效地应对,焦虑程度减轻。
(2) 能应用减轻疼痛的方法,出院以后疼痛消失。

七、护理措施

1. 非手术患者的护理
(1) 改善一般状况:加强营养,教会患者缩肛训练,积极治疗原发疾病如慢性咳嗽、便秘。
(2) 指导患者正确使用子宫托,子宫托使用注意事项:放置阴道前阴道有一定雌激素作用;每日早上放入,睡前取出消毒;保持阴道清洁,经期和妊娠期停用;选择大小合适的子宫托;上托后1、3、6个月复查,以后每3~6个月复查。
2. 手术患者的护理
(1) 术前准备:按外阴、阴道手术前准备,术前5 d开始阴道准备,坐浴、阴道冲洗、擦洗(防烫伤),积极治疗局部炎症。
(2) 术后护理:按外阴、阴道手术后护理,手术后卧床7~10 d,尿管留置10~14 d;避免增加腹压;每日外阴擦洗,抗生素预防感染。
3. 心理护理　　讲解子宫脱垂相关知识,对患者的疾病表示理解,做好家属工作,让家属理解患者。
4. 出院指导　　休息3个月;禁性生活及盆浴3个月;3个月门诊复查;半年内避免负重。

八、结果评价

(1) 患者能说出减轻焦虑的措施,并能积极应用。
(2) 患者自述疼痛减轻或消失。

　　患者,女,70岁,因发现阴道口有肿物脱出2个月余而入院,患者平卧时肿物可回纳,站立行走时明显,伴有下腹坠痛感及尿频。患者已绝经16年,孕产史:4-1-2-5,既往史:糖尿病10年,一直口服降糖药物治疗;入院后由家属陪伴。入院时妇科检查:宫颈及部分宫体脱出阴道口;阴道前后壁中度膨出,入院后完善相关检查后医嘱予术前准备行经阴道子宫全切除及阴道前后壁修补术。患者术前担心手术的预后,主诉入睡困难。
【问题】
(1) 请列出该患者可能存在的护理问题。
(2) 该疾病的主要临床表现有哪些?
(3) 该患者的术前护理要点有哪些?

【分析与解答】

(1) 可能存在的护理问题：① 焦虑：与担心手术的预后有关；② 睡眠型态紊乱：与担心手术有关；③ 有感染的危险：与血糖水平高有关。

(2) 该种疾病的主要临床表现：Ⅰ度患者多无自觉症状，Ⅱ、Ⅲ度表现如下：① 下坠感及腰背酸痛，久站、走路、蹲位后加重；② 阴道有肿物脱出，长期暴露摩擦，宫颈和阴道壁可见溃疡；③ 排便异常；并发膀胱、尿道、直肠膨出者。

(3) 护理要点：参见本章第七节"子宫脱垂"相关内容。

小　结

1. 子宫脱垂
    - 症状
        - 轻者：无症状
        - 重者：阴道内肿物脱出及脱出物溃疡
    - 治疗
        - 非手术：盆底肌肉锻炼
        - 手术治疗

2. 外阴癌
    - 症状
        - 久治不愈的外阴瘙痒
        - 不同形态的肿物
    - 转移途径：直接浸润、淋巴转移多见，血行播散罕见
    - 治疗：手术治疗，辅以化疗与放疗

【思考题】

(1) 简述子宫脱垂患者的护理要点。
(2) 简述子宫脱垂的分度。
(3) 简述外阴癌的临床表现及治疗原则。
(4) 简述尿瘘患者的护理措施。

（韩雪梅）

第十九章

不孕症妇女的护理

学习要点

- **掌握**：① 不孕症的定义及护理措施；② 辅助生殖技术常见并发症及护理要点。
- **熟悉**：辅助生殖技术健康教育内容。
- **了解**：不孕症健康教育内容。

第一节 不孕症

一、概述

女性未避孕性生活至少 1 年而未孕，称为不孕症。分为原发性和继发性。既往从未有过妊娠史，无避孕而从未妊娠者为原发不孕；曾有过妊娠而后未避孕连续 1 年不孕者为继发不孕。病因：① 女性不孕因素，包括盆腔因素及排卵障碍；② 男性不育因素，主要有生精障碍和输精障碍；③ 男女双方因素，缺乏性生活知识、不明原因、免疫因素、精神因素等。

二、临床表现

夫妻正常性生活 1 年未避孕而未孕。

三、处理原则

针对病因进行处理，治疗生殖器器质性疾病；诱发排卵；根据具体情况采用辅助生殖技术（参见本章第二节"辅助生殖技术及护理"）。

四、护理评估

1. **健康史** 月经情况，婚育史，既往史，性生活及避孕情况，以往生产经过及生殖器官炎症史；男方健康史；双方的相关资料，包括结婚年龄、婚育史、是否两地分居等。

2. **身心状况**

   (1) **女方检查**：体格检查，重点检查内外生殖器，盆腔 B 超等。特殊检查包括基础体温测定、B 超监测卵泡发育、基础激素水平测定、输卵管通畅度、腹腔镜、宫腔镜检查等。

   (2) **男方检查**：全身体格检查，外生殖器有无畸形或病变，重点是精液常规检查。

3. **心理社会评估** 不孕症的诊断及治疗带来的影响可以涉及生理、心理、社会和经济等方面。表现为震惊、否认、愤怒、内疚、悲伤等。

笔记栏

五、常见护理诊断/问题

1. **知识缺乏** 与缺乏生育及不孕的相关知识有关。
2. **自尊紊乱** 与不孕症诊治过程繁杂、治疗无效有关。
3. **焦虑** 与担心终身不孕或婚姻破裂有关。

六、预期目标

(1) 夫妇双方能陈述不孕的主要原因,并能积极配合检查及治疗。
(2) 患者掌握自我调节的方法,能正确评价自我。
(3) 患者及家庭能面对,以坦然的态度坚持接受治疗。

七、护理措施

1. **提供信息** 讲解生育及不孕知识,增强治愈信心。根据情况协助患者选择合适的人工辅助生殖技术。
2. **病情监测** 监测基础体温及排卵情况、输卵管通畅术后情况,监测男方治疗后情况。
3. **协助医生实施检查治疗方案** 解释诊断性检查可能引起的不适,如腹腔镜术后双肩部疼痛,子宫输卵管碘油造影后腹部痉挛感等。
4. **指导服药** 遵医嘱正确按时服药;说明药物作用,不良反应;提醒不良反应;指导妊娠后立即停药。
5. **心理护理** 保护隐私,缓解压力,帮助夫妇交流,纠正因精神紧张所致的排卵异常。
6. **教会妇女提高妊娠技巧** 学会预测排卵,排卵前2~3 d或排卵后24 h内性交,次数适当,不要在性交后立即如厕,应卧床,抬高臀部20~30 min。

八、健康指导

(1) 夫妇双方养成良好的生活习惯,合理膳食,忌穿紧身裤;避免精神过度紧张和劳累;积极参加体育锻炼,维持适当的体重。
(2) 妇女应注意经期卫生,行经期间禁性生活,有妇科病及早调治。
(3) 注意自我保护,长期从事特殊工作(如接触放射线、某些有毒物质)的患者,应认真采取防护措施,使不孕的因素降到最低限度。

九、结果评价

(1) 夫妇双方获得了正确的有关不孕的信息。
(2) 患者具有良性的对待不孕症的态度,坚持接受治疗。

第二节 辅助生殖技术及护理

一、概述

辅助生殖技术(ART)是指体外对配子和胚胎采用显微操作技术,帮助不孕夫妇受孕的一组方法,包括人工授精、体外受精和胚胎移植及其衍生技术两大类。

1. **人工授精** 人工授精是将精子通过非性交方式注入女性生殖道内使其受孕的一种技术。包括丈夫精液人工授精(AIH)和供精者精液人工授精(AID)。按国家法规,目前AID精子来源一

笔记栏

律由国家卫生和计划生育委员会认定的人类精子库提供和管理。

（1）适应证：具备正常发育的卵泡、正常范围的活动精子数目，健全的女性生殖道结构，至少一条通畅的输卵管的不孕（育）症夫妇，均可以实施。目前临床上常用的方法为宫腔内人工授精。

（2）主要步骤：将精液洗涤处理后，去除精浆，取 0.3～0.5 mL 精子悬浮液，在女方排卵期间，通过导管经宫颈管注入宫腔内授精。

2. 体外受精与胚胎移植　　体外受精与胚胎移植（IVF-ET）即试管婴儿，指从妇女卵巢内取出卵子，在体外与精子发生受精并培养 3～5 d，再将发育到卵裂期或囊胚期的胚胎移植宫腔内使其着床发育成胎儿的全过程。

（1）适应证：主要适用于排卵异常、输卵管性不孕、男性因素不育症、免疫性不孕及原因不明不孕者等。

（2）主要步骤：促进与监测卵泡发育；取卵；体外受精；胚胎移植。

（3）移植后处理：卧床 24 h，限制活动 3～4 d，肌肉注射黄体酮治疗，移植后第 14 天测定血 β-HCG，按高危妊娠加强监测管理。

二、常见并发症

1. 卵巢过度刺激综合征（ovarian hyperstimulation syndrome，OHSS）　　是指诱导排卵药物刺激卵巢后，导致多个卵泡发育，雌激素水平过高及颗粒细胞的黄素化，引起全身血流动力学改变的病理情况。轻者表现为腹部胀满，卵巢增大；重者表现为腹胀明显，少尿，呼吸困难，大量腹水，可伴胸水，电解质紊乱，肝肾功能异常，严重者有生命危险。

2. 多胎妊娠　　诱导排卵药物导致多个卵泡发育及多个胚胎移植导致多胎妊娠。

三、护理评估

1. 健康史　　包括年龄，既往不孕症治疗史，促排卵治疗情况。
2. 身心状况　　询问末次月经时间，评估体温、尿量、体重、腹围，有无白带异常及上呼吸道感染，有无消化道症状，四肢有无凹陷性水肿。受术者担心手术失败，常表现为焦虑、紧张。
3. 实验室检查与其他辅助检查　　包括血常规、凝血酶原时间、血黏稠度、血电解质、肝功能、肾功能，阴道超声检查等。

四、常见护理诊断/问题

1. 焦虑　　与缺乏辅助生殖技术的知识有关。
2. 舒适的改变　　与手术创伤致腹胀痛、恶心、呕吐等有关。

五、预期目标

（1）情绪稳定，并能与医务人员合作。
（2）疼痛、恶心、呕吐等症状缓解或消失，患者舒适度增加。

六、护理措施

1. 心理护理　　沟通、交流，解除焦虑；介绍所采取方法的程序、并发症、注意事项以取得他们的配合并特别讲明采取辅助生殖技术的成功率不是 100%。
3. 严密观察病情　　遵医嘱采取治疗措施。中重度 OHSS 住院患者，监测生命体征、记录出入量、测体重、腹围；若注射 HCG 后出现恶心、呕吐、腹胀痛等症状时，应及时报告医生并处理。加强多胎妊娠产前检查的监护，要求提前住院观察，足月后尽早终止妊娠。

4. 积极预防和治疗并发症

(1) OHSS：注意促排卵药物应用的个体化原则，严密监测卵泡的发育，根据卵泡数量适时减少或终止使用 HMG 及 HCG，提前取卵。对有 OHSS 倾向者遵医嘱于采卵日静脉滴注白蛋白。

(2) 多胎妊娠：合理用药；避免多胎妊娠；充分补充黄体功能；预防自然流产。

七、健康指导

(1) 移植后 14～16 d 留晨尿检测 HCG，孕后 50 d 左右(移植后 5 周)行 B 超检查。

(2) 孕后 3 个月左右建立孕检档案。

(3) 妊娠随访专人负责，分别于胚胎移植后 2 周、7 周、12 周和分娩后对患者进行随访及指导。

八、结果评价

(1) 患者掌握了解辅助生殖技术相关知识，焦虑解除。

(2) 患者疼痛、恶心、呕吐等症状消失，舒适度增加。

知识拓展

女性低促性腺激素性性腺功能减退症*

低促性腺激素性性腺功能减退症是一种由先天遗传或后天获得性因素引起下丘脑分泌促性腺激素释放激素或垂体分泌黄体生成素和卵泡刺激素水平降低，进而导致性腺功能低下的一类疾病，主要表现为完全或部分缺失的第二性征、性腺功能减退、闭经、不孕不育等，目前认为其真正的致病原因与基因突变有关。治疗包括雌孕激素替代治疗，可促进和维持女性第二性征发育及人工月经周期；对于有生育要求的患者，补充促性腺激素释放激素或促性腺激素可诱导患者卵泡发育、排卵，甚至妊娠。

*引自：刘兆祥，伍学焱.女性低促性腺激素性性腺功能减退症诱导排卵治疗进展.中华内分泌代谢杂志，2015，31(1)：83－85.

一名 35 岁女子，因输卵管性不孕多年，现建议行试管婴儿。

【问题】

(1) 请写出可能存在的主要的护理诊断/问题。

(2) 如何预防卵巢过度刺激综合征？

【分析与解答】

(1) 护理诊断/问题：① 知识缺乏：与缺乏生育与不孕的相关知识有关。② 自尊紊乱：与不孕症诊疗过程中繁杂的检查、无效的治疗效果有关。

(2) 预防卵巢过度刺激综合征：注意促排卵药物应用的个体化原则，严密监测卵泡的发育，根据卵泡数量适时减少或终止使用尿促性腺激素及绒毛膜促性腺激素，提前取卵。对有卵巢过度刺激综合征倾向者遵医嘱于采卵日静脉滴注白蛋白。

小 结

1. 不孕症
   - 定义：无避孕性生活1年未孕 { 原发不孕 / 继发不孕 }
   - 护理措施
     - 提供信息
     - 病情监测
     - 协助检查
     - 指导服药
     - 心理护理
     - 教会妊娠技巧
     - 选择辅助生殖技术

2. 辅助生殖技术常见并发症
   - 卵巢过度刺激综合征
   - 多胎妊娠

【思考题】
(1) 何谓不孕症？其护理措施是什么？
(2) 辅助生殖技术的护理措施是什么？

(丁玉琴)

第二十章 计划生育妇女的护理

学习要点

- **掌握**：① 人工终止妊娠护理措施；② 宫内节育器放置/取出术后并发症及护理要点。
- **熟悉**：① 短效口服避孕药用法及注意事项；② 人工流产的常见并发症。
- **了解**：短效口服避孕药可能出现的不良反应及应对措施。

第一节 计划生育妇女的一般护理

一、概述

计划生育是采用科学的方法实施生育调节，控制人口数量，提高人口素质，使人口增长与经济、资源、环境和社会发展计划相适应。内容包括：晚婚、晚育、节育、优生优育。计划生育护理人员的职责：熟悉全部有效的控制生育方法；精通每种方法的优缺点；根据具体情况帮助护理对象选择安全、有效、适宜的避孕方法。

二、护理评估

1. 健康史　　询问现病史、既往史、婚育史、月经状况等。
2. 身心状况　　评估受术者的生理及心理状态，妇科检查了解内外生殖器官有无异常，核实所选择计划生育措施的适应证、禁忌证等。
3. 实验室检查及其他辅助检查　　① 阴道分泌物常规检查；② 血、尿常规及凝血功能。

三、常见护理诊断/问题

1. 知识缺乏　　与缺乏计划生育的医学常识有关。
2. 有感染的危险　　与手术有关。

四、预期目标

（1）护理对象能陈述所选计划生育措施的名称及注意事项，并能正确面对。
（2）计划生育受术者未发生感染。

笔记栏

五、护理措施

1. 协助选择计划生育措施

(1) 短期内不想生育的新婚夫妇,选用男用阴茎套,或选用女用外用避孕药,必要时加用紧急避孕法。

(2) 有一个子女的夫妇,可选用宫内节育器。

(3) 有两个或以上子女的夫妇宜采用绝育措施。

(4) 阴茎套是哺乳期选择的最佳方式,或选择宫内节育器。

(5) 绝经过渡期妇女一般选用阴茎套或外用避孕药物。

2. 减轻症状,预防感染　　术后可卧床休息 2~24 h,严密观察受术者阴道出血、腹痛等情况。住院期间为受术者定时测量生命体征,观察腹部伤口的感染征象,督促保持外阴清洁。遵医嘱给予止痛、解痉、抗生素等药物,以缓解疼痛、预防感染。

六、健康指导

(1) 宫内节育器放置、取出术及人工流产术均可在门诊进行,术后可返回家中休养。应告知受术者如出现阴道流血多、持续时间长、腹痛严重等,及时就诊。放置或取出宫内节育器术后 2 周禁止性生活和盆浴,人工流产术后 1 个月禁止性生活。

(2) 接受输卵管结扎术者需住院,术后应休息 3~4 周,禁止性生活 1 个月。经腹腔镜手术者,术后应静卧数小时后才可下床活动。术后应严密观察有无腹痛、腹腔内出血或腹腔脏器损伤等征象。

(3) 钳刮术需住院进行,术后休息 3~4 周,1 个月内禁止性生活及盆浴。术后 1 个月门诊复查。如有腹痛、阴道流血多,随时就诊。

(4) 采用其他工具避孕及药物避孕者,要教会其正确的使用方法,并提供随时咨询服务的联系方法。

七、结果评价

(1) 夫妇双方获得计划生育相关知识,能主动采取适宜的避孕措施。

(2) 情绪稳定,积极配合治疗。

(3) 无感染发生。

第二节　常用避孕方法及护理

避孕是用科学的方法,使妇女暂不受孕。避孕主要控制生殖过程中三个关键环节:阻止精子与卵子结合、抑制精子与卵子产生、改变子宫腔内环境,使其不适于受精卵着床和发育。方法有药物避孕、工具避孕。

一、工具避孕

1. 概念及原理　　工具避孕是利用工具阻止精子进入阴道和子宫腔或改变子宫腔内环境而达到避孕的目的。常用的避孕工具有男用阴茎套和女用宫内节育器。本节内容重点介绍女用宫内节育器(IUD)。

2. 分类及作用机制　　IUD 可分为两大类,一类是惰性 IUD,已于 1993 年停用。另一类是带铜或含药物的活性 IUD。作用为局部组织对异物的组织反应影响受精卵着床;活性 IUD 的避孕机制还与活性物质有关。

3. 宫内节育器放置术

(1) 适应证：育龄妇女无禁忌证，自愿要求放置 IUD 者。

(2) 禁忌证：① 妊娠或可疑妊娠；② 近 3 个月有月经失调、不规则阴道流血；③ 生殖器官急性炎症；④ 生殖器官肿瘤、子宫畸形；⑤ 人工流产出血多，疑有妊娠组织残留或感染；⑥ 子宫颈口过松、重度子宫颈裂伤或子宫脱垂；⑦ 严重全身性疾患；⑧ 有铜过敏史者，禁止放置含铜 IUD；⑨ 子宫腔深度<5.5 cm 或>9 cm 者。

(3) 放置时间：月经干净后 3~7 d 无性交；人工流产后宫腔深度<10 cm 者可立即放置；产后 42 d 恶露已净，会阴切口愈合，子宫恢复正常；剖宫产后 6 个月；哺乳期排除早孕者。

4. 宫内节育器取出术

(1) 适应证：① 计划再生育者或已无性生活不再需避孕者；② 放置期限已满需要更换者；③ 改用其他避孕措施或绝育者；④ 绝经过渡期停经 1 年内。

(2) 禁忌证：生殖道炎症急性期、全身情况不良或疾病的急性期。

(3) 取出时间：月经后 3~7 d；子宫不规则出血者随时取出；带器妊娠者于人工流产时取出。

5. 护理要点

(1) 向受术者讲述手术的简要过程及术后注意事项，消除其恐惧心理，取得术时合作。

(2) 放置或取出时均应将节育器给受术者辨认；术中严格无菌操作并注意倾听其主诉，有异常情况及时处理。

(3) 术后向受术者说明有关注意事项如休息、卫生等，防止感染；并说明宫内节育器的不良反应如经量增多、经期延长或少量点滴出血，腰酸、下腹坠痛等，3~6 个月后逐渐恢复。

(4) 常见并发症的护理

1) 感染：应取出宫内节育器，积极抗感染治疗，并保持外阴清洁。

2) 节育器嵌顿或断裂：一经诊断应及时协助医生取出节育器，以防止子宫穿孔。

3) 节育器异位：确诊节育器异位后，应根据其所在部位，经腹或经阴道将节育器取出。

4) 带器妊娠：一经确诊，行人工流产同时取出 IUD。

6. 健康指导

(1) 嘱受术者术后注意休息，保持外阴清洁，1 周内应避免重体力劳动，2 周内禁性生活及盆浴。

(2) 术后如有下腹痛、发热、阴道流血量多时，应随时就诊。

(3) 术后 3 个月内每次行经或排便时注意有无节育器脱落；放置术后分别于 1、3、6 个月及 1 年到医院复查，以后每年复查 1 次，复查应安排在月经干净后。

(4) 不同类型的节育器应按规定时间取出或更换，否则将影响避孕效果。

知识拓展

"曼月乐"避孕*

"曼月乐"是一种新型的宫内节育器，该装置是左炔诺孕酮缓释系统，内含 52 mg 的左炔诺孕酮，主要通过持续、缓慢释放左炔诺孕酮入子宫腔而起避孕作用。该装置作用可维持 5 年以上，兼顾了宫内节育器作用时间长和口服避孕药效果好的优点。放置时间为月经来潮 7 d 内。

*引自：秦柳平，罗燕笑，黄浩昭.曼月乐的避孕效果观察.中国现代药物应用，2014，8(11)：22-23.

二、药物避孕

1. 概念及原理

药物避孕也称激素避孕，指女性使用甾体激素达到避孕。成分是雌激素和孕激素。避孕原理是抑制排卵、改变宫颈黏液性状不利于精子穿透、改变子宫内膜形态功能及输卵管的功能不适于受精卵着床。甾体激素避孕药包括短效及长效避孕药。因长效避孕制剂中激素含量高,现已渐趋淘汰。随着激素避孕的应用日益增多,第三代复方口服避孕药(COC)、阴道药环、皮下埋植剂等激素避孕法应运而生。本节重点讲述复方短效口服避孕药。

2. 适应证与禁忌证
(1) 适应证:健康育龄妇女。
(2) 禁忌证:① 严重心血管疾病、血栓性疾病;② 急、慢性肝炎或肾炎;③ 内分泌疾病;④ 恶性肿瘤、癌前病变;⑤ 哺乳期;⑥ 严重偏头痛反复发作者;⑦ 月经稀少或年龄大于45岁者;⑧ 年龄大于35岁的吸烟妇女;⑨ 精神病者。

3. 短效口服避孕药用法及注意事项　复方炔诺酮片、复方醋酸甲地孕酮片,于月经第5天起,服用第1片,连服22 d;复方孕二烯酮片、去氧孕烯炔雌醇片于月经第1天服药连服21 d;停药7 d后服第二周期。如果漏服,应及早补服。使用避孕药时,不宜同时使用利福平、苯巴比妥、非那西汀等药物,以免影响避孕效果。注意:一般于停药后2~3 d发生撤退性出血,若停药7 d尚无阴道出血,则当晚开始第二周期用药。

4. 药物不良反应及处理
(1) 类早孕反应:引起恶心、呕吐、食欲不振、乏力等,一般不需处理,症状严重可考虑更换制剂或停药。
(2) 不规则阴道出血:服药期间阴道流血又称突破性阴道流血,点滴出血,不需处理。出血量多,每晚在服用避孕药的同时可加服雌激素直至停药。
(3) 闭经:连续停经3个月,应予停药。
(4) 其他:部分妇女服药后,可发生体重增加,皮肤色素沉着。停药后多数可恢复正常。

三、其他避孕方法

1. **紧急避孕**　是指在无保护性生活或避孕失败后的几小时或几日内,妇女为防止非意愿妊娠而采取的补救避孕法。包括放置宫内节育器和口服紧急避孕药。
2. **自然避孕法**　也称安全期避孕法,选择在月经周期中的不易受孕期内进行性交。效果不可靠。
3. **免疫避孕法**　主要为抗生育疫苗和导向药物避孕。目前正在研究中。

第三节　女性绝育方法及护理

输卵管绝育是通过手术将输卵管结扎或用药物使输卵管腔粘连堵塞,阻断精子与卵子相遇而达到绝育。女性绝育方式可经腹、经腹腔镜和经阴道操作。目前多采用经腹、经腹腔镜输卵管结扎术。

一、经腹输卵管结扎术

1. 适应证与禁忌证
(1) 适应证:凡自愿接受绝育手术而无禁忌证者、患严重全身性疾病及遗传性疾病不宜生育者。
(2) 禁忌证
1) 各种疾病急性期,腹部皮肤有感染灶或急、慢性盆腔感染。
2) 24 h内两次测量体温≥37.5℃。
3) 全身状况不良不能胜任手术者。
2. 手术时间选择　非孕妇女在月经干净后3~4 d;人工流产、取环术后;自然流产宜月经

复潮后;足月顺产者产后24 h内;剖宫产及剖宫取胎术同时施术;哺乳期或闭经妇女则应排除早孕后再行绝育术。

3. 术前准备　　术前体格检查、妇科检查、实验室检查、常规腹部皮肤准备等。

4. 术后并发症　　出血或血肿;感染;脏器损伤;绝育失败。

5. 护理要点

(1) 主动与受术者交流,消除恐惧和疑虑心理。

(2) 术前测量生命体征、常规腹部皮肤准备等。

(3) 术后嘱患者卧床4～6 h,6 h后督促排尿及下床活动,并注意有无体温升高、伤口有无渗血、腹痛及内出血征象。

(4) 保持切口清洁干燥,遵医嘱给予适量抗生素预防感染。

6. 健康指导　　嘱受术者术后1个月内注意休息并禁止性生活,1个月后到医院复查。

二、经腹腔镜输卵管绝育术

1. 适应证与禁忌证

(1) 适应证:同经腹输卵管绝育术。

(2) 禁忌证:患有腹腔粘连、心肺功能不全、膈疝等。余同经腹输卵管绝育术。

2. 术后护理　　严密观察受术者有无发热、腹痛、内出血或脏器损伤等征象。术后静卧4～6 h后可下床活动。

第四节　避孕失败补救措施及护理

人工流产是避孕失败的补救措施,包括手术流产、药物流产和引产。

一、早期终止妊娠方法

早期终止妊娠的方法有手术流产和药物流产。

1. 手术流产(负压吸引术、钳刮术)

(1) 适应证:① 妊娠10周内自愿要求终止妊娠而无禁忌证者;② 因各种疾病不宜继续妊娠者。

(2) 禁忌证:① 生殖道炎症;② 各种疾病急性期;③ 全身状况不良,不能耐受手术者;④ 术前两次体温均在37.5℃以上者。

(3) 常见并发症:出血、子宫穿孔和人工流产综合反应。此外,临床上还能发生吸宫不全、漏吸、羊水栓塞、术后感染等并发症,均应给予重视。

2. 药物流产　　适用于停经49 d内确诊宫内妊娠,本人自愿,手术流产的高危对象者。目前常用的药物是米非司酮,米索前列醇(PG)配伍。用药前排除异位妊娠;用药后观察排出物,注意流产失败或不全流产。

3. 护理要点　　术后在观察室休息1h,并观察术后反应;保持外阴清洁,1个月内禁止性生活及盆浴;术后休息3周,并指导患者避孕措施;告知患者如发现异常,及时就诊。

二、中期终止妊娠方法

中期终止妊娠的方法包括依沙吖啶(利凡诺)引产和水囊引产。

1. 适应证与禁忌证

(1) 适应证:① 妊娠13周至不足28周患有疾病不宜继续妊娠者;② 妊娠早期接触导致胎儿

笔记栏

畸形因素,检查发现胚胎异常者。

(2) 禁忌证:① 严重全身性疾病;② 各种急性感染性疾病、慢性疾病急性发作期;③ 剖宫产术或肌瘤挖除术 2 年内;④ 术前 24 h 内体温两次超过 37.5℃;⑤ 前置胎盘或局部皮肤感染者。

2. 实验室检查与其他辅助检查　血、尿常规,白带常规,血小板计数,出、凝血时间,肝、肾功能及 B 超检查情况。

3. 护理要点

(1) 术前护理:心理评估,告知手术过程可能出血情况,积极配合;术前 3 d 禁止性生活。

(2) 术中护理:观察生命体征,识别有无呼吸困难、发绀、羊水栓塞等。

(3) 术后护理:卧床休息,测量生命体征;观察阴道流血时间;产后检查胎盘、胎膜是否完整,有无产道裂伤等;保持外阴清洁,防止感染。

4. 健康指导　产后注意休息,加强营养。心理疏导;术后 6 周禁止性生活及盆浴;提供避孕指导;有发热腹痛、阴道出血等及时就诊。

患者,女,30 岁,因"停经 30^{+2} 周,发现胎儿畸形"入院。B 超示:胎心 140 次/分,胎儿消化道畸形。

【问题】

(1) 适合的终止妊娠方法是什么?

(2) 终止妊娠后的护理要点有哪些?

【分析与解答】

(1) 采用依沙吖啶引产。

(2) 护理要点:规律宫缩后密切观察患者状态,及时送待产室。胎儿娩出后,观察宫底高度,子宫质地,阴道出血量及小便情况。出院前与 B 超检查,必要时清宫。产后 1 个月禁性生活及盆浴。

小　结

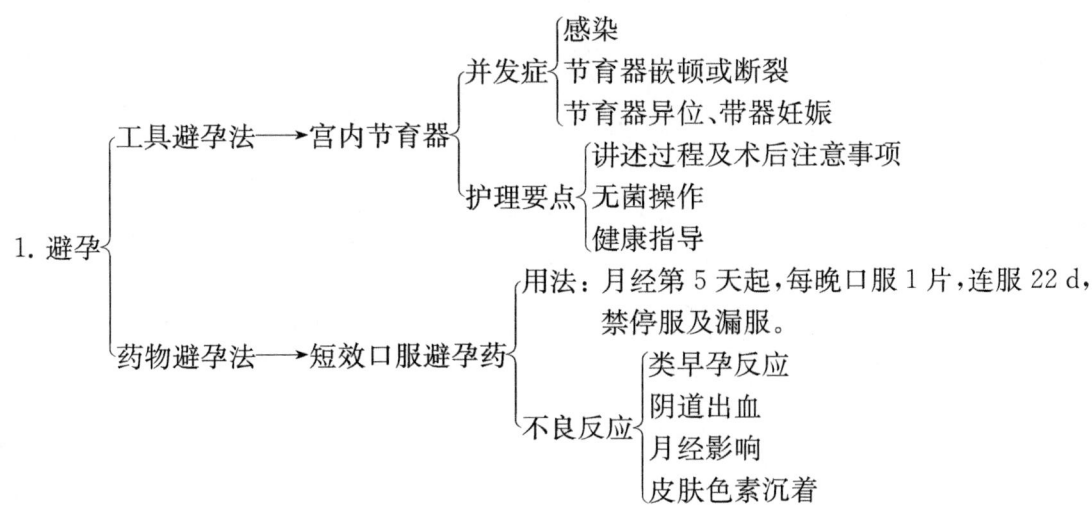

2. 人工流产 $\begin{cases}手术流产\\药物流产\end{cases}$ 护理措施 $\begin{cases}术前：心理评估，术前3d禁止性生活\\术中：观察生命体征\\术后：观察阴道流血，防止感染\\健康教育：禁止性生活及盆浴6周\end{cases}$

【思考题】

（1）简述人工终止妊娠的护理措施。

（2）简述短效口服避孕药用法及注意事项。

（3）如何选择经腹输卵管绝育手术的时间？

（丁玉琴）

第二十一章

妇产科常用护理技术

学习要点

- **掌握**：各种操作的适应证、常用的溶液、浓度及水温,操作方法。
- **熟悉**：各种操作的护理要点。

妇产科常用护理操作技术,主要包括会阴擦洗/冲洗、阴道灌洗冲洗、会阴热湿敷、阴道或子宫颈上药、坐浴等。在进行妇产科各项专科护理操作时,操作者应认真核对患者的身份,主动解释目的、注意事项,取得患者合作;注意保护患者的隐私,维护患者的自尊;严格执行无菌操作原则,注意卫生,避免交叉感染;注意保暖。操作前及操作中要注意评估患者病情、意识、配合程度、有无尿失禁及留置尿管;评估病室温度及遮蔽程度;评估会阴局部情况,阴道酸碱度等。

常用药液有 0.02%聚维酮碘(碘伏)、1∶5 000 高锰酸钾溶液;2%～4%碳酸氢钠溶液,50%硫酸镁、95%乙醇等。

第一节 会阴擦洗/冲洗

【目的与适应证】

保持会阴部清洁;促进舒适及会阴部伤口愈合;防止生殖系统、泌尿系统的逆行感染。适用于妇产科手术后、会阴有伤口、留置尿管及会阴部病变者。

【用物准备】

会阴擦洗盘内有:一次性垫子、治疗碗、无菌镊子1套、无菌卵圆钳1把、无菌脱脂棉球、干纱布、弯盘、消毒液、一次性手套。

【操作方法】

(1) 向患者解释,遮挡患者。
(2) 协助脱对侧裤腿,以毛毯或盖被遮盖保暖。

(3) 协助患者臀下垫一次性垫子,取屈膝仰卧位暴露会阴,注意保暖。
(4) 会阴擦洗
1) 第一遍:自上而下,自外向内,初步擦洗会阴部的污垢、分泌物和血迹等。
2) 第二遍:自上而下,自内向外,以伤口为中心向外擦洗。
(5) 擦肛周、肛门。
(6) 如为冲洗,应将便盆置于一次性垫子上,阴道口用纱布遮挡,边冲边擦,顺序同擦洗,最后用纱布擦干。
(7) 擦洗完毕,协助患者整理。

【注意事项】
(1) 严格无菌操作。
(2) 按擦洗顺序擦洗,必要时可根据患者情况增加擦洗次数,直到擦净,最后用纱布擦干。
(3) 擦洗时注意会阴部及会阴切口有无红肿、分泌物性质和切口愈合情况。发现异常及时向医生汇报。
(4) 注意保暖及保护患者隐私。

第二节 阴道灌洗/冲洗

【目的与适应证】
减少阴道分泌物,治疗炎症。适用于阴道炎、宫颈炎的局部治疗;一些妇科手术的术前常规准备。

【用物准备】
消毒灌洗筒1个,灌洗头1个,橡皮管1根,(带有调节开关),弯盘1个,消毒大棉球,卵圆钳1把,窥阴器1个,一次性垫子,便盆1个、灌洗液。

【操作方法】
(1) 同会阴冲洗操作方法(1)。
(2) 按需配制灌洗液 500~1 000 mL,水温 41~43℃,灌洗筒挂于离床面 60~70 cm 处。
(3) 排出管内空气,先用灌洗液冲洗外阴,后用窥阴器暴露宫颈,冲洗时不停转动窥阴器,使整个阴道穹窿及阴道侧壁冲洗干净后再将窥阴器按下,使阴道内残留的液体完全流出。
(4) 当灌洗液约剩 100 mL 时,取出灌洗头及窥阴器,再冲洗一次外阴部。
(5) 冲洗完毕,协助患者整理。

【注意事项】
(1) 灌洗液温度 41~43℃ 为宜,温度过低,使患者不舒适,温度过高可能烫伤阴道黏膜。
(2) 灌洗袋与床沿距离不超过 70 cm,以免压力过大,水流过速,使液体或污物进入子宫腔。水流过速则灌洗液与局部黏膜作用时间不足。
(3) 过程中动作轻柔,勿损伤黏膜。
(4) 子宫颈癌患者有活动性出血者,为防止大出血,禁止冲洗。月经期,产后或人工流产后宫口未闭,阴道出血者,一般不做阴道冲洗,以防引起上行性感染。

第三节 会阴热湿敷

【目的与适应证】
消炎、消肿、止痛。用于会阴水肿、血肿、伤口红肿、硬结及早期感染等。

↓

【用物准备】
会阴擦洗盘一套;另备 50% 的硫酸镁、95% 乙醇;棉垫 1 块;红外线灯。

↓

【操作方法】
(1) 先完成会阴擦洗。
(2) 后敷上浸有热敷溶液的温纱布,外面盖上棉垫保温。
(3) 分娩 24 h 后可用红外线灯照射切口,时间 15~30 min。
(4) 热敷完毕,移开红外线灯,撤去敷垫,观察热敷部位皮肤,协助患者整理。

↓

【注意事项】
(1) 温度 41~48℃,防止烫伤。对于休克、昏迷、感觉不灵敏者应慎用。
(2) 湿热敷面积为病损面积的 2 倍。

第四节 阴道或宫颈上药

【目的与适应证】
预防及治疗阴道炎、宫颈炎。常用于治疗急、慢性阴道炎或宫颈炎。

↓

【用物准备】
　　阴道灌洗用物1套,窥阴器1个,长镊子1把,干棉球若干,长棉签,一次性手套,药品。

【操作方法】
　　(1) 先行阴道灌洗。
　　(2) 然后用窥阴器暴露子宫颈,拭去子宫颈黏液及分泌物。
　　(3) 用长棉签蘸取药液涂于子宫颈糜烂面或阴道病变部位;如为栓剂或片剂,可将药物塞入后穹窿处;如为粉剂可用喷雾器将药物粉末均匀喷洒在炎性组织表面。

【注意事项】
　　(1) 月经期或出血者不宜上药。
　　(2) 用药后禁止性生活。
　　(3) 给未婚妇女上药可用长棉棍。涂药时向同一方向转动。

第五节　坐　　浴

【目的与适应证】
　　清洁局部;减轻会阴部及肛周的充血、水肿及疼痛,促进炎症吸收。常用于一些手术的术前准备,会阴切口愈合不良时及外阴炎、阴道炎和子宫脱垂的治疗或辅助治疗。

【用物准备】
　　坐浴椅及坐浴盆各一个,坐浴溶液1 000~1 500 mL(水温适中),无菌纱布。

【操作方法】
　　(1) 嘱患者排空二便。
　　(2) 嘱患者坐于坐浴椅上的坐浴盆内,将臀部及外阴完全浸泡于溶液中。
　　(3) 坐浴时间以20~30 min为宜,结束后用无菌纱布擦干外阴部。

【思考题】
(1) 分娩后,会阴水肿应如何处理?
(2) 简述子宫颈上药的注意事项。

笔记栏

(丁玉琴　张　颖)

第二十二章

妇产科诊疗及手术患者的护理

学习要点

- **掌握**：各种妇产科诊疗及手术护理要点。
- **熟悉**：各种妇产科诊疗及手术适应证及禁忌证。

第一节 生殖道细胞学检查护理要点

（1）检查前准备：向患者讲解各种操作的意义及步骤，使其积极配合。准备好检查所需物品，器械必须消毒、干燥，载玻片应行脱脂处理。

（2）注意事项：取脱落细胞标本时动作轻、稳、准，避免损伤组织引起出血；若阴道分泌物较多，应先用无菌干棉球轻轻擦拭后再取标本；涂片应均匀地向一个方向涂抹，忌来回涂抹，以免破坏细胞；载玻片上做好标记，标本立即放入装有固定液的标本瓶内并及时送检；嘱患者及时将结果反馈给医生，以免延误治疗。

第二节 子宫颈活体组织检查

一、局部活组织检查护理要点

（1）术前向患者讲解手术的目的、过程和注意事项，以取得患者配合。
（2）术中观察患者反应，给予患者心理支持。
（3）术后向患者详细交代注意事项。

二、诊断性子宫颈锥切术护理要点

（1）术前向患者讲解手术的目的、过程和注意事项，以取得患者配合。
（2）术中配合医生做好导尿、止血、标本标记与固定。
（3）术后患者留观1h，并详细交代注意事项。
（4）2个月内禁性生活及盆浴。

第三节　常用穿刺检查护理要点

一、经腹壁腹腔穿刺护理要点

(1) 术前向患者讲解手术的目的、过程和注意事项,以减轻患者心理压力,取得配合。
(2) 术中严密观察患者的生命体征及反应,注意引流管是否通畅,记录腹水性质和引流量。
(3) 大量放液时,针头必须固定好,以免针头移动损伤肠管;放液的速度不宜太快,每小时不应超过1 000 mL,一次放液量不超过4 000 mL,并严密观察患者的生命体征,出现异常立即停止放液;放液过程中需腹带束腹,并逐渐束紧腹带,以防腹压骤降,内脏血管扩张而引起休克。
(4) 留取足量送检标本。
(5) 因气腹造影而行穿刺者,X线摄片完毕后需将气体排出。
(6) 告知患者术后需卧床休息8～12 h,遵医嘱给予抗生素预防感染。

二、经阴道后穹窿穿刺护理要点

(1) 术前认真评估患者健康状况,做好沟通、解释,鼓励患者配合。
(2) 术中注意观察患者生命体征、面色,重视患者的主诉。
(3) 穿刺时注意进针方向和深度,嘱患者勿移动身体,避免损伤直肠及子宫。
(4) 肉眼观察取出的标本,若为暗红色不凝血,放置6 min以上仍不凝,说明腹腔内出血;若血液凝固为穿刺针误入血管。若穿刺液为淡红色、稀薄,为盆腔炎性渗出物。
(5) 抽出液应根据初步诊断,分别送检,进行涂片、常规检查、药敏试验、细胞学检查等,抽出的组织送组织学检查。
(6) 术后注意观察患者阴道流血、腹痛情况,嘱其保持外阴部清洁。

三、经腹壁羊膜腔内穿刺护理要点

(1) 术前向孕妇及家属做好解释、沟通工作。
(2) 配合医生选择合适的穿刺时间,产前诊断宜在妊娠16～22周进行;胎儿异常引产,宜在16～26周进行。
(3) 严格无菌操作,以防感染。注意观察孕妇有无呼吸困难、发绀等异常情况,警惕发生羊水栓塞。
(4) 嘱孕妇术后当天减少活动,多休息;注意观察穿刺后有无不良反应。

第四节　会阴切开术护理要点

(1) 会阴切开术有会阴侧切和会阴正中切开两种,采用阴部神经阻滞麻醉及局部皮下浸润麻醉。术前向产妇做好解释、沟通。
(2) 密切观察产程进展,协助医生掌握会阴切开的时机;指导产妇正确屏气,于宫缩间隙期休息。
(3) 术后保持会阴部清洁、干燥,每天外阴擦洗2次,指导产妇健侧卧位。排便后及时清洗会阴,保持外阴干燥。

(4) 注意观察会阴切口有无渗血、红肿、硬结及脓性分泌物,发现异常及时报告医生。

(5) 会阴切口肿胀伴明显疼痛时,用50%硫酸镁或95%乙醇湿敷,配合局部理疗,有利于切口愈合。

(6) 会阴伤口一般于术后3~5 d拆线。

第五节　胎头吸引术护理要点

(1) 术前向产妇做好解释、沟通,取得产妇积极配合。

(2) 胎头吸引器的压力要适当,压力过大容易使胎儿头皮受损,压力不足容易滑脱。

(3) 吸引器重复放置不应超过2次,牵引时间不应超过20 min。指导产妇配合操作。

(4) 术后仔细检查产妇软产道,有撕裂伤应立即缝合。注意监测产妇生命体征、宫缩及阴道流血等。

(5) 注意观察新生儿头皮产瘤位置、大小、有无头皮血肿、头皮损伤的发生,同时注意新生儿的面色、反应、肌张力等,警惕发生颅内出血。

第六节　产钳术护理要点

(1) 术前检查产钳是否完好。向产妇做好解释、沟通,取得配合。

(2) 做好新生儿窒息的抢救准备,做好预防产后出血措施(如药物及器械准备)。

(3) 放置及取出产钳时,指导产妇全身放松,张口呼气。术中注意观察产妇宫缩及胎心变化,为下肢麻木和肌痉挛的产妇做局部按摩。

(4) 术后产妇及新生儿护理同胎头吸引术。

第七节　剖宫产术护理要点

(1) 术前准备:告知产妇及家属剖宫产术的目的,手术过程中可能发生的情况,消除产妇的恐惧心理,以取得产妇及家属的配合。做好备皮、药物过敏试验术前置保留尿管等准备。

(2) 术中配合:协助麻醉师行持续硬膜外麻醉(必要时可用全麻)后,产妇取仰卧位,配合医生顺利完成手术。观察并记录产妇导尿管是否通畅、尿量及尿液颜色;当刺破胎膜时,应注意产妇有无咳嗽、呼吸困难等症状,防止发生羊水栓塞。

(3) 术后护理:在腹部手术后常规护理及产褥期妇女护理的基础上,还应注意以下几点。

1) 观察产妇子宫收缩及阴道流血情况,术后6 h产妇取半卧位。

2) 留置导尿管第2天拔除,拔管后督促产妇及时排尿。

3) 鼓励产妇术后尽早下床活动;根据肠道功能恢复情况,指导产妇进食。

4) 遵医嘱补液及用抗生素。

5) 指导产妇出院后保持外阴部清洁,鼓励母乳喂养;落实避孕措施,至少避孕2年;产后42 d门诊复查,若出现发热、腹痛或阴道流血过多等,应及时就医。

第八节　人工剥离胎盘术护理要点

（1）密切观察产妇一般情况,生命体征及出血情况,做好输液输血的准备。

（2）严格执行无菌操作,注意动作轻柔,避免暴力强行剥离胎盘,如怀疑胎盘植入者,立即停止操作。

（3）认真检查胎盘、胎膜是否完整,确认宫腔内无胎盘组织残留,剥离胎盘后密切观察宫缩情况。

（4）术后注意体温有无升高、下腹部疼痛及阴道分泌物异常等,必要时按医嘱应用抗生素。

第九节　诊断性刮宫术护理要点

（1）术前做好患者的解释、沟通,缓解患者恐惧情绪,取得配合。

（2）告知患者术前5 d禁止性生活;对不孕症进行刮宫者,应选择月经前或月经来潮12 h内进行,以判断有无排卵;了解卵巢功能时,至少已停药性激素1个月,以避免错误结果。

（3）术中让患者学会做深呼吸,帮助其转移注意力,以减轻疼痛。

（4）协助医生仔细观察刮出组织,将组织固定后送病理学检查,并做好记录。

（5）术后卧床休息1~2 h,观察阴道出血及腹痛情况。保持外阴清洁,勤换内裤,2周内禁止性生活及盆浴,忌食生冷、辛辣刺激食物。

（6）嘱患者1周后复诊。

第十节　妇产科内镜检查护理要点

一、阴道镜检查护理要点

（1）阴道镜检查前应排除滴虫、淋病奈瑟菌等感染,急性子宫颈炎症及阴道炎患者均应先治疗。检查前24 h避免性交及阴道、子宫颈操作和治疗。

（2）向受检者提供预防保健知识,介绍阴道镜检查的过程及可能出现的不适,减轻其心理压力。

（3）阴道窥阴器不能涂润滑剂,以免影响检查结果。配合医生调整光源,及时递送所需物品。

（4）将活检组织及时固定、标记并送检。

二、宫腔镜检查护理要点

（1）术前详细询问病史,糖尿病患者应选用5%甘露醇代替5%葡萄糖液作为膨宫介质。术前需行妇科检查、子宫颈脱落细胞学和阴道分泌物检查。术前可正常饮食,但不要进食过多。区域麻醉或全身麻醉者需禁食。

（2）月经净后1周内检查为宜。

（3）术中注意观察患者反应,给予其心理支持。配合医生控制宫腔总灌流量,防止发生低钠性水中毒。

(4) 术后嘱患者卧床休息 30 min,观察并记录其生命体征、有无腹痛等。遵医嘱应用抗生素 3~5 d。

(5) 嘱患者保持会阴部清洁,1 个月内禁止性交及盆浴,按时复查随诊。

三、腹腔镜检查护理要点

(1) 术前准备

1) 协助医生掌握检查适应证。向患者讲解腹腔镜检查的目的、操作步骤及注意事项,使其了解检查的先进性和局限性,积极配合检查。

2) 术前 1 d 晚肥皂水灌肠,腹部皮肤准备时注意清洁脐孔。

3) 术日晨禁食水。

(2) 术中配合:注意观察患者生命体征的变化,发现异常及时报告医生。若盆腔视野不清,可调整患者为头低臀高 15°体位。

(3) 术后护理

1) 根据麻醉方式进行术后护理常规。

2) 监测生命体征,观察伤口有无渗血、有无颈肩痛、有无腹胀、有无皮下气肿等症状。指导尽早下床活动。

3) 术后咽部疼痛及痰液较多者,指导患者多饮水,必要时给予雾化吸入。

4) 1 个月内避免性生活及盆浴,按时复查,有情况随诊。

第十一节 输卵管通畅检查护理要点

(1) 检查宜在月经净后 3~7 d 内进行,术前 3 d 禁止性生活。

(2) 向患者讲解检查的目的、步骤,消除其紧张恐惧心理。行造影术前,应询问其过敏史并做碘过敏试验。术前排空膀胱,便秘者应行清洁灌肠,以保持子宫正常位置。

(3) 检查时所需 0.9% 氯化钠溶液应加温至接近体温,以免引起输卵管痉挛。

(4) 术中通液器须紧贴子宫颈外口,以免液体外漏;推注速度不可过快,压力不超过 160 mmHg,防止输卵管损伤。

(5) 术后嘱患者禁性生活及盆浴 2 周,遵医嘱给予抗生素。

(6) 患者在注射碘造影剂过程中出现呛咳时,应警惕造影剂栓塞,需立即停止注射,取出造影管,严密观察生命体征,必要时按肺栓塞处理。

1. 患者,女,30 岁,平素月经正常,初潮 15 岁,$\dfrac{6\sim 7}{28}$,月经量中等,颜色正常。婚后有性生活未避孕 3 年,一直未受孕,丈夫精子检查未见明显异常。1 个月前因下腹胀痛在当地医院予消炎治疗。

【问题】

(1) 建议检查项目及相关指导有哪些?

(2) 出院指导内容有哪些?

【分析与解答】

(1) 经净后 1 周内行宫腔镜检查及子宫、输卵管碘油造影。

(2) 出院指导：休息1个月，禁性生活及盆浴1个月；给予不孕症相关指导；饮食均衡；生活规律；难以自然受孕者给予辅助生殖技术介绍。

2. 患者张某，35岁，入院诊断：孕37^{+6}周，瘢痕子宫，中央性前置胎盘。妊娠期因反复阴道流血住院2次。

【问题】

(1) 适宜采取的分娩方式是什么？

(2) 出院后的指导内容有哪些？

【分析与解答】

(1) 剖宫产。

(2) 指导产妇出院后保持外阴部清洁，鼓励母乳喂养，落实避孕措施，至少避孕2年，产后42 d门诊复查，若出现发热、腹痛或阴道流血过多，及时就医。

（丁玉琴　张　颖）

推荐补充阅读书目及网站

季国忠,杨莉.病历书写规范.第2版.南京:东南大学出版社,2015.
雷美容.儿科护理技能实训教程.西安:第四军医大学出版社,2012.
美国家庭医师学会.专科高级生命支持ALSO课程大纲.5版.盖铭英等译.北京:中国协和医科大学出版社,2009.
美国心脏协会.新生儿复苏指南,2015.
中国新生儿复苏项目专家组.新生儿复苏指南,2016.
中华医学会妇产科学分会产科学组.产后出血预防与处理指南,2014.
ALSO®网站.http://aslo.china-obgyn.net.
新生儿复苏网.http://nrp.chinawch.org.cn.
中国妇产科网.http://www.China-obgyn.net.
中国妇幼保健协会.http://www.cmcha.org.
中国知网.http://www.cnki.net.

主要参考文献

安立彬,陆虹. 妇产科护理学. 6版. 北京:人民卫生出版社,2017.
安立彬,陆虹. 妇产科护理学实践与学习指导. 北京:人民卫生出版社,2017.
丰有吉,沈铿. 妇产科学. 3版. 北京:人民卫生出版社,2015.
刘军,汪京萍. 妇产科护理工作指南. 北京:人民卫生出版社,2016.
孙玉梅,张立力. 健康评估. 4版. 北京:人民卫生出版社,2017.
徐鑫芳,熊永芳. 妇产科护理手册. 北京:人民卫生出版社,2016.
杨慧霞,狄文. 妇产科学. 北京:人民卫生出版社,2016.
杨慧霞. 妊娠合并糖尿病——临床实践指南. 2版. 北京:人民卫生出版社,2013.
中华医学会糖尿病学分会. 中国糖尿病药物注射技术指南2011版(节选),2012,11(5):207-209.